"十二五"普通高等教育本科国家级规划教材
普通高等教育经济学管理学重点规划教材

公司财务习题与案例 第四版

CORPORATE FINANCE: EXERCISES AND CASES

张　纯 ◎ 主　编
吴井红 ◎ 副主编

上海财经大学出版社

图书在版编目(CIP)数据

公司财务习题与案例/张纯主编．—4版．—上海：上海财经大学出版社，2022.11

（普通高等教育经济学管理学重点规划教材）

ISBN 978-7-5642-4040-0/F·4040

Ⅰ.①公…　Ⅱ.①张…　Ⅲ.①公司-财务管理-高等学校-教学参考资料　Ⅳ.①F276.6

中国版本图书馆CIP数据核字(2022)第153698号

□ 责任编辑　施春杰

□ 封面设计　贺加贝

公司财务习题与案例

（第四版）

张　纯　主　编

吴井红　副主编

上海财经大学出版社出版发行

（上海市武东路321号乙　邮编200434）

网　　址：http://www.sufep.com

电子邮箱：webmaster @ sufep.com

全国新华书店经销

上海叶大印务发展有限公司印刷装订

2022年11月第4版　2022年11月第1次印刷

787mm×1092mm　1/16　14印张　358千字

印数：9 001—1 200　　定价：55.00元

前 言

《公司财务》(第四版)是“十二五”普通高等教育本科国家级规划教材及高等院校精品课系列教材,本教材第一版自 2003 年 8 月发行以来,一直受到社会各界的好评。不少高校的本科教育和企事业单位、金融机构的高级管理人员培训都选用此教材,并在教学和培训中收到较好的效果;有的学校还将本教材作为考试指定用书。目前本教材已累计发行逾万册,在此对广大读者的支持表示衷心的感谢。财务管理是现代企业管理的核心,其重要性不言而喻。为了更好地帮助广大师生和读者进一步有效地学习教材的相关内容,提高教学质量,我们又精心为大家奉上了配套的学习指导书——《公司财务习题与案例》(第四版)。本指导书以习题和案例为主,旨在帮助读者进一步巩固、掌握教材内容,提高专业水平,以达事半功倍之效。

本指导书由练习题、案例及《公司财务》(第四版)各章节后练习题参考答案三大部分构成。其中,练习题沿袭了教材的体系,分 16 章。每章首先概括讲解本章的教学目的和内容以及关键概念和知识点的提示,然后是练习题,由单项选择题、多项选择题、判断题、计算题和问答题等构成,并配有相应的参考答案。另外,针对每章的教学内容,配备了相当数量的案例,这些案例都拥有一定的拓展空间,学生可以结合案例提出的思考题,在教师的指导下通过讨论方式来完成这些案例。

本指导书的特点如下:

(1)紧扣教材,指导性强。编者在对教材内容进行深入细致的研究后,紧扣教材的重点和难点,编写了有关的习题及案例,帮助读者熟练掌握教材所述的原理和方法。

(2)内容全面,覆盖面广。编者在侧重重点和难点的同时,对教材中的各个知识点从不同的角度出题,覆盖面广。

(3)习题与案例设计新颖,解析详细。同教材一样,本指导书力求体现现实性与前瞻性,尤其是案例部分,深入浅出,反映经济时事的同时,也及时反映财务管理发展的新趋势。

第四版修订再版,编者在之前的基础上又参阅了大量相关资料,进行了精简与更新,增加了《公司财务》(第四版)教材各章节关键知识点及核心内容的梳理与提示以及该版教材各章节后练习题参考答案。以上的改进完善可能还存在诸多不尽如人意的地方,错误遗漏难免,恳请读者批评指正。

本书作者之一陈文浩教授于 2013 年 1 月 18 日过世，《公司财务习题与案例》第三版、第四版的修订由张纯和吴井红完成。

在此感谢给予我们大力支持并付出辛苦的编辑老师及上海财经大学出版社！

张 纯　吴井红
2022 年 9 月

目 录

第一章　公司财务概述

本章精要

本章介绍了公司财务的历史沿革，阐述了公司理财与其他学科之间的关系，尤其重点阐述了财务管理与会计的区别，有助于我们从较高的角度把握财务管理的内涵。同时，对独资企业、合伙企业以及公司等不同组织形式的特征进行分析，突出强调现代企业的组织形式应为公司，财务管理以公司制为背景展开讨论。公司的财务管理都是在一定的环境下进行的，影响财务管理的环境因素包括经济环境、法律环境、税收环境等，其中与财务管理关系最密切也是最重要的是金融市场环境。财务人员应熟悉金融市场及其分类，并了解影响利率的因素及利率的构成。公司在一定的理财环境中选择了适合自己的形式，就必须依据公司的总体目标去寻求财务管理的具体目标，在满足基本要求的前提下讨论自身的最优目标。现代企业的最优理财目标应为公司价值最大化或股东财富最大化。公司必须通过组织财务活动、处理财务关系来实现公司价值最大化的目标，财务管理必须解决筹资决策、投资决策、资产管理决策和分配决策等问题，这些问题构成了财务管理的基本内容。公司可采用财务预测、决策、计划、控制、分析和检查等职能来加强管理，在管理中应遵循一些基本原则，这些原则是确保财务目标得以实现的重要保证，对此我们应有所把握。

一、公司财务与相关学科的关系

1. 公司财务源于经济学，经济学是公司财务的理论基础。

2. 公司财务管理包括计划、组织、控制、指挥、协调等一系列职能作用过程，是公司管理的基石与核心，是管理学的分支之一。管理学的职能管理层次则为公司财务管理学提供了充分的制度框架。

3. 财务管理是对财务活动及其所体现的关系进行管理，会计则是对资金运动的全过程进行反映、监督。作为两种不同的管理手段，两者在部门设置、管理职能及管理目标、方法上都存在一定的差别。

二、企业的组织形式和理财环境

1. 不同组织形式的企业所适用的法律是不同的。按国际惯例，企业划分为独资企业、合伙企业和公司制企业。不同类型的组织形式对财务管理有着不同的影响。

2. 理财环境，是指对企业财务活动和财务管理产生影响的企业内部与外部的各种作用因素的总和，如宏观政策环境、法律环境、经济环境、金融市场环境、税收环境等。

三、公司的管理目标和公司价值

1. 经营管理目标是有层次性的，其自身的基本目标是生存，核心目标是发展，最终目标是获利。

2. 在市场经济条件下，公司同样是商品，与一般意义上的商品有所区别的是，公司是一种非常特殊和庞大的商品。需要辨析：市场价值与账面价值、公司价值与股票价格、公司价值与股东财富、公司价值与利润。

四、财务关系和财务管理目标

1. 在公司的日常财务活动中，公司只有处理好各方面的财务关系，才能保证财务活动的正常进行和稳步发展。

2. 公司财务管理的最终目标与经营管理目标是一致的，并受经营管理目标的制约。公司的特定经营目标是会随着经营环境的变化和公司经营方针的调整而做出调整的。这时，相应的财务管理的具体目标也会做出适应性的调整。总的来说，公司财务管理的最终目标是稳定的，而其具体目标则应该根据公司不同时期特定经营管理要求的变化，及时作出相应的调整。

3. 财务管理通过投资决策、筹资决策和股利决策来提高报酬率，降低风险，实现其目标。

4. 股东、经营者和债权人之间的目标不同，因此，公司必须协调这三个方面的冲突，才能实现企业价值最大化的目标。

5. 为了使企业在为社会创造财富的同时不损害社会利益，我们必须采用法律制约和行政干预、舆论监督等手段，协调企业财务管理目标的实现与企业应尽社会责任之间的冲突和矛盾。

五、财务管理的职能、内容和原则

1. 财务管理的职能是指财务管理的职责和功能，包括制订和实施公司筹资决策方案、投放和配置资金、提高资金利用水平、合理分配公司收益和建立有效的财务管理制度等。这些具体职能可以分别归入财务管理的财务预测、财务决策、财务计划、财务控制、财务分析、财务检查等基本职能中。

2. 财务管理的内容主要有三个方面：筹资管理、投资管理和分配管理。

3. 财务管理的原则是公司组织财务活动、处理财务关系所必须遵循的基本准则。

财务管理的原则主要包括企业价值最大化原则、风险与收益均衡原则、成本—效益原则、资源合理配置原则和利益关系协调原则。

【本章自测题】

一、名词解释

1. 独资企业　2. 合伙企业　3. 公司　4. 理财环境　5. 金融市场环境
6. 货币市场　7. 资本市场　8. 初级市场　9. 次级市场　10. 利率

11. 纯粹利率　12. 通货膨胀附加率　13. 变现力附加率　14. 违约风险附加率
15. 到期风险附加率　16. 公司价值　17. 财务关系　18. 理财目标
19. 财务预测　20. 财务决策　21. 财务计划　22. 财务控制　23. 财务分析
24. 财务检查　25. 资金筹集　26. 资金投放　27. 资金分配　28. 理财原则

二、单项选择题

1. 财务管理是对企业的资本及其运作过程进行(　　)的一项管理活动。
A. 规划与控制　B. 计划与控制　C. 反映与监督　D. 预算与报告
2. 财务管理与会计的共同点是(　　)。
A. 事前管理　B. 反映监督
C. 对资金运动管理　D. 管理手段一致
3. 独资企业、合伙企业与公司制企业的主要区别是(　　)。
A. 双重纳税　B. 有限责任　C. 无限责任　D. 分权管理
4. 企业进行财务管理最为主要的环境因素是(　　)。
A. 法律环境　B. 经济环境　C. 金融市场环境　D. 政治环境
5. 下列说法不正确的是(　　)。
A. 资本市场所交易的金融工具有较强的货币性
B. 金融市场按照金融工具的属性,分为基础性金融市场和金融衍生品市场
C. 按证券交易的方式和次数,金融市场分为初级市场和次级市场,即发行市场和流通市场,或称一级市场和二级市场
D. 金融工具一般包括债权债务凭证和所有权凭证
6. 企业的财务关系不包括(　　)。
A. 与所有者之间的委托代理关系　B. 与职工间的经济关系
C. 与税务部门间的纳税关系　D. 与政府间的公共关系
7. 影响利息率高低的最基本因素是(　　)。
A. 资金的需求和供应　B. 国家利率管制程度
C. 货币政策与财政政策　D. 经济周期与通货膨胀
8. 企业理财的最优财务目标是(　　)。
A. 利润最大化　B. 风险最小化
C. 企业价值最大化　D. 报酬率最大化
9. 以企业价值最大化作为财务管理的目标存在的问题有(　　)。
A. 没有考虑资金的时间价值　B. 没有考虑投资的风险价值
C. 企业的价值难以评定　D. 容易引发短期行为
10. 有关企业价值最大化的看法,正确的是(　　)。
A. 该目标强调企业潜在的或者预期的获利能力
B. 该目标没有考虑风险因素
C. 该目标没有考虑资金的时间价值
D. 在该目标下,企业价值主要是指账面资产的总价值
11. 财务管理十分重视股价的高低,因其(　　)。
A. 代表投资大众的评价　B. 反映每股盈利和风险的大小

C. 反映利润的时间价值　　D. 反映财务管理目标的实现程度

12. 企业财务是企业再生产过程中的资金运动,体现企业(　　)。

A. 价值的运动　　B. 与各方面的经济利益关系

C. 生产经营的全过程　　D. 资金循环与周转

13. 企业在资金运动中与各有关方面发生的经济关系称为(　　)。

A. 经营关系　　B. 统计关系　　C. 财务关系　　D. 会计关系

14. 企业财务关系中,最为主要的财务关系是(　　)。

A. 股东与经营者之间的关系　　B. 股东与债权人之间的关系

C. 股东、经营者、债权人之间的关系　　D. 企业与社会公众之间的关系

15. 企业内部各单位之间的财务关系,主要表现为(　　)关系。

A. 资金结算　　B. 资金分配　　C. 资金上交　　D. 资金下拨

16. 企业与国家税务机关之间的财务关系是(　　)。

A. 债权债务关系　　B. 强制和无偿的分配关系

C. 受资与投资关系　　D. 债务债权关系

17. 财务管理的核心职能是(　　)。

A. 财务预测　　B. 财务决策

C. 财务预算与控制　　D. 财务分析与检查

18. 财务管理的基本属性是(　　)。

A. 价值管理　　B. 计划管理　　C. 综合管理　　D. 分权管理

19. 财务活动的核心内容是(　　)。

A. 筹集资金活动　　B. 投放资金活动

C. 营运资金活动　　D. 分配资金活动

20. 成本效益原则就是要对(　　)进行分析比较。

A. 资金成本与息税前资金利润率　　B. 投资额与各期投资收益额

C. 营业成本与营业收入　　D. 经济活动中的所费与所得

21. 调整企业资金结构并不能(　　)。

A. 降低财务风险　　B. 降低经营风险

C. 降低资金成本　　D. 增加融资弹性

22. 财务管理区别于其他管理的特点是(　　)。

A. 价值管理　　B. 人事管理　　C. 金额管理　　D. 实物管理

23. 公司的基本目标是(　　)。

A. 生存　　B. 发展　　C. 盈利　　D. 扩张

24. 公司价值是(　　)。

A. 利润　　B. 资产价值

C. 未来收益的现值　　D. 账面价值

25. (　　)就是在掌握大量信息资料的基础上,考虑各种可变因素,根据公司财务收支的客观规律,运用经济预测的科学方法,对公司未来的财务状况和经营成果进行预计和推测。

A. 财务预测　　B. 财务决策　　C. 财务计划　　D. 财务控制

三、多项选择题

1. 财务管理与会计管理的区别主要表现在(　　)。

A. 部门设置不同　　B. 管理职能不同

C. 管理目标不同　　D. 管理方法不同

E. 管理意识不同

2. 股份有限公司与有限责任公司相比,具有的特点为(　　)。

A. 股东人数不得超过规定的限额

B. 公司的资本分为等额股份

C. 股东可依法转让持有的股份

D. 股东以其所持股份为限对公司承担有限责任

E. 公司向股东签发出资证明

3. 下列关于有限责任公司的解释中,正确的有(　　)。

A. 公司的资本总额不分为等额股份,股东人数不得超过规定的限额

B. 公司向股东签发出资证明

C. 不限制股东人数

D. 承担有限责任

E. 可转让持有的股份

4. 相对其他企业而言,公司制企业的主要优点有(　　)。

A. 寿命无限　　B. 筹资方便

C. 承担有限责任　　D. 利润分配不受限制

E. 双重纳税

5. 利率构成中的风险附加可分为(　　)。

A. 违约风险附加　　B. 通货膨胀附加

C. 变现力风险附加　　D. 到期风险附加

E. 外汇风险附加

6. 影响利率的因素是(　　)。

A. 资金的供求　　B. 通货膨胀

C. 国家的经济政策　　D. 国家利率管制程度

E. 国际政治关系

7. 属于货币市场工具的有(　　)。

A. 商业票据　　B. 国库券　　C. 可转让存单　　D. 回购协议

E. 企业债券

8. 按证券交易过程的性质划分的金融市场称为(　　)。

A. 初级市场和次级市场　　B. 发行市场和流通市场

C. 一级市场和二级市场　　C. 货币市场和资本市场

E. 证券市场和借贷市场

9. 财务管理的金融市场环境包括(　　)。

A. 金融机构　　B. 金融工具　　C. 金融政策　　D. 利率

E. 金融管制

10. 企业价值最大化的目标具有的优点有（　　）。

A. 考虑了资金的时间价值和风险价值

B. 反映了资产保值增值的要求

C. 通过在即期市场上的股价，能够直接解释企业的获利能力

D. 有利于社会资源合理配置

E. 有利于克服管理上的短期行为

11. 利润最大化目标的缺点为（　　）。

A. 没有考虑资金的时间价值

B. 不能反映创造的利润与投入资本之间的关系

C. 没有考虑风险因素

D. 可能导致企业追求短期行为

E. 不能衡量生产产品的多少

12. 对股份上市公司而言，其价值大小可用股价高低来反映，是因为（　　）。

A. 股价代表公众对公司价值的评价　　B. 长期股价揭示公司的获利能力

C. 股价反映了公司风险的大小　　D. 股价反映了宏观经济的好坏

E. 股价反映了生产产品价值的大小

13. 下列说法中，正确的有（　　）。

A. 企业的总价值与预期的报酬成正比

B. 企业的总价值与预期的风险成反比

C. 在风险不变时，报酬越高，企业价值越大

D. 在报酬不变时，风险越高，企业价值越小

E. 风险与收益均衡时企业总价值最大

14. 企业与投资者之间的财务关系具体表现为，投资者按其出资比例对企业具有（　　）。

A. 管理控制权　　B. 利润分配权

C. 净资产分配权　　D. 优先分配剩余财产权

E. 请求破产权

15. 由筹资活动引起的财务关系包括（　　）。

A. 企业与金融机构之间的财务关系　　B. 企业与投资者之间的财务关系

C. 企业与受资者之间的财务关系　　D. 企业与债权人之间的财务关系

E. 企业与债务人之间的财务关系

16. 财务控制应做好的工作包括（　　）。

A. 制定标准　　B. 执行标准　　C. 确定差异　　D. 消除差异

E. 考核奖惩

17. 财务活动的内容主要包括（　　）。

A. 筹资管理　　B. 投资管理　　C. 成本管理　　D. 收支管理

E. 分配管理

18. 财务管理的原则主要包括（　　）。

A. 企业价值最大化原则　　B. 风险与收益均衡原则

C. 成本效益原则　　D. 资源合理配置原则

E. 利益关系协调原则

19. 投资管理的具体内容包括(　　)。

A. 确定投资管理的财务目标　　B. 实施投资项目的可行性研究

C. 制定营运资金的管理方针　　D. 加强成本费用控制

E. 强化金融投资监管

20. 财务分配管理的具体内容包括(　　)。

A. 确定合理的财务分配政策　　B. 准确处理好各项财务关系

C. 确定有效的税务方针　　D. 建立完备的责任考核制度

E. 实施全面的财务分析

四、判断题

1. 公司财务与会计一样都有着悠久的历史。(　　)
2. 财务管理是事前管理,会计是事后管理。(　　)
3. 财务管理注重现金流量,会计注重利润。(　　)
4. 独资企业和合伙企业都具有寿命有限、责任无限的特征。(　　)
5. 金融市场是指一切资本流动的场所。(　　)
6. 金融市场的利率也会随通货膨胀及风险大小而起伏波动。(　　)
7. 公司发行的有价证券是资本市场的主要金融工具。(　　)
8. 租赁公司不属于金融机构。(　　)
9. 从资金的借贷关系看,利率是一定时期运用资金这一资源的交易价格。(　　)
10. 纯粹利率以社会平均资金利润率作为上限。(　　)
11. 公司价值可以通过合理的分配方案来提高。(　　)
12. 投资者在对企业进行评价时,更看重企业已经获得的利润而不是企业的潜在获利能力。(　　)
13. 理财目标就是企业财务活动需要实现的目标,即财务管理的任务。(　　)
14. 企业价值最大化与股东财富最大化表述的目标是一致的。(　　)
15. 企业向职工支付工资、发放奖金属于财务活动中的分配活动。(　　)
16. 民营企业与政府之间的财务关系是投资关系。(　　)
17. 风险与收益均衡原则就是指风险大小往往与收益高低成正比,风险越高,收益越高。(　　)
18. 以企业价值最大化作为理财目标有利于资源的合理配置。(　　)
19. 利润分配也就是企业的再筹资行为。(　　)
20. 广义的投资就是公司资产的配置,属于直接投资。(　　)

五、问答题

1. 简述财务管理与会计管理的联系与区别。
2. 财务管理的发展经历了哪些阶段?有何启示?
3. 简述金融市场环境的构成要素及分类。
4. 公司的管理目标对财务管理提出了怎样的要求?
5. 财务管理包括哪些职能?

六、论述题

1. 论述公司的最优理财目标。
2. 怎样理解财务管理的原则?

【本章自测题参考答案】

一、名词解释

1. 独资企业:依法设立,由一个自然人投资,财产为投资人个人所有,投资人以其个人财产对企业债务承担无限责任的经营实体。

2. 合伙企业:依法设立,由两个以上合伙人订立合伙协议,共同出资,合伙经营,共享收益,共担风险,并对合伙企业债务承担无限连带责任的营利性组织。

3. 公司:依照公司法登记设立,以其全部法人财产对公司债务承担责任,依法自主经营、自负盈亏的企业法人。

4. 理财环境:对企业财务活动和财务管理产生影响的企业内部与外部的各种作用因素的总和。

5. 金融市场环境:资金的供求双方借助于金融工具融通资金达成交易的场所。

6. 货币市场:期限不超过 1 年的短期资金交易市场。

7. 资本市场:期限超过 1 年以上的长期资金交易市场。

8. 初级市场:从事新证券和票据等金融工具发行或买卖的市场,又称一级市场。

9. 次级市场:从事旧证券和票据等金融工具买卖和转让的市场,又称二级市场。

10. 利率:是资金使用权的价格,反映金融市场的资金供求关系。

11. 纯粹利率:无风险、无通货膨胀情况下的社会平均利率。

12. 通货膨胀附加率:为弥补通货膨胀造成的实际购买力下降的损失而要求提高的利率。

13. 变现力附加率:为弥补因资产流动性不好而要求提高的利率。

14. 违约风险附加率:为弥补因债务人无法按时还本付息带来的风险而由债权人要求提高的利率。

15. 到期风险附加率:为弥补因偿债期长而带来的风险由债权人要求提高的利率。

16. 公司价值:公司作为特殊商品在转让或出售时的价格。

17. 财务关系:企业组织财务活动过程中与有关各方所发生的经济利益关系。

18. 理财目标:在特定的理财环境中,通过组织财务活动、处理财务关系而要达到的目的。

19. 财务预测:运用科学的方法对公司未来的财务状况和经营成果所进行的预计和推测。

20. 财务决策:运用科学方法对若干可供选择的财务活动方案进行评价,从中选出最佳方案的过程。

21. 财务计划:是财务决策的具体化,是公司及部门的奋斗目标,是组织财务活动、处理财务关系、控制财务收支以及考核财务业绩的依据。

22. 财务控制:对公司的财务活动进行约束、监督和指导,将财务活动的实际成果与财务预算对比,发现差异,找出原因,采取纠正措施及时纠正的过程。

23. 财务分析:利用财务报表和其他资料对公司过去的财务状况和经营成果、公司的现状、公司未来的发展趋势进行分析、评价，从中总结成绩、找出差距、挖掘潜力，并借以提出改进措施的过程。

24. 财务检查：依据有关法规和制度对公司财务活动的正确性、合理性、合法性以及有效性进行检查的过程。

25. 资金筹集：企业为了满足投资和用资的需要，筹措和集中所需资金的过程。

26. 资金投放：为获取一定的收益将资金投放到特定对象的经济行为。

27. 资金分配：对收入和利润进行分割和分派的过程。

28. 理财原则：组织财务活动、处理财务关系所必须遵循的基本准则。

二、单项选择题

1. B　2. C　3. C　4. C　5. A　6. D　7. A　8. C
9. C　10. A　11. B　12. B　13. C　14. C　15. A　16. B
17. B　18. A　19. B　20. D　21. B　22. A　23. A　24. C
25. A

三、多项选择题

1. ABCDE　2. BCD　3. ABD　4. ABC　5. ACD
6. ABCDE　7. ABCD　8. ABC　9. ABD　10. ABDE
11. ABCD　12. ABC　13. ABCDE　14. ABC　15. BD
16. ABCDE　17. ABE　18. ABCDE　19. ABCDE　20. ABCDE

四、判断题

1. ×　2. ×　3. √　4. √　5. √　6. √　7. √　8. ×
9. √　10. √　11. ×　12. ×　13. ×　14. √　15. ×　16. ×
17. ×　18. √　19. √　20. ×

五、问答题

1. 会计管理与财务管理是两种不同形式的管理行为，两者都是利用价值形式对资金运动的全过程进行管理，但两者在部门设置、管理职能、管理的具体目标、管理方法和管理意识等诸多方面均有不同。

2. 财务管理于19世纪末20世纪初开始逐步形成。其形成和发展过程可大致分为以下几个阶段：(1)19世纪末20世纪初为萌芽阶段。公司财务最早一直被认为是微观经济理论的应用学科，是经济学的一个分支。(2)20世纪20年代至30年代为发展阶段。随着西方国家工业化程度的提高，一方面，公司普遍资本不足；另一方面，资金市场很不发达。现实使财务管理的重点转向维持生存、加强政府管制。(3)20世纪40年代至50年代为扩展阶段。随着市场竞争日益激烈，公司想要生存和发展，不仅要以低成本筹集资金，更要重视资产的合理利用。(4)20世纪60年代迄今为综合决策化阶段。财务理论发展成熟，逐渐形成以估值问题为核心的现代财务管理理论。

3. 金融市场环境由金融机构、金融工具和利率等要素构成。金融市场是指一切资本流动的场所，可按不同的标准进行分类：按融通资金的期限，分为短期资金市场和长期资金市场；按市场的交易对象，分为货币借贷市场、票据承兑市场、票据贴现市场、有价证券市场、黄金市场和外汇市场；按市场交易过程的性质，分为一级市场和二级市场；按市场的交割期限，分为现货市场和期货市场；按市场融通资金的范围，分为区域性金融市场和国际性金融市场。

4. 公司的管理目标包括生存、发展和获利。生存要求公司保持收支平衡和偿还到期债务，减少破产的风险，使之能够长期稳定地生存下去；发展要求公司筹集到发展所需要的资金；获利要求公司合理、有效地使用资金，降低成本，提高收益，使其能够最大限度地获利。

5. 财务管理的职能包括财务预测、财务决策、财务计划、财务控制、财务分析以及财务检查等方面，其中财务决策是核心。

六、论述题

1.

主 张	优 点	缺 点
利润最大化	代表新创造的财富	未考虑时间价值，未考虑风险因素，未考虑投入产出关系，易导致短期行为
权益资本利润率或每股利润最大化	考虑了投入与产出的关系	未考虑时间价值，未考虑风险因素，易导致短期行为
企业价值最大化（股东财富最大化、每股市价最大化）	考虑了时间价值、风险因素，反映了资本保值增值的要求，有利于克服短期行为，有利于社会资源合理配置	计量较困难

2. 财务管理原则是组织财务活动、处理财务关系必须遵守的基本准则。该原则是从财务管理的实践中抽象出来的，并在实践中得以证明的正确的行为规范，它反映了财务管理活动的内在要求。该原则是一种指导性的财务观念，根据这些原则指导财务活动，是确保财务目标实现的重要保障。

第二章　财务管理的分析技术

本章精要

本章是财务管理学的基础，货币的时间价值是管理公司财务运作的基本前提。货币时间价值被定义为无风险、无通货膨胀情形下的社会平均资金利润率，货币时间价值的计算广泛采用复利的方法，涉及复利终值、复利现值、年金终值、年金现值等基本运算，本章还介绍了几种特殊的年金种类以及货币时间价值中的特殊运算。由于现实生活中存在着风险，风险与报酬的权衡成为贯穿财务管理始终的一条主线。本章从单项资产出发介绍其风险的量化以及风险收益的计算，然后介绍组合投资分散风险的原理，指出组合投资的风险可分为系统风险与非系统风险，并用 β 系数反映单项资产及特定组合的系统风险，据以确定单项资产及特定组合的风险收益，用资本资产定价模型衡量证券的期望收益与系统风险的关系，用图形表示的资本资产定价模型就称为证券市场线。除了货币时间价值与风险报酬外，本量利分析也是一个重要的管理工具，根据成本、销量和利润之间的关系来进行分析，确定损益平衡点，并进一步强调边际贡献和安全边际的概念，可利用它们对实际问题进行分析。

一、货币的时间价值

1. 利率是衡量货币增值量的基本单位，也就是货币的增值量同货币本金的价值之比。利率在公司理财中的作用：利率对投资的影响表现在投资规模和投资结构上；利率对企业筹资的影响表现为企业的筹资成本和资金结构。

2. 货币时间价值本质是把货币作为资金投入生产经营中，经历供应、生产、销售全过程，并循环往复，收回大于原投入货币资金，才能实现价值的增值，是没有风险和通货膨胀条件下的社会平均资金利润率。

二、风险衡量与风险报酬

1. 一般而言，投资者都讨厌风险，并力求回避风险。投资者之所以进行风险投资，是因为可得到额外报酬，即获得风险报酬额或风险报酬率。

2. 风险的特征一般表现为：客观性、不确定性以及一般情况下风险与收益具有对等性。

3. 证券组合的风险报酬是投资者因承担不可分散风险而要求的、超过时间价值的那部分额外报酬。

三、资本资产定价模型

1. 资本资产定价模型衡量的是不可分散风险，也就是系统性风险或称为市场风险。

2. 证券市场线上的各种证券相对风险与报酬而言处于一种均衡状态。证券市场线/资本资产定价模型界定了风险与回报率之间的关系，适用于所有资产与证券，无论是有效的还是无效的。

3. 资本市场线是反映市场处于均衡状况下有效资产组合的收益与风险关系的模型，并没有说明对于无效投资组合及单个证券的相应情况。资本市场线为证券市场线的特例，当资产组合有效时，证券市场线就是资本市场线。

四、损益平衡分析

1. 损益平衡点能够帮助管理人员正确地把握产品销售量与公司盈利之间的关系。公司处于不盈不亏状态意味着当前的贡献毛利全部被固定成本抵销，只有当销售量超过损益平衡点时，其超出部分提供的贡献毛利才会形成公司的利润。

2. 安全边际反映了产品盈利的安全幅度，即安全边际越大，发生亏损的可能性就越小，盈利的安全性越高。明白了安全边际及安全边际率与利润的关系，公司可以通过安全边际和安全边际率来提高利润。提高利润的方法有两种：提高现有销售水平和降低损益平衡点。

【本章自测题】

一、名词解释

1. 货币时间价值　2. 单利　3. 复利　4. 年金　5. 普通年金　6. 先付年金
7. 递延年金　8. 永续年金　9. 偿债基金　10. 投资回收额　11. 风险
12. 风险报酬　13. 风险报酬系数　14. 证券组合　15. 可分散风险
16. 不可分散风险　17. 资本市场线　18. 证券市场线　19. 本量利分析
20. 边际贡献　21. 边际贡献率　22. 损益平衡点　23. 安全边际
24. 安全边际率

二、单项选择题

1. 现代财务管理的价值观念包括(　　)。
A. 时间价值与风险价值　B. 使用价值与价值
C. 利润与报酬　D. 利率与贴现率

2. 货币时间价值的实质是(　　)。
A. 暂缓消费的补偿　B. 资金周转使用后的增值额
C. 资金所有者与资金使用者分离的结果　D. 时间推移带来的差额价值

3. 下列关于现值的说法中，错误的是(　　)。
A. 以后年份收到或付出资金的现在价值　B. 可用倒求本金的方法计算
C. 现值与时间成正比　D. 由终值求现值，称作贴现

4. 某人计划 5 年后需要现金 2 800 元，在银行存款年利率为 8%，按单利计算的情况下，

现在应存入银行(　　)元。

A. 1 906　　B. 2 000　　C. 1 900　　D. 2 100

5. 货币的时间价值是在没有风险和通货膨胀下的(　　)。

A. 利息率　　B. 资金利润率　　C. 资金利用率　　D. 投资收益率

6. 普通年金是指(　　)。

A. 每期期末等额收款、付款的年金

B. 每期期初等额收款、付款的年金

C. 距今若干期以后发生的每期期末等额收款、付款的年金

D. 无限期连续等额收款、付款的年金

7. 偿债基金系数是(　　)的倒数。

A. 复利现值系数　　B. 复利终值系数

C. 年金现值系数　　D. 年金终值系数

8. 某企业以 8%的年利率借得 100 000 元,投资于某个寿命为 5 年的项目上,为使该项目有利可图,每年至少应收回的现金数额为(　　)元。

A. 25 376.4　　B. 26 138.5　　C. 20 000　　D. 25 045.7

9. 无限期连续收款、付款的年金称为永续年金,其计算公式为(　　)。

A. $(1+i)n$　　B. $1/(1+i)n$　　C. $1/i$　　D. $[1-1/(1+i)n]/i$

10. 如果两个投资项目预期收益的标准差相同,而期望值不同,则这两个项目(　　)。

A. 预期收益相同　　B. 标准离差率不同

C. 预期收益不同　　D. 风险收益相同

11. 投资者冒着风险进行投资是因为可获得(　　)。

A. 风险反感　　B. 风险报酬　　C. 风险转移　　D. 风险分散

12. 关于不同经济情况的报酬率的概率分布与投资风险的描述,正确的是(　　)。

A. 概率分布越均匀,风险越低　　B. 概率分布越集中,风险越高

C. 概率分布越分散,风险越低　　D. 概率分布越集中,风险越低

13. 在财务管理中,对于期望值不同的决策方案,用来衡量风险大小的指标是(　　)。

A. 标准离差　　B. 边际成本　　C. 标准离差率　　D. 风险报酬率

14. 将标准离差率转换为投资收益率时,需要借助(　　)。

A. β 系数　　B. 风险价值系数

C. 复利现值系数　　D. 年金终值系数

15. 如某投资组合由收益呈完全负相关的两只股票构成,则(　　)。

A. 该组合可分散风险可能完全抵消

B. 该组合的风险收益为零

C. 该组合的投资收益大于其中任一股票的收益

D. 该组合的投资收益标准差大于其中任一股票收益的标准差

16. 下列因素引起的风险中,投资者可以通过证券投资组合予以分散的是(　　)。

A. 宏观经济状况变化　　B. 世界能源状况变化

C. 发生经济危机　　D. 被投资企业出现经营失误

17. 若某股票的 β 系数等于 1,则下列表述中正确的是(　　)。

A. 该股票的市场风险大于整个市场股票的风险

B. 该股票的市场风险小于整个市场股票的风险
C. 该股票的市场风险等于整个市场股票的风险
D. 该股票的市场风险与整个市场股票的风险无关

18. 下列说法中正确的是（　　）。
A. 当两个项目完全正相关时，组合的标准差可按投资比例加权平均
B. 当两个项目完全负相关时，组合的标准差可按投资比例加权平均
C. 当两个项目不完全正相关时，组合的标准差可按投资比例加权平均
D. 当两个项目不完全负相关时，组合的标准差可按投资比例加权平均

19. 关于 β 系数，下列叙述中错误的是（　　）。
A. 某股票 β 值大于 1，则其风险大于市场平均风险
B. 某股票 β 值等于 1，则其风险等于市场平均风险
C. 某股票 β 值小于 1，则其风险小于市场平均风险
D. β 值越小，该股票收益率越高

20. $\beta_p \cdot (R_m - R_F)$ 称为（　　）。
A. 市场组合的平均收益率　　B. 投资组合的风险收益率
C. 市场组合的风险报酬率　　D. 个股的风险收益率

21. 一般来说，可以通过增加销量、降低成本、提高单价等实现目标利润，在分析各因素对完成目标利润的影响时，应（　　）。
A. 首先分析确定销售量的影响　　B. 首先分析确定成本量的影响
C. 首先分析确定单价的影响　　D. 不存在一定的分析顺序

22. A 产品的单位变动成本为 6 元，固定成本为 300 元，单价为 10 元，目标利润为 500 元，则销量（　　）。
A. 不高于 200 件　　B. 不低于 200 件
C. 不高于 600 件　　D. 不低于 600 件

23. 提高安全边际率的方法是（　　）。
A. 降低销量　　B. 减少固定成本
C. 降低单价　　D. 提高单位变动成本

24. 下列方程中，与本量利无关的是（　　）。
A. 利润＝收入×边际贡献率－固定成本
B. 销售利润率＝安全边际率×边际贡献率
C. 利润＝(收入－盈亏临界点)×边际贡献率
D. 销售利润率＝销售成本率×成本利润率

25. 边际贡献率与安全边际率的关系是（　　）。
A. 1－边际贡献率＝安全边际率
B. 1＋边际贡献率＝安全边际率
C. 边际贡献率＋安全边际率＝1
D. 边际贡献率×安全边际率＝销售利润率

三、多项选择题

1. 常采取年金形式的有（　　）。

A. 折旧　B. 租金　C. 利息　D. 奖金
E. 保险金

2. 与资金时间价值的大小成正比的因素有(　　)。
A. 资金投入生产经营过程中的时间长短
B. 资金投入生产经营过程中的风险大小
C. 资金投入生产经营过程中周转次数的多少
D. 通货膨胀率的高低
E. 社会平均资金利润率的高低

3. 以下公式中,表示年金终值系数或与年金终值系数等价的有(　　)。
A. $(P/A,i,n)$　B. $(A/F,i,n)$
C. $(F/A,i,n)$　D. $(P/A,i,n)\cdot(F/P,i,n)$
E. $1/(P/A,i,n)$

4. 递延年金的特点有(　　)。
A. 现值与递延期无关　B. 现金流递延若干期发生
C. 只有现值没有终值　D. 递延期后每期等额收付
E. 既有终值又有现值

5. 下列表述中,正确的有(　　)。
A. 复利终值系数和复利现值系数互为倒数
B. 普通年金终值系数和普通年金现值系数互为倒数
C. 普通年金终值系数和偿债基金系数互为倒数
D. 普通年金现值系数和资本回收系数互为倒数
E. 单利终值计算与单利现值计算互为倒数

6. 与可分散风险在概念上能取得统一的风险种类有(　　)。
A. 基本风险　B. 特定风险　C. 系统风险　D. 非系统风险
E. 自然风险

7. 企业的投资报酬率包括(　　)。
A. 资金的时间价值　B. 风险价值率
C. 必要投资报酬率　D. 通货膨胀率
E. 平均资金利润率

8. 关于风险报酬,下列表述中正确的有(　　)。
A. 风险报酬有风险报酬率和风险报酬额两种表示方法
B. 风险越大,获得的风险报酬应越高
C. 风险报酬额是指因冒风险进行投资所得的超过无风险收益的那部分额外报酬
D. 风险报酬率是风险报酬与原投资额的比率
E. 在实际工作中,通常以相对数即风险报酬率进行计量

9. 按照资本资产定价模型,确定特定股票必要收益率所考虑的因素有(　　)。
A. 无风险收益率　B. 公司股票的特有风险
C. 特定股票的 β 系数　D. 所有股票的年均收益率
E. 通货膨胀率

10. 下列有关证券投资风险的表述中,正确的有(　　)。

A. 证券投资组合的风险有公司特别风险和市场风险两种
B. 公司特别风险是不可分散风险
C. 股票的市场风险不能通过证券投资组合加以消除
D. 当投资组合中股票的种类特别多时，非系统性风险几乎可全部分散掉
E. 非系统风险不值得用收益补偿

11. 反映项目之间协同变化关系的指标包括（ ）。
A. 标准差　B. 协方差　C. 变异系数　D. 相关系数
E. 方差

12. 下述有关系统风险和非系统风险的说法中，正确的有（ ）。
A. 系统风险又称市场风险、不可分散风险
B. 系统风险不能用多元化投资来分散，只能靠更高的报酬率来补偿
C. 非系统风险是每个公司特有的风险，可通过多元化投资分散
D. 非系统风险源于公司自身的商业活动和财务活动，表现为个股报酬率变动脱离整个股市平均报酬率变动
E. 证券投资组合可消除非系统风险

13. 证券市场线说明的是（ ）之间的关系。
A. 平均收益率　B. 无风险收益率
C. 必要收益率　D. 均方差
E. β 系数

14. 下列关于对 β 系数的理解，正确的有（ ）。
A. β 系数衡量的是不同证券的市场风险
B. 某股票 $\beta=0$，则该股票风险为 0
C. 某股票 $\beta=1$，说明其风险等于市场的平均风险
D. 某股票 $\beta<1$，说明其风险小于市场的平均风险
E. 某股票 $\beta>1$，说明其风险大于市场的平均风险

15. 使盈亏临界点下降的业务有（ ）。
A. 提高单价　B. 增加固定成本
C. 扩大销售量　D. 降低单位变动成本
E. 增加利润

16. 企业税前利润等于（ ）。
A. 正常销量×单位边际贡献　B. 实际订货额×边际贡献率
C. 安全边际量×单位边际贡献　D. 安全边际额×边际贡献率
E. 安全边际率×边际贡献率

17. 计算盈亏临界点时，依据的数据有（ ）。
A. 固定成本　B. 单位变动成本
C. 单价　D. 销量
E. 单位税率

18. 在其他因素不变的前提下，单价上升带来的后果是（ ）。
A. 单位边际贡献上升　B. 单位变动成本上升
C. 安全边际量下降　D. 固定成本下降

E. 安全边际率上升

19. 资本资产定价模型假设(　　)。

A. 投资者可以以无风险利率无限制地借贷

B. 投资者对每项资产有相同的预期

C. 投资者可以卖空

D. 投资者是风险厌恶者

20. A和B两个项目:A项目的预期报酬率在繁荣、一般、衰退时分别为40%、20%、0,B项目分别为70%、20%、-30%。A和B项目繁荣、一般、衰退的发生概率均为0.2、0.6、0.2。以下说法中正确的有(　　)。

A. A、B的期望报酬率相同　　B. A、B的风险相同

C. A、B同样值得投资　　D. A比B风险小

E. 不能得出结论

四、判断题

1. 资金的时间价值是指随着时间的推移,货币价值发生了增值。(　　)

2. 银行利息率是企业资金利润率的最高界限。(　　)

3. 在通常情况下,资金的时间价值是指无风险条件下的社会平均资金利润率。(　　)

4. 永续年金既无终值也无现值。(　　)

5. 单利与复利是两种不同的计息方式,因此单利终值与复利终值在任何情况下都不同。(　　)

6. 一定时间内时间间隔相等、金额相同的一系列收付称为年金。(　　)

7. 凡一定时期内每期都有收付款的现金流量,都属于年金。(　　)

8. 在本金和利率一定的前提下,时间越长,复利终值越大。(　　)

9. 在将来值和时间一定的前提下,贴现率越低,复利现值越大。(　　)

10. 风险是一种危险,是一种不确定性。在财务活动中,低风险只能获得低收益,高风险则往往可能获得高收益。(　　)

11. 两个或两个以上项目比较,标准离差越大,则风险也越大。(　　)

12. 衡量风险的指标有标准离差和标准离差率,两者的应用范围相同。(　　)

13. 某投资项目的报酬率呈正态分布,其$E=15\%$,$\sigma=3.87\%$,则该项目几乎是盈利的,不会亏损。(　　)

14. 敢冒风险的人,风险价值系数定得高;比较稳健的人,风险价值系数定得较低。(　　)

15. 两种完全正相关的股票组成的证券组合,不能抵消任何风险。(　　)

16. 组合投资的收益和风险都可以按投资比例加权平均。(　　)

17. 只要证券之间的收益变动不具有完全负相关关系,证券组合的风险就一定小于单只证券风险的加权平均值。(　　)

18. 投资组合理论认为,组合投资可以分散风险,证券的种类越多,风险越小,包括全部股票的投资组合风险为零。(　　)

19. 完全负相关组成的证券组合一定能分散全部风险。(　　)

20. 无论是资本市场线还是证券市场线,都是反映市场处于均衡状况下有效资产组合的

收益与风险关系的模型。（　　）

五、计算题

1. 利民工厂制订了一笔存款计划，准备每年年末存入银行 10 000 元，存期 5 年，希望在 5 年后利用这笔款项购买一套生产设备。

要求：假定该设备预计价格为 60 000 元，银行存款利率为 10%，问该企业能否如愿？

2. 中兴公司购买一台设备，买价 8 000 元，可用 10 年；如果租用，则每年年初需付租金 1 000 元。

要求：如果银行年利率为 6%，请计算说明购买与租赁孰优（按复利计算）。

3. 某企业向银行借入一笔款项，银行贷款的年利率为 8%，银行规定前 7 年无须还款，从第 8 年年末至第 20 年年末每年偿还 1 000 元。

要求：该笔款项的现值为多少？

4. 某企业有甲、乙、丙三个投资项目可供选择：在市场繁荣时，甲、乙、丙的预计收益分别为 100 万元、110 万元、90 万元的概率为 0.3；在市场正常情况下，甲、乙、丙的预计收益分别为 50 万元、60 万元、50 万元的概率为 0.4；在市场萧条时，甲、乙、丙的预计收益分别为 30 万元、20 万元、30 万元的概率为 0.3。假设甲、乙、丙三个项目的风险价值系数分别为 8%、9%、10%。

要求：请计算三个投资项目的期望值、标准差、标准差系数、风险收益率，并对这三个项目进行优劣分析。

5. 某企业计划投资一项目，按计划要向银行贷款 2 000 万元，如果分 10 年偿还，则每年末还款金额为 300 万元；如果分 15 年偿还，则每年末还款金额为 230 万元；如果分 20 年偿还，则每年末还款金额为 210 万元；如果分 25 年偿还，则每年末还款金额为 180 万元。

要求：请分析哪种方式最有利？

6. 假设今天张先生 40 岁，目前其资产情况为房产 40 万元、股票 10 万元、现金 1 万元。按规定他于 65 岁退休。假如房产投资预期回报率为 3%；股票投资除原有金额外，打算从今年开始每年投入 8 000 元，预计股票市场长期投资回报率为 9%；现金资产除现有金额外，未来 10 年内每年储蓄 2 000 元，随后 15 年每年储蓄 1 万元，预期货币资金市场回报率为 5%。在他退休时，重新安排整个投资组合，回报率为 7%。

要求：

(1)请计算张先生在 65 岁时的资产总价。

(2)另外，他若安排退休后 20 年的生活，打算将 10 万元捐给慈善事业，请计算分析其每年最大的消费金额为多少时，才能保证他在 85 岁时财产总额归零。

7. 某公司准备开发一种新产品，计划投资 900 万元，一年建成，第二年形成生产能力，设备按直线法折旧，折旧期为 3 年，无残值。根据预测，3 年的收益情况相同，资料如下：

市场状况	净利润(万元)	概　率
好	600	0.3
中	300	0.5
差	0	0.2

公司要求的无风险报酬率为 10%。

要求：

(1)计算每年获利在 400 万元以上的可能性。

(2)如果风险报酬系数为 8%，求期望报酬率。

8. 甲公司持有 A、B、C 三只股票，在由上述股票组成的证券投资组合中，各股票所占的比重分别为 50%、30%和 20%，其 β 系数分别为 2.0、1.0 和 0.5。市场收益率为 15%，无风险收益率为 10%。

要求：

(1)计算甲公司证券组合的 β 系数；

(2)计算甲公司证券组合的风险收益率(R_P)；

(3)计算甲公司证券组合的必要投资收益率(K)；

(4)计算投资 A 股票的必要投资收益率。

9. 假设甲证券的预期报酬率为 12%，标准差为 15%；乙证券的预期报酬率为 16%，标准差为 19%，两者的相关系数为 0.6。

要求：

(1)如果甲证券的投资比例为 70%，乙证券的投资比例为 30%，计算该组合的预期报酬率及标准差。

(2)如果甲证券的投资比例为 30%，乙证券的投资比例为 70%，计算该组合的预期报酬率及标准差。

10. 某公司投资组合中有五种股票，所占比例分别为 30%、20%、20%、15%、15%，其 β 系数分别为 0.8、1、1.4、1.5、1.7，市场平均风险收益率为 16%，无风险收益率为 10%。

要求：

(1)计算各种股票的必要收益率；

(2)计算该投资组合的必要收益率；

(3)计算投资组合的综合 β 系数。

11. 无风险证券的报酬率为 10%，市场证券组合的报酬率为 15%。

要求：

(1)市场风险报酬率为多少？

(2)如果某种证券的必要报酬率为 18%，则其 β 系数是多少？

(3)如果某一投资计划的 β 系数为 0.5，其报酬率为 16%，是否应该投资？

12. 乙公司产销一种产品，其 2021 年的销售额是 1 200 000 元，固定成本为 400 000 元，变动成本为 600 000 元。

要求：

(1)公司的保本销售额是多少？

(2)如果价格不变，而销量增加 15%，则利润会增加多少？

(3)如果固定成本减少 15%，则利润将增加多少？

(4)如果变动成本减少 10%，则利润将增加多少？

13. 丁公司生产 A、B、C、三种产品，固定成本为 200 000 元，在下一个经营期内，计划销售 A 产品 200 件，B 产品 100 件，C 产品 200 件，其他有关系资料如下表所示：

产品项目	A	B	C
单价(元)	10	8	6
单位变动成本(元)	4	6	3

要求:计算该公司的保本销售量。

14. 某自行车厂生产一种自行车,单价为300元,单位变动成本为180元,固定成本为600 000元,共产销了10 000辆。

要求:计算安全边际率及保本点的作业率。

六、问答题

1. 什么叫资金时间价值?其产生的原因是什么?为什么在公司理财中必须考虑时间价值?
2. 何谓名义利率和实际利率,两者之间存在什么关系?
3. 什么叫风险?风险与报酬之间有什么关系?
4. 什么叫资本资产定价模型?它有哪些假设前提?
5. 资本市场线与证券市场线有何区别?
6. 什么叫安全边际?提高安全边际的途径有哪些?

七、论述题

1. 简述风险量化的步骤。
2. 简述标准离差与标准离差率的区别。

【本章自测题参考答案】

一、名词解释

1. 货币时间价值:一定量资金在不同时点上的价值量的差额,被认为是没有风险和没有通货膨胀条件下的社会平均资金利润率。
2. 单利:不论时间长短,只按本金计息,其所生的利息不加入本金重复计算利息的方法。
3. 复利:不仅本金要计算利息,利息也要计算利息的方法。
4. 年金:在某一确定的期间内,每期都有一笔相等金额的系列收付款项。
5. 普通年金:每期期末都有等额收付款项的年金。
6. 先付年金:每期期初都有等额收付款项的年金。
7. 递延年金:最初的现金流不是发生在当期,而是隔若干期后才发生的年金。
8. 永续年金:无限期等额收付的特种年金。
9. 偿债基金:为了在未来约定的某个时点清偿某笔债务或积聚一定数额的资金而必须分次等额形成的存款准备金。
10. 投资回收额:在给定的年限内等额回收初始投入的资本或清偿初始所欠的债务。
11. 风险:对企业目标产生负面影响的事件发生的可能性。

12. 风险报酬:在风险反感普遍存在的情况下,投资者冒着风险进行投资所获得的超过无风险收益以外的额外收益。

13. 风险报酬系数:把标准离差率转化为风险报酬的一种系数或倍数,取决于投资者的风险回避态度,可通过统计方法来测定。

14. 证券组合:同时投资于多种证券(或多个项目)的行为。

15. 可分散风险:又称非系统风险或公司特别风险,是指某些因素对单只证券造成经济损失的可能性。

16. 不可分散风险:又称系统风险或市场风险,是指某些因素对市场上所有证券造成经济损失的可能性。

17. 资本市场线:反映市场处于均衡状态下有效资产组合的收益与风险关系的模型。

18. 证券市场线:资本资产定价模型的图示形式,反映各种证券及其组合的收益与系统风险的关系。

19. 本量利分析:对成本、销量、单价和利润等因素之间的内在联系进行的综合分析。

20. 边际贡献:产品销售收入减去变动成本以后的余额。

21. 边际贡献率:边际贡献在销售收入中所占的百分比。

22. 损益平衡点:边际贡献正好补偿固定成本时企业所处的既不盈利又不亏损时的状态,通常用一定的业务量来表示这种状态。

23. 安全边际:实际(预计)销量与损益平衡点之间的差额即为安全边际。

24. 安全边际率:安全边际与实际(预计)销量(金额)之间的比率即为安全边际率。

二、单项选择题

1. A	2. B	3. C	4. B	5. B	6. A	7. D	8. D
9. C	10. B	11. B	12. D	13. C	14. B	15. A	16. D
17. C	18. A	19. D	20. B	21. A	22. B	23. B	24. D
25. D							

三、多项选择题

1. ABCE	2. ACE	3. CD	4. BDE	5. ACDE
6. BD	7. ABD	8. ABCDE	9. ACDE	10. ACDE
11. BD	12. ABCDE	13. CE	14. ABCDE	15. AD
16. CD	17. ABC	18. AE	19. ABCD	20. AD

四、判断题

1. ×	2. ×	3. ×	4. ×	5. ×	6. √	7. ×	8. √
9. √	10. ×	11. ×	12. ×	13. ×	14. ×	15. √	16. ×
17. ×	18. ×	19. ×	20. ×				

五、计算题

1. 10 000×(F/A,10%,5)=10 000×6.105 1=61 051>60 000,可以如愿。

2. 租金总额=1 000×[(P/A,6%,9)+1]=1 000×7.801 7=7 801.7<8 000,租赁

较优。

3. 借款的现值=1 000×(P/A,8%,13)×(P/F,8%,7)
=1 000×7.903 8×0.583 5=4 611.87(元)

4. (1)期望值计算。

$E_{甲}=0.3\times100+0.4\times50+0.3\times30=59$(万元)

$E_{乙}=0.3\times110+0.4\times60+0.3\times20=63$(万元)

$E_{丙}=0.3\times90+0.4\times50+0.3\times30=56$(万元)

(2)标准差的计算。

$$\sigma_{甲}=\sqrt{\sum_{i=1}^{n}(E_i-E)^2P_i}=\sqrt{(100-59)^2\times0.3+(50-59)^2\times0.4+(30-59)^2\times0.3}$$

=28.089(万元)。

其他乙、丙可以参照甲的计算公式进行,得到$\sigma_{乙}=34.94$(万元),$\sigma_{丙}=23.75$(万元)。

(3)标准差的系数计算。

$q_{甲}=\frac{\sigma}{E}\times100\%$,则$q_{甲}=28.089/59\times100\%=47.61\%$;同样,参照公式可以得到$q_{乙}=55.46\%$,$q_{丙}=42.41\%$。

(4)风险收益率的计算。

公式为$R_R=bq$,则甲的风险收益率为8%×47.61%=3.81%;同样,参照公式可以得到乙、丙的风险收益率分别为4.99%、4.24%。

(5)分析:从风险来看,甲<丙<乙;从风险收益来看,甲<丙<乙。如果该企业是稳健投资者,则会选甲;如果是喜欢风险、追求高回报的,则会选乙。

5. 本题即是在现值一定、期数不同、年金金额不同的情况下求利率的问题。利率越低,则还款方式越有利;利率越高,则还款方式越不利。

第一种方式下:$PA=A\times(P/A,i,n)$即2 000=300×(P/A,i,10),则系数为6.666 7。查年金现值系数表可知,当$i=8\%$,$n=10$时,系数=6.710 1;而$i=9\%$,$n=10$时,系数=6.417 7。利用插入法计算,则$i=8\%+(6.666\,7-6.710\,1)\div(6.417\,7-6.710\,7)\times(9\%-8\%)=8.15\%$。

同样,参照上述方法可以得到第二种方式下的利率为7.75%,第三种方式下的利率为8.43%,第四种方式下的利率为7.55%。可以看出,采取第四种方式下即分25年还清、每年还款180万元的利率最低,是最有利的。同样提示我们,还款期限越长,实际利率越低,对企业越有利。

6. (1)计算65岁时的资产总价,其实就是一个各种资产组合在一起形成一个混合现金流量的终值计算问题。

首先,房产投资未来没有继续投入,仅仅是现有的资产折算到65岁时,是属于复利终值计算问题。$i=3\%$,$n=25$,$P=40$万元,则$F=P\times(F/P,3\%,25)=83.752$(万元)。

其次,股票投资除现有的外,每年继续投入,则形成一个等额现金流量即年金。那么,股票投资形成两块:一块是现有的投资,折算到65岁,属于复利终值计算;一块是每年投入8 000元,直到65岁,属于年金终值计算。$i=9\%$,$n=25$,$P=10$万元,则$F=P\times(F/P,9\%,25)+A\times(F/A,9\%,25)=10\times8.623\,1+0.8\times84.701=153.991\,8$

(万元)。

最后,现金资产也是两块:一块是现有的折算到 65 岁时,属于复利终值计算;一块是后续的存入,属于年金。在后续存入这一块中,又包含两种:一是未来 10 年每年存 2 000 元,二是随后 15 年每年存 10 000 元,即计算每年 2 000 元的年金期数为 10 的终值,再将这个终值折算到 65 岁时,属于先年金终值后复利终值;同时计算每年 10 000 元的年金期数为 15 的终值。上述之和即现金资产在 65 岁时的价值。计算如下:$F_1+F_2+F_3=10\,000\times(F/P,5\%,25)+2\,000\times(F/A,5\%,10)\times(F/P,5\%,15)+10\,000\times(F/A,5\%,15)=30.195\,1$(万元)。

综上,张先生在 65 岁时的资产总价$=83.752+153.991\,8+30.195\,1=267.938\,9$(万元)。

(2)张先生在 65 岁时捐 10 万元给慈善事业,剩余资产为 257.938 9 万元。该笔资产在 20 年内归零,求每年消费最大金额,即求年资本回收额的问题。将张先生 65 岁假设为现在时刻,知道 P_A 为 257.938 9 万元,反过来求年金 A。据题意,已知 $i=7\%$,$n=20$,则 $A=P_A/(P/A,i,n)=257.938\,9/(P/A,7\%,20)=24.347\,6$(万元)。张先生若在退休后 20 年内每年消费 24.347 6 万元,则可达到他在 85 岁时财产总额归零的愿望。

7. 期望值$=600\times0.3+300\times0.5+0\times0.2=330$(万元)

标准差$=\sqrt{(600-330)^2\times0.3+(300-330)^2\times0.5+(0-330)^2\times0.2}$

$=210$(万元)

标准离差率$=210/330=63.64\%$

$Z=(400-330)/210=0.33$

查表,其对应值$=0.129\,3$

获利在 400 万元以上的可能性$=50\%-12.93\%=37.07\%$

期望报酬率$=10\%+63.64\%\times8\%=15.09\%$

8. (1)甲公司证券组合的 β 系数$=50\%\times2+30\%\times1+20\%\times0.5=1.4$

(2)甲公司证券组合的风险收益率(R_P)$=1.4\times(15\%-10\%)=7\%$

(3)甲公司证券组合的必要投资收益率(K)$=10\%+7\%=17\%$

或　甲公司证券组合的必要投资收益率(K)$=10\%+1.4\times(15\%-10\%)=17\%$

(4)投资 A 股票的必要投资收益率$=10\%+2\times(15\%-10\%)=20\%$

9. (1)$R_P=12\%\times70\%+16\%\times30\%=13.2\%$

$\sigma_P=\sqrt{0.72\times0.152+2\times0.7\times0.3\times0.6\times0.15\times0.19+0.32\times0.192}=14.65\%$

(2)$R_P=12\%\times30\%+16\%\times70\%=14.8\%$

$\sigma_P=\sqrt{0.32\times0.152+2\times0.3\times0.7\times0.6\times0.15\times0.19+0.72\times0.192}=16.4\%$

10. (1)计算各种股票的必要收益率:

$R_1=10\%+0.8\times(16\%-10\%)=14.8\%$

$R_2=10\%+1\times(16\%-10\%)=16\%$

$R_3=10\%+1.4\times(16\%-10\%)=18.4\%$

$R_4=10\%+1.5\times(16\%-10\%)=19.4\%$

$R_5=10\%+1.7\times(16\%-10\%)=20.2\%$

(2)计算该投资组合的必要收益率。

R =30%×14.8%+20%×16%+20%×18.4%+15%×19.4%+15×20.2%
=17.2%

(3)β=30%×0.8+20%×1+20%×1.4+15%×1.5+15%×1.7=1.2

11. (1)市场风险报酬率=15%−10%=5%

(2)$K=R_f+\beta(R_m-R_f)$

18%=10%+β(15%−10%)

β=1.6

(3)K=10%+0.5×(15%−10%)=12.5%

∵16%>12.5%

∴应该投资

12. (1)保本额=400 000÷[(1 200 000−600 000)/1 200 000]=8 000 000(元)

(2)销量增加15%意味着销售额增加15%,变动成本增加15%,固定成本仍固定不变。

∴利润增加额=1 200 000×15%−600 000×15%=90 000(元)

(3)固定成本减少15%,则利润反方向变动(15%×固定成本)。

∴利润增加额=400 000×15%=60 000(元)

(4)如果变动成本减少10%,则利润向反方向变动(变动成本的10%)。

∴利润增加额=10%×600 000=60 000(元)

13. 各产品销售收入的比重为:

A产品:200×10÷(200×10+100×8+200×6)=50%

B产品:100×8÷(200×10+100×8+200×6)=20%

C产品:200×6÷(200×10+100×8+200×6)=30%

各产品的贡献边际率为:

A产品:(10−4)÷10×10%=60%

B产品:(8−6)÷8×10%=25%

C产品:(6−3)÷6×10%=50%

∴综合贡献边际率=60%×50%+25%×20%+50%×30%=50%

保本销售额=200 000÷50%=400 000(元)

A产品保本销售量=400 000×50%÷10=20 000(件)

B产品保本销售量=400 000×20%÷8=10 000(件)

C产品保本销售量=400 000×30%÷6=20 000(件)

14. 保本点的销量=600 000/(300−180)=5 000(件)

安全边际=10 000−5 000=5 000(件)

安全边际率=5 000/10 000=50%

保本作业率=1−50%=50%

六、问答题

1. 资金时间价值是指一定量资金在不同时点上价值量的差额。它是在生产经营过程中产生的,来源于劳动者创造的价值。资金的时间价值被认为是没有风险和没有通货膨胀条件下的社会平均资金利润率。公司理财中考虑时间价值主要针对各项财务活动过程，从量上进行分析，以便了解不同时点上收到或付出之间的数量关系，寻找适用于决策方案的数学模型，改善财务决策的质量。

2. 当利息在一年内要复利几次时，给出的年利率称作名义利率，此时真正的利率称为实际利率。一年复利多次的情况下，实际利率高于名义利率，两者之间的关系是：

$$实际利率=(1+名义利率/复利次数)^{复利次数}-1$$

3. 风险是对企业目标产生负面影响的事件发生的可能性。在收益相同时，人们会选择风险小的项目；在风险相同时，人们会选择收益高的项目。这就是风险反感。在风险反感普遍存在的情况下，投资者冒着风险进行投资会要求获得超过无风险收益以外的额外收益，即风险收益。

4. 资本资产定价模型定量揭示特定资产或投资组合的系统风险与所要求的收益之间的关系。该模型分析以所有投资者均按照资产组合理论来选择投资组合为前提，还设置了如下假设：第一，投资者可以按无风险利率无限制地自由借贷任意数额的资金，对卖空没有任何限制。第二，投资者对每一项资产收益有相同的预期，追求单期最终财富的效用最大化等。

5. 市场均衡时，由于对资产收益分布有一致的预期，因此，所有投资者必定会选择持有市场组合作为他们的最优风险资产组合，面临相同的也是唯一的有效前沿，即资本市场线。资本市场线反映市场处于均衡状态下有效资产组合的收益与风险的关系，并没有说明无效投资组合及单只证券的相应情况；证券市场线则是资本资产定价模型的图形表达，反映了各种组合以及单只证券的系统风险与收益之间的关系，限制条件更少，适用面更广。

6. 当销售超过损益平衡点时，其产生的贡献毛益才形成企业的利润，实际销售与损益平衡点之间的差额即为安全边际，它反映了产品盈利的安全幅度，即安全边际越大，发生亏损的可能性越小，盈利的安全性越高。提高安全边际的途径有两种，即提高销售水平和降低损益平衡点，其中降低固定成本、提高单价、降低单位变动成本为降低损益平衡点的方法。

七、论述题

1. (1)确定概率及分布。(2)计算期望值。(3)计算方差和标准离差。(4)计算标准离差率。

2. (1)对单一的一个项目而言，标准离差越大，则风险也越大；(2)两个以上的项目对比，在期望值相同的情况下，标准离差越大，则风险也越大；(3)两个以上的项目对比，在期望值不同的情况下，标准离差率越大，则风险也越大。

第三章　财务分析

本章精要

财务分析是以财务报告等资料为基础，对公司的财务状况和经营成果进行分析和评价的过程。通过本章的学习，需要了解财务分析的方法，学会运用比较分析法和因素分析法进行分析，知道财务分析的基础是三大基本财务报表，学会财务比率的计算，能从偿债能力、资产管理能力、盈利能力、现金流量和市场价值方面对公司进行分析。此外，要学会运用杜邦分析法对公司进行综合分析，全面了解公司的财务状况。

一、财务分析概述

1. 财务分析所依据的资料是客观的，但是不同人员所关心问题的侧重点不同，因此进行财务分析的目的也各不相同。

2. 财务分析的方法是多种多样的，可以采用会计方法、统计方法以及数学方法。在实际进行分析时，应该根据分析对象的特征以及资料的来源情况采用不同的分析方法。

二、基本财务报表

1. 资产负债表是根据“资产＝负债＋所有者权益”这一会计恒等式，按一定的标准和秩序，将资产、负债和所有者权益进行适当排列而编制的。

2. 利润表是按照“利润＝收入－成本(费用)”这一公式编制的，表中项目按利润形成和利润分配各项目分项列示。

3. 现金流量表为会计报表使用者提供公司一定会计期间内现金和现金等价物流入和流出的信息。

三、财务比率分析

1. 通过财务比率分析，可以对公司进行偿债能力分析、资产管理能力分析、盈利能力分析和现金流量分析；此外，对上市公司还可以进行市场价值分析。

2. 各种财务比率之间都存在一定的相互关系。因此，在进行财务分析时，应该将公司的财务状况看作一个系统，内部各种因素都是相互依存、相互作用的。

四、杜邦分析体系

1. 杜邦分析是对公司的财务状况进行的综合分析。它通过几种主要财务指标之间的关系，直观、明了地反映出公司的财务状况。

2. 杜邦系统的核心是所有者权益报酬率。所有者权益报酬率与公司的筹资结构、销售、成本控制、资产管理密切相关，这些因素构成一个系统。只有协调好系统内每个因素之间的关系，才能使权益报酬率达到最大，从而实现公司价值的最大化。

【本章自测题】

一、名词解释

1. 财务分析　2. 比较分析法　3. 因素分析法　4. 财务比率
5. 利息保障倍数　6. 速动比率　7. 市盈率　8. Q 比率　9. 信用评分法
10. 现金流量比率

二、单项选择题

1. 某公司的流动资产为 2 000 万元，流动负债为 1 000 万元，存货为 500 万元，则速动比率为(　　)。

A. 2　B. 1.5　C. 4　D. 0.5

2. 下列选项中，属于偿债能力指标的是(　　)。

A. 到期债务本息偿付比率　B. 存货周转率
C. 净资产收益率　D. 市盈率

3. 如果流动比率大于 1，则下列结论中成立的是(　　)。

A. 速动比率大于 1　B. 现金比率大于 1
C. 营运资金大于零　D. 短期偿债能力绝对有保障

4. 杜邦财务分析体系的核心指标是(　　)。

A. 总资产报酬率　B. 总资产周转率
C. 股东权益报酬率　D. 权益乘数

5. 下列各项中，可能导致企业资产负债率变化的经济业务是(　　)。

A. 收回应收账款　B. 用现金购买债券
C. 接受所有者投资转入的固定资产　D. 发放股票股利

6. 产权比率与权益乘数的关系是(　　)。

A. 产权比率×权益乘数＝1　B. 权益乘数＝1＋产权比率
C. 权益乘数＝1/(1－产权比率)　D. 权益乘数＝(1＋产权比率)/产权比率

7. 某企业应收账款周转次数为 4.5 次。假设一年按 360 天计算，则应收账款周转天数为(　　)天。

A. 0.2　B. 81.1　C. 80　D. 730

8. 某公司资产为 400 万元，负债为 300 万元，则权益乘数为(　　)。

A. 4　B. 3　C. 2　D. 1

9. 某公司税前收益为100万元，利息费用为40万元，则利息保障倍数为（　　）。

A. 5　　B. 3.5　　C. 2.5　　D. 1.5

10. 某公司主营业务收入为2 000万元，流动资产平均余额为300万元，固定资产余额为700万元，假定没有其他资产，则该年的总资产周转率为（　　）次。

A. 1　　B. 2　　C. 3　　D. 4

11. 在其他条件不变的情况下，如果企业持有现金过度，则可能导致的结果是（　　）。

A. 获利能力提高　　B. 财务风险加大

C. 偿债能力减弱　　D. 机会成本增加

12. 短期债权人进行财务分析的时候，最关心的能力是（　　）。

A. 偿债能力　　B. 资产管理能力

C. 盈利能力　　D. 发展能力

13. 衡量企业偿还到期债务能力最直接的指标是（　　）。

A. 足够的资产　　B. 足够的销售收入

C. 足够的存货　　D. 足够的现金

14. 计算速动比率时，将存货从流动资产中扣除的原因是（　　）。

A. 存货所占的比重大　　B. 存货的变现能力较好

C. 存货的变现能力不稳定　　D. 存货的质量不一定有保证

15. 影响速动比率可信性的最主要因素是（　　）。

A. 存货的变现能力　　B. 短期证券的变现能力

C. 债务的偿还能力　　D. 应收账款的变现能力

16. 已知某公司的销售净利率为5%，资产周转率为2，资产负债率为50%，则股东权益报酬率为（　　）。

A. 0.1　　B. 0.2　　C. 0.5　　D. 1

17. 下列选项中，不属于资产管理能力指标的是（　　）。

A. 应收账款周转率　　B. 总资产周转率

C. 净资产收益率　　D. 存货周转天数

18. 下列选项中，不属于杜邦分析体系指标的是（　　）。

A. 股东权益报酬率　　B. 销售净利率

C. 利息保障倍数　　D. 权益乘数

19. 某公司每股净资产为2，市净率为4，每股收益为0.5，则市盈率等于（　　）。

A. 20　　B. 16　　C. 8　　D. 4

20. 某公司市盈率为8，每股收益为2，普通股股数为100万股(假设只有普通股)，债务的市场价值为1 000万元，公司的重置成本为2 000万元，则托宾Q等于（　　）。

A. 0.8　　B. 1.3　　C. 1.6　　D. 2

21. 某企业本年销售收入为10 000万元，应收账周转率为5，期初应收账款余额1 500万元，则期末应收账款余额为（　　）万元。

A. 1 000　　B. 2 000　　C. 2 500　　D. 3 000

22. 权益乘数在数值上等于（　　）。

A. 1/(1－产权比率)　　B. 1/(1－资产负债率)

C. 产权比率/(1－产权比率)　　D. 资产负债率/(1－资产负债率)

23. 下列各项指标中,不能用来分析企业短期偿债能力的是(　　)。

A. 流动比率　　B. 速动比率　　C. 现金比率　　D. 资产负债率

24. 某企业上年度和本年度的流动资产平均占用额为 180 万元和 220 万元,流动资产周转率为 4 次和 5 次,则本年度比上年度的销售收入增加了(　　)万元。

A. 200　　B. 350　　C. 380　　D. 400

25. 在其他条件不变的情况下,如果企业过度提高流动比率,则可能导致的结果是(　　)。

A. 财务风险加大　　B. 获利能力减小

C. 机会成本减小　　D. 营运效率提高

三、多项选择题

1. 因素分析法包括(　　)。

A. 差额分析法　　B. 指标分析法　　C. 连环替代法　　D. 定基替代法

2. 属于短期偿债能力指标的有(　　)。

A. 流动比率　　B. 现金流量比率

C. 负债比率　　D. 应收账款周转率

3. 如果公司速动比率很小,则以下结论中不成立的有(　　)。

A. 流动资产占用太多　　B. 资产的流动性很强

C. 短期偿债能力不强　　D. 短期偿债风险很小

4. 属于企业盈利能力分析指标的有(　　)。

A. 总资产收益率　　B. 股票回报率

C. 销售毛利率　　D. 净资产收益率

5. 下列各项中,可能直接影响企业净资产收益率指标的措施有(　　)。

A. 提高总资产报酬率　　B. 提高权益乘数

C. 提高销售利润率　　D. 提高流动比率

6. 对于资产负债率,下列评价中正确的有(　　)。

A. 从债权人的角度,资产负债率越小越好

B. 从股东的角度,资产负债率越大越好

C. 从股东的角度,资产负债率越小越好

D. 从股东的角度,当全部资本利润率超过债务利息率时,负债比率越高越好

7. 影响速动比率的因素有(　　)。

A. 应收账款　　B. 存货　　C. 短期借款　　D. 货币资金

8. 5C 是利用财务比率进行分析的方法,下列选项中属于 5C 的有(　　)。

A. 品格　　B. 能力　　C. 资本　　D. 抵押品

9. 杜邦分析体系涉及(　　)。

A. 偿债能力　　B. 资产管理能力

C. 盈利能力　　D. 发展能力

10. 某公司销售成本为 500 万元,流动资产为 400 万元,固定资产为 600 万元,假设没有其他资产,流动比率为 2,存货周转率为 2.5,总负债为 500 万元,则下列说法中正确的有(　　)。

A. 速动比率为 1　　B. 资产负债率为 50%
C. 权益乘数为 0.5　　D. 存货周转天数为 144 天

11. 应收账款周转率提高意味着(　　)。
A. 销售成本降低　　B. 短期偿债能力增强
C. 收账费用水平降低　　D. 赊销减少

12. 如果在价格上涨之前把存货计价的方法由先进先出法改为加权平均法,则对价格上涨后的影响有(　　)。
A. 利润减少　　B. 流动比率降低
C. 所得税增加　　D. 流动比率提高

13. 企业的经营利润很多却不能偿还到期债务,则应检查的财务比率包括(　　)。
A. 已获利息倍数　　B. 资产负债率
C. 流动比率　　D. 存货周转率

14. 利息保障倍数反映的财务层面包括(　　)。
A. 获利能力　　B. 短期偿债能力
C. 长期偿债能力　　D. 发展能力

15. 下列分析方法中,属于财务综合分析方法的有(　　)。
A. 趋势分析法　　B. 因素分析法
C. 杜邦分析法　　D. 沃尔比重分析法

16. 财务分析的目的是评价公司的(　　)。
A. 偿债能力　　B. 资产管理水平
C. 盈利能力　　D. 发展趋势

17. 反映企业资产管理能力的指标有(　　)。
A. 应收账款周转率　　B. 应收账款周转天数
C. 存货周转率　　D. 总资产周转率

18. 反映市场价值的指标有(　　)。
A. 市盈率　　B. 市净率　　C. 股利回报率　　D. Q 比率

19. 关于杜邦分析的意义,以下说法中正确的有(　　)。
A. 所有者权益报酬率是杜邦分析的核心
B. 总资产报酬率是销售利润率与总资产周转率的乘积
C. 从杜邦分析图中,可以分析公司成本费用的结构是否合理,这样有利于进行成本费用分析,加强成本控制
D. 通过杜邦分析可以看出公司获利能力涉及公司经营的方方面面

20. 以下公式中正确的有(　　)。
A. 市盈率=每股市价÷每股收益　　B. 市净率=每股市价÷每股总资产
C. 流动比率=流动资产÷流动负债　　D. 现金流量比率=现金流量÷流动负债

四、判断题

1. 利息保障倍数反映了获利能力对债务偿付的保障程度。(　　)
2. 为了降低公司风险,资产负债率应该越小越好。(　　)
3. 营运资金越多,说明不能偿还短期债务的风险越小。(　　)

4. 市盈率是衡量公司市场价值的指标，应该越高越好。 （　　）
5. 资产负债率与权益乘数的乘积等于 1。 （　　）
6. 净资产收益率是杜邦分析法中综合性最强的一个指标。 （　　）
7. 如果已获利息倍数小于 1，则公司将不可能支付利息。 （　　）
8. 存货周转率越高，说明存货的管理水平越高。 （　　）
9. 每股收益越高，说明公司的股利越高。 （　　）
10. 在每股收益一定的情况下，市价越高，投资风险越高。 （　　）
11. 速动比率大于 1，表明公司一定有足够的偿还短期债务的能力。 （　　）
12. 反映上市公司盈利能力最重要的三项指标是：每股收益、每股净资产和净资产收益率。 （　　）
13. 当资产收益率低于利息率时，所有者倾向于提高资产负债率。 （　　）
14. 现金比率的提高不仅增加资产的流动性，也会使机会成本增加。 （　　）
15. 某公司的流动比率为 2∶1，速动比率为 1∶1，现在以银行存款预付下半年的报刊订阅费，则流动比率上升，速动比率下降。 （　　）
16. 权益乘数的高低取决于企业的资本结构，资产负债率越高，权益乘数越大，财务风险越大。 （　　）
17. 流动比率高的公司一定可以支付到期的应付账款。 （　　）
18. 现金到期债务比反映偿还流动债务的能力。 （　　）
19. 一般情况下，营运资金不应超过长期债务。 （　　）
20. 在其他条件不变的情况下，用银行存款购入设备，会引起总资产收益率的上升。 （　　）

五、计算题

1. 某公司有关资料如下表所示：

资　产	金额(万元)	负债及所有者权益	金额(万元)
货币资金	100	应付账款	100
应收账款	?	应交税费	50
存货	?	长期负债	?
固定资产净值	200	实收资本	200
无形资产	100	未分配利润	?
总计	?	总计	?

补充资料：已知销售收入为 800 万元，应收账款周转天数为 90 天，销售成本为 500 万元，存货周转率为 5，权益乘数为 2。

要求：请根据以上资料，求出表中问号处的数值。

2. 某公司××××年的销售收入为 1 000 万元，比上年提高了 10%，其他财务比率如下表所示：

财务比率	××××年	××××+1年
应收账款回收期	36	40
存货周转率	3	4
销售毛利率	40%	40%
销售利息率	2%	3%
销售净利率	6%	5.5%
总资产周转率	2	2.5
固定资产周转率	1.8	2
资产负债率	50%	60%
已获利息倍数	4	5

要求：试用杜邦分析法对该公司进行定性分析，并说明变化的原因。

3. 某企业当年的赊销收入净额为 1 000 万元，销售成本为 800 万元，应收账款为 200 万元，存货余额为 200 万元，年末速动比率为 2。假定该企业流动资产由速动资产和存货组成，速动资产由应收账款和现金资产组成，现金资产为 200 万元，一年按 360 天计算。

要求：

(1)计算应收账款周转天数；

(2)计算存货周转天数；

(3)计算流动负债余额和速动资产余额；

(4)计算年末流动比率。

4. 某企业销售收入为 1 000 万元，毛利率为 50%，净利润率为 20%，存货周转率为 5 次，期初存货余额为 100 万元，期初应收账款余额为 120 万元，期末应收账款余额为 80 万元，流动比率为 2，速动比率为 1.5，流动资产占资产总额的比重为 40%，资产负债率为 50%，该公司的普通股股数为 50 万股，每股市价 25 元。

要求：

(1)计算应收账款周转率；

(2)计算总资产净利率；

(3)计算每股利润；

(4)计算市盈率。

5. 某公司××××年部分财务比率如下：

资产负债率=50%　　　应收账款周转率=7.4

存货周转率=4.2　　　流动资产周转率=3

销售净利率=66%　　　资产净利率=12%

该公司××××+1 年有关数据如下：

平均资产总数 20 万元(产权比率=1.5)

其中：

平均存货 6 万元

平均应收账款 4 万元

平均流动资产 12 万元
销售毛利 9 万元(销售毛利率 30%)
利润总额 3 万元(所得税税率 30%)
要求:根据上述资料,计算该公司××××年与××××+1 年相类似的有关财务比率。
6. 某企业有关资料如下表所示:

资产负债表(单位:千元)				损益表(单位:元)	
资产		负债及所有者权益		销售收入	9 645 000
现金(年初 1 146)	465	应付账款	774	销售成本	8 355 000
应收账款(年初 1 743)	2 016	应付票据	504	管理费用	870 000
存货(年初 1 041)	1 449	其他应付款	702		
固定资产净值(年初 1 755)	1 755	长期负债	1 539	财务费用(利息)	147 000
		所有者权益	2 166	所得税	108 000
				税后净利	165 000
合计(年初 5 685)	5 685	合计	5 685		

要求:
计算下列指标:
(1)流动比率;
(2)资产负债率;
(3)已获利息倍数;
(4)存货、应收账款、流动资产、固定资产及总资产周转率;
(5)销售净利率;
(6)总资产报酬率;
(7)自有资金利润率。

六、问答题

1. 财务分析的方法有哪些?
2. 财务比率应从哪些方面进行分析?
3. 财务分析的作用是什么?

【本章自测题参考答案】

一、名词解释

1. 财务分析:根据公司的财务报告等方面的资料,运用一定的分析方法和技术,有效地寻找公司经营和财务状况变化的原因,正确解决有关问题的过程。

2. 比较分析法:将同一个经济指标在不同时期(或不同情况)的执行结果进行对比,从而分析差异的一种方法。

3. 因素分析法：依据分析指标和影响因素的关系，从数量上确定各因素对指标的影响方向与影响程度的方法。

4. 财务比率：根据财务报表数据计算出的反映财务报表各个项目之间相互关系的比值。

5. 利息保障倍数：反映公司经营所得支付债务利息的能力，是税前利润与利息费用之和与利息费用的比率。

6. 速动比率：短期偿债能力指标，也称酸性测试比率，是速动资产与流动负债的比值。

7. 市盈率：衡量公司相对价值的指标，是公司未来增长的价值化表现，每股市价与每股收益的比值。

8. Q比率：资本的证券市场价格与其重置成本之比，Q比率常用的计算公式为：托宾 $Q=(MVE+PS+DEBT)/TA$，其中：MVE 是公司的流通股市值，PS 为优先股的价值，$DEBT$ 是公司的负债净值，TA 是公司的总资产账面值。

9. 信用评分法：先对一系列财务比率和信用情况指标进行评分，然后进行加权平均，得到客户的综合信用分数，最后以此进行信用评估的一种方法。

10. 现金流量比率：反映经营活动所产生的现金净流量足以抵付流动负债的能力，是公司经营活动所产生的现金净流量与流动负债的比率。

二、单项选择题

1. B　2. A　3. C　4. C　5. C　6. B　7. C　8. A
9. B　10. B　11. D　12. A　13. D　14. C　15. D　16. B
17. C　18. C　19. B　20. B　21. C　22. B　23. D　24. C
25. B

三、多项选择题

1. ABCD　2. AB　3. ABD　4. ACD　5. ABC
6. AD　7. ACD　8. ABCD　9. ABC　10. ABD
11. BC　12. AB　13. CD　14. AC　15. CD
16. ABCD　17. ABCD　18. ABCD　19. ABCD　20. AC

四、判断题

1. √　2. ×　3. √　4. ×　5. ×　6. √　7. ×　8. ×
9. ×　10. √　11. ×　12. √　13. ×　14. √　15. ×　16. √
17. ×　18. ×　19. ×　20. ×

五、计算题

1. 存货＝500/5＝100(万元)
应收账款＝800/(360/90)＝200(万元)
总资产＝100＋100＋200＋200＋100＝700(万元)
总负债＝700×50％＝350(万元)
长期负债＝350－100－50＝200(万元)
未分配利润＝350－200＝150(万元)

2. ××××年净资产收益率＝6％×2×2＝24％
××××＋1 年净资产收益率＝5.5％×2.5×2.5＝34.375％
分析：××××＋1 年销售净利率低于××××年是因为销售利息率的上升；××××＋1 年总资产周转率上升是因为存货周转和总资产周转率上升；××××＋1 年由于资产负债率提高了，所以权益乘数也上升了。
3. (1)应收账款周转天数＝360×200/1 000＝72(天)
(2)存货周转天数＝360×200/800＝90(天)
(3)速动资产＝200＋200＝400(万元)；流动负债＝(200＋200)×1/2＝200(万元)
(4)流动比率＝(200＋200＋200)/200＝3
4. (1)应收账款余额＝(120＋80)/2＝100(万元)
应收账款周转率＝1 000/100＝10(次)
(2)5＝1 000×50％/存货平均余额
所以存货平均余额＝100(万元)
年末存货余额＝100(万元)
由于：流动比率＝流动资产/流动负债
速动比率＝速动资产/流动负债
即：2＝流动资产/流动负债
1.5＝(流动资产－100)/流动负债
两式相除：流动资产＝400(万元)
所以：
总资产＝400/0.4＝1 000(万元)
资产净利率＝1 000×20％/1 000＝20％
(3)每股利润＝1 000×20％/50＝4(元/股)
(4)市盈率＝每股市价/每股利润＝25/4＝6.25
5. (1)产权比率＝负债额/所有者权益＝1.5
即平均负债总额/(平均资产总额－平均负债总额)＝1.5
因为平均资产总额＝200 000(元)
所以：
平均负债总额＝200 000－[200 000/(1.5＋1)]＝120 000(元)
资产负债率＝120 000/200 000×100％＝60％
权益乘数＝1÷(1－资产负债率)＝2.5
(2)销售毛利＝900 000(元)
销售毛利率＝30％
销售收入＝9 000÷30％＝300 000(元)
销售成本＝300 000×(1－30％)＝210 000(元)
存货周转率＝210 000/60 000＝3.5
应收账款周转率＝300 000/40 000＝7.5
流动资产周转率＝300 000/120 000＝2.5
销售净利率＝30 000×(1－30％)/300 000＝7％
资产周转率＝300 000/200 000＝1.5

资产净利率＝7％×1.5＝10.5％

6. 流动比率＝(465＋2 016＋1 449)/(774＋504＋702)＝1.98

资产负债率＝(774＋504＋702＋1 539)/5 685＝61.9％

已获利息倍数＝(165 000＋108 000＋147 000)/147 000＝2.86

存货周转率＝8 355 000/(1 041 000＋1 449 000)/2＝6.7(次)

应收账款周转率＝9 645 000/(1 743 000＋2 016 000)/2＝5.13(次)

流动资产周转率＝9 645 000/(1 146 000＋1 743 000＋1 041 000＋465 000＋2 016 000＋1 449 000)/2＝2.45(次)

固定资产周转率＝9 645 000/1 755 000＝5.5(次)

总资产周转率＝9 645 000/5 685 000＝1.7(次)

销售净利率＝165 000/9 645 000＝1.71％

总资产报酬率＝(165 000＋108 000＋147 000)/5 685 000＝7.39％

自有资金利润率＝165 000/2 166 000＝7.62％

六、问答题

1. 财务分析的方法有比较分析法和因素分析法。比较分析法是将同一个经济指标在不同时期(或不同情况)的执行结果进行对比，从而分析差异的一种方法，可以按照比较对象、比较内容分类。因素分析法是依据分析指标和影响因素的关系，从数量上确定各因素对指标的影响方向和影响程度的方法，具体又分为差额分析法、指标分析法、连环替代法和定基替代法。在实践中，各种方法是综合运用的。

2. 对公司的财务分析可以从公司的偿债能力、资产管理能力、盈利能力和现金流量四个方面进行分析。偿债能力是指公司偿还各种到期债务的能力，分为短期偿债能力和长期偿债能力。短期偿债能力可以通过流动比率、速动比率、现金流量比率、到期债务本息偿付比率来进行分析，长期偿债能力分析的指标有负债比率、股东权益比率、负债与股东权益比率、利息保障倍数。资产管理能力是用来衡量公司在资产管理效率方面的财务指标，常见的指标有应收账款周转率、购货欠款百分比、存货周转率和总资产周转率等。盈利能力指标分为两类：一类是将利润与销售收入相比，一类将利润与投资额相比。现金流量分析可以进一步洞察公司的经营、投资和筹资政策，可以从经营活动现金流量、投资活动现金流量和筹资活动现金流量进行分析。对上市公司还可以进行市场价值的分析，常见的市场价值指标有市盈率、股票回报率、市净率和Q比率。

3. 财务分析是以企业的财务报告等资料为基础，对企业的财务状况和经营成果进行分析和评价的一种方法，在财务管理中具有重要的作用：

(1)通过财务分析，可以了解企业一定时期的财务状况，揭示企业生产经营活动中存在的问题，总结财务管理工作中的经验教训，为企业生产经营决策和财务决策提供重要的依据。

(2)通过财务分析，可以为投资者、债权人和其他有关部门和人员提供系统的、完整的财务分析资料，便于他们更加深入地了解企业的财务状况、经营成果和现金流量情况，为他们做出经济决策提供依据。

(3)通过财务分析，可以检查企业内部各职能部门和单位完成财务计划指标的情况，考核各部门和单位的工作业绩，以便揭示管理中存在的问题，总结经验教训，提高管理水平。

第四章　财务预测与计划控制

本章精要

财务预测是估计企业未来的融资需求，财务预算是反映企业未来一定预算期内预计财务状况、经营成果以及现金收支等价值指标的各种预算的总称。通过本章的学习，学会预测融资需求的方法，掌握销货百分比法和资金习性分项预测法，了解各预算之间的关系，学会编制财务预算。

一、销货预测

1. 销货预测通常是现金需求预测的起点。

2. 销货额与投资额的关系主要表现在因果性和稳定性两个方面。

二、预测融资需求的方法

1. 公司筹集资金要以需定筹，因此，必须科学、合理地对公司在未来一定时期的资金需要量进行预测。只有这样，才能使筹集的资金既能保证生产经营的需要，又不会产生不合理的闲置。

2. 预测融资需求的方法主要有定性预测法和定量预测法。定量预测法包括销货百分比法和资金习性分项预测法。

三、财务预算

1. 财务预算有狭义和广义之分。

2. 狭义的财务预算是指公司在预算期内反映有关货币资金收支和财务状况的预算，主要包括现金预算、预计资产负债表、预计现金流量表等；广义的财务预算是公司经营过程中各个方面资金变动的综合反映，因而还包括销售预算、生产预算、产品成本预算、直接材料预算、直接人工预算、制造费用预算、销售费用预算、管理费用及财务费用预算。

【本章自测题】

一、名词解释

1. 定性预测法　2. 资金习性　3. 敏感项目　4. 销售预算　5. 产品成本预算
6. 财务预算　7. 现金预算　8. 财务控制

二、单项选择题

1. 下列选项中，不属于总预算内容的是（　　）。
A. 现金预算　B. 预计利润表
C. 生产预算　D. 预计资产负债表
2. 销售预算根据企业（　　）确定的预计销售量和销售价格等参数进行编制。
A. 目标收入　B. 目标成本　C. 目标利润　D. 计划投资额
3. （　　）是公司整个预算的编制起点。
A. 销售预算　B. 产品成本　C. 现金预算　D. 生产预算
4. 与生产预算没有直接关系的预算是（　　）。
A. 直接人工预算　B. 制造费用预算
C. 期间费用预算　D. 直接材料预算
5. 生产预算是在（　　）的基础上编制的。
A. 销售预算　B. 直接人工预算
C. 现金预算　D. 产品成本预算
6. 下列有关财务计划的特点，不正确的是（　　）。
A. 是一种价值计划
B. 可有效地对公司资产进行管理
C. 是一种综合计划
D. 是以目标利润为中心来规划公司未来一定时期的财务收支活动的计划
7. 能够同时以实物量指标和价值量指标分别反映企业经营收入和现金收支的预算是（　　）。
A. 销售预算　B. 直接人工预算
C. 现金预算　D. 产品成本预算
8. 下列各项中，不属于销售预算内容的是（　　）。
A. 销售单价　B. 销售收入　C. 生产数量　D. 销售量
9. 某企业各种产品销售业务量100%时的销售收入为2 000万元，变动成本为1 000万元，固定成本为500万元，销售利润为500万元，当预计业务量为80%时，销售利润为（　　）万元。
A. 200　B. 300　C. 400　D. 600
10. 编制生产预算时，关键要正确地确定（　　）。
A. 销售价格　B. 销售收入
C. 销售量　D. 期末存货量

11. 下列选项中，不属于收支控制的是（ ）。

A. 建立责任单位　　B. 确定责任预算

C. 现金控制　　D. 组织责任预算

12. 所谓资金习性，是指资金的变动同（ ）之间的依存关系。

A. 销售价格　　B. 计划筹资额

C. 计划投资额　　D. 产销数量

13. 业务预算中唯一仅以数量形式反映预算期内有关产品生产数量及品种构成的是（ ）。

A. 销售预算　　B. 生产预算　　C. 现金预算　　D. 产品成本预算

14. 下列选项中，不属于狭义的财务预算的是（ ）。

A. 现金预算　　B. 预计资产负债表

C. 资本支出预算　　D. 预计现金流量表

15. 在资金习性模型中，已知某公司资金中的不变资金为 200 万元，单位销售额所需要的变动资金为 0. 3 万元，销售额为 1 000 万元，则该公司的预测资金需求量为（ ）万元。

A. 200　　B. 300　　C. 500　　D. 1 000

16. 下列选项中，不属于内部银行的主要业务的是（ ）。

A. 设立内部结算账户　　B. 发行内部支票和内部货币

C. 发放内部贷款　　D. 印制结算工具

17. 财务控制按控制内容可以分为（ ）。

A. 定额控制和相对控制　　B. 收支控制和现金控制

C. 内部控制和外部控制　　D. 预算控制和制度控制

18. 下列选项中，不属于结算中心主要职能的是（ ）。

A. 集中管理各成员公司或分公司的现金收入

B. 统一对外筹资

C. 核定各成员公司或分公司日常留用的现金余额

D. 发行内部支票和内部货币

19. 用线性回归法预测筹资需要量的依据是（ ）。

A. 筹资规模与业务量间的对应关系

B. 筹资规模与投资的时间关系

C. 筹资规模与筹资方式的对应关系

D. 长短期资金的比例关系

20. 下列预算中，构成全面预算体系最后环节的是（ ）。

A. 财务预算　　B. 现金预算

C. 日常业务预算　　D. 特种决策预算

21. 下列选项中，没有在现金预算中得到反映的是（ ）。

A. 期初现金余额　　B. 期末现金余额

C. 预算期产量　　D. 预算期现金余缺

三、多项选择题

1. 下列选项中，与生产预算有直接联系的预算有（ ）。

A. 直接材料预算　　B. 直接人工预算
C. 固定制造费用预算　　D. 现金预算
2. 仅包含价值量指标的预算有（　　）。
A. 销售预算　　B. 生产预算
C. 现金预算　　D. 预计资产负债表
3. 产品成本预算是（　　）的汇总。
A. 生产预算　　B. 直接材料预算
C. 直接人工预算　　D. 制造费用预算
4. 下列选项中，属于现金预算内容的有（　　）。
A. 购买设备支出　　B. 股利分配支出
C. 缴纳税金　　D. 经营性现金支出
5. 下列选项中，属于日常业务预算内容的有（　　）。
A. 产品成本预算　　B. 销售费用预算
C. 资本支出预算　　D. 生产预算
6. 需要另行计算才能参加现金预算汇总的预算有（　　）。
A. 销售预算　　B. 人工预算
C. 期间费用预算　　D. 材料预算
7. 敏感项目包括（　　）。
A. 现金　　B. 应收账款　　C. 存货　　D. 应付账款
8. 广义的现金收支预算反映的是（　　）。
A. 现金收入　　B. 现金余缺
C. 现金支出　　D. 现金筹措使用情况
9. 编制生产预算中的“预计生产量”项目时，需要考虑的因素有（　　）。
A. 预计销售量　　B. 预计期初存货
C. 预计期末存货　　D. 生产需求量
10. 外部融资量取决于（　　）。
A. 销售的增长　　B. 销售净利率
C. 股利支付率　　D. 负债销售百分比
11. 属于滚动预算优点的有（　　）。
A. 及时性强　　B. 编制简单
C. 预算工作量小　　D. 连续性强
12. 下列各项中，不能直接列入现金预算表内项目的有（　　）。
A. 摊销　　B. 折旧　　C. 直接人工　　D. 直接材料
13. 财务预算中的预计财务报表包括（　　）。
A. 预计利润表　　B. 预计资产负债表
C. 预计现金流量表　　D. 预计产品成本表
14. 定性分析的缺点有（　　）。
A. 依靠个人经验判断不科学
B. 准确性较差
C. 不能揭示资金需求量与有关因素之间的数量关系

D. 缺乏客观依据

15. 根据资金习性分项预测法，下列选项中属于变动资金的有（ ）。

A. 现金 B. 存货 C. 应收账款 D. 固定资产

16. 定量预测法包括（ ）。

A. 销货百分比法 B. 资金习性分项预测法

C. 多元回归法 D. 资金百分比法

17. 财务计划是一种（ ）。

A. 价值计划 B. 综合计划 C. 系统计划 D. 资金计划

18. 财务控制包括（ ）。

A. 收支控制 B. 现金控制

C. 销售控制 D. 银行存款控制

19. 收支控制的方法有（ ）。

A. 建立责任单位 B. 确定责任预算

C. 组织责任核算 D. 进行责任考核

20. 现金控制的方法有（ ）。

A. 统收统支 B. 设立结算中心

C. 设立内部银行 D. 设立财务公司

四、判断题

1. 销售预测不仅是财务管理的职能，而且是财务预测的基础。（ ）

2. 若外部融资销售增长比为负数，则说明企业有剩余资金可用于增加股利或进行短期投资。（ ）

3. 变动成本通常与业务量有关，而固定成本一般需以过去为基础进行调整。（ ）

4. 生产预算中既有数量指标又有价值指数，可以反映产值内容。（ ）

5. 财务预算既有价值量指标，又有实物量和时间量指标。（ ）

6. 结算中心是公司内部办理内部各成员公司或分公司现金收付和往来结算业务的专门机构。（ ）

7. 按控制环节划分，财务控制分为收支控制和现金控制。（ ）

8. 财务预算包括短期现金收支预算和信贷预算，以及长期的资本支出预算和长期资金筹措预算。（ ）

9. 财务预测、财务计划和财务控制是现代财务管理的主要职能。（ ）

10. 资金习性分项预测法根据各资金占用项目与销售额之间的关系，把各项目的资金分成变动资金和不变资金。（ ）

11. 编制预计财务报表的时候应该先编制资产负债表，再编制预计利润表。（ ）

12. 制造费用预算是以销售预算作为编制基础的。（ ）

13. 经营预算与企业的正常经营有关，既要有价值量指标，也要有实物量指标，以反映其预算内容。（ ）

14. 全面预算是根据企业目标编制的经营、资本、财务等年度收支总体计划。（ ）

15. 生产预算是在销售预算的基础上编制的。（ ）

16. 销售预算是全面预算的出发点，也是其他业务预算编制的基础。（ ）

17. 财务预算包括现金预算、财务费用预算、营业费用预算、预计利润表、预计资产负债表等内容。 （ ）

18. 产品成本预算是生产预算、现金预算、直接材料预算、直接人工预算和制造费用预算的汇总。 （ ）

19. 敏感负债包括应付账款、应付费用、短期借款。 （ ）

五、计算题

1. 某公司××××年的财务数据如下表所示：

项　目	金额(万元)
流动资产	2 000
长期资产	无稳定关系
应付账款	200
其他负债	无稳定关系
当年的销售收入	2 000
净利润	80
分配股利	20
留存收益	60

设公司的股本保持不变，流动资产占销售收入的百分比为 100%，××××年的销售收入为 2 000 万元，××××+1 年预计销售收入为 2 500 万元。

要求：

(1)计算需要多少外部融资。

(2)如果留存收益比率是 100%，销售净利率提高到 8%，目标销售收入为 2 200 万元，计算是否需要从外部融资？如果需要，需要补充多少外部资金？

2. 某公司编制××××年 9 月份的收支计划，预计××××年 9 月份现金余额为 10 000 元；月初应收账款为 5 000 元，预计月内可收回 70%；本月销货 30 000 元，预计月内收款比为 60%；本月采购材料 10 000 元，预计月内付款 80%；月初应付账款余额 4 000 元，需在月内全部付清；月内以现金支付工资 9 000 元，本月制造费用付现 17 000 元，其他经营性付现支出 1 000 元，购买设备支付现金 12 000 元；企业现金不足时可向银行贷款，借款金额为 1 000 元的倍数，月末现金余额不低于 6 000 元。

要求：

(1)计算经营现金收入；

(2)计算经营现金支出；

(3)计算现金余缺；

(4)确定最佳资金筹措或运用数额；

(5)确定现金月末余额。

3. 某企业从××××年到××××+4 年的产量为 6 万件、8 万件、4 万件、7 万件、5 万件，资金占用量为 800 万元、1 000 万元、600 万元、900 万元和 700 万元，预计××××+5 年的预计产销量为9万件。

要求：试用高低点法预测××××+5年的资金需求量。

4. 某产品的单位小时工资率每季度均为4，单位产品工时定额为3，预计生产量为1 000、1 200、1 100、1 250件，其他直接费用计提标准为14%，预计应付福利费支用率为80%。

要求：编制该年度的直接人工预算。

5. 华浩公司是一上市企业，其××××年12月31日的简化资产负债表如下：

资产(万元)		负债与所有者权益(万元)	
现金	10	应付账款	40
应收账款	50	短期借款	20
存货	60	公司债券	60
固定资产净值	100	股本(每股票面1元)	10
		留存收益	90
合计	220	合计	220

华浩公司于××××+1年分红配股，××××年的销售收入为200万元，销售利润率(税后)为8%，假定××××+1年的销售收入提高到300万元(在现有的固定资产基础上)，分配方案为每股现金股利1元，每10股配1股。

要求：计算该股票的配股价。

6. 东海公司××××年的资产负债表如下：

资产	金额(万元)	负债及所有者权益	金额(万元)
现金	2	应付票据	30
应收账款	36	应付账款	20
存货	60	应付费用	5
预付费用	2	长期负债	50
固定资产净值	100	实收资本	78
		未分配利润	17
资产合计	200	负债及所有者权益合计	200

该公司××××年的销售额为300万元，××××+1年预计销售额为400万元，现有生产能力还有剩余，××××+1年能够提供的可用利润为25万元。××××+1年增加应收票据，它占销售额的比例为6%。

要求：

(1)计算××××+1年需要追加的对外筹资额。

(2)如果敏感资产项目的资金周转加快0.2次，而××××+1年的资产负债表其他各项目与(1)的计算相同，则××××+1年是否需要对外筹资？

六、问答题

1. 预测融资需求的方法有哪些?

2. 什么是财务预算?请用图表示各预算之间的关系。

3. 什么是弹性预算?它的特点是什么?

【本章自测题参考答案】

一、名词解释

1. 定性预测法:利用有关资料,依靠预测者的个人经验,对公司未来资金的需求量作出预测的方法。这种方法一般在公司缺乏完备、准确的资料的情况下才使用。

2. 资金习性:资金的变动同产品产销数量变动之间的依存关系,主要分为不变资金、变动资金和半变动资金。

3. 敏感项目:分为敏感资产和敏感负债,敏感资产包括现金、应收账款、存货、固定资产净额等,敏感负债包括应付账款、应付费用等。

4. 销售预算:销售预算是公司整个预算的编制起点,销售预算的主要内容包括销售量、销售单价和销售收入。

5. 产品成本预算:生产预算、直接材料预算、直接人工预算和制造费用预算的汇总,主要反映预算期内产品的单位生产成本、存货成本和总销售成本。

6. 财务预算:反映公司计划期内现金收支、财务成果和财务状况的预算,它明确了公司财务工作的目标,是控制公司财务活动的标准和考核财务业绩的依据。

7. 现金预算:反映公司预算期内现金收支、现金余缺以及现金筹集和运用情况的预算。

8. 财务控制:以财务计划为依据对公司日常财务活动进行指导、督促和约束,确保财务计划全面完成的一种管理活动。

二、单项选择题

1. C	2. C	3. A	4. C	5. A	6. B	7. A	8. C
9. B	10. D	11. C	12. D	13. B	14. C	15. C	16. D
17. B	18. D	19. A	20. A	21. C			

三、多项选择题

1. AB	2. CD	3. ABCD	4. ABCD	5. ABD
6. ACD	7. ABCD	8. ABCD	9. ABC	10. ABCD
11. AD	12. AB	13. ABC	14. ABCD	15. ABC
16. ABC	17ABC	18. AB	19. ABCD	20. ABCD

四、判断题

1. ×	2. √	3. √	4. ×	5. ×	6. √	7. ×	8. √
9. √	10. √	11. ×	12. ×	13. √	14. √	15. √	16. √

17. ×　　18. ×　　19. ×

五、计算题

1. (1)增加的资产=(2 500−2 000)×100%=500(万元)
   增加的负债=(2 500−2 000)×200/2 000=50(万元)
   股利支付率=20/80=25%
   留存收益率=1−25%=75%
   增加的所有者权益=2 500×80/2 000×75%=75(万元)
   外部补充的资金=500−50−75=375(万元)
   (2)增加的资产=(2 200−2 000)×100%=200(万元)
   增加的负债=(2 200−2 000)×200/2 000=20(万元)
   留存收益比率=100%
   增加的所有者权益=2 200×8%=176(万元)
   外部补充的资金=200−20−176=4(万元)
2. (1)经营现金收入=5 000×70%+30 000×60%=21 500(元)
   (2)经营现金支出=10 000×80%+4 000+9 000+17 000+1 000
   =39 000(元)
   (3)现金余缺=10 000+21 500−(39 000+12 000)=−19 500(元)
   (4)最佳资金筹措或运用数额=6 000+20 000=26 000(元)
   (5)现金月末余额=26 000−19 500=6 500(元)
3. b=(1 000−600)/(8−4)=100(元)
   a=1 000−8×100=200(万元)
   建立预测模型:$y=200+100x$
   ××××+5 年资金占用量=200+100×9=1 100(万元)
4.

季度	1	2	3	4	全年
全公司单位小时工资率	4	4	4	4	—
单位产品工时定额	3	3	3	3	3
预计生产量(件)	1 000	1 200	1 100	1 250	4 550
直接人工工时总数(小时)	3 000	3 600	3 300	3 750	13 650
预计直接工资(元)	12 000	14 400	13 200	15 000	54 600
其他直接费用(元)	1 680	2 016	1 848	2 100	7 644
直接人工成本合计(元)	13 680	16 416	15 048	17 100	62 244
单位工时直接人工成本(元)	4.56	4.56	4.56	4.56	4.56
预计福利费现金支出(元)	1 344	1 612.8	1 478.4	1 680	6 115.2
直接人工成本现金支出合计(元)	13 344	16 012.8	14 678.4	16 680	60 715.2

5. 本题的实质就是求华浩公司要筹集多少资金。

(1)把资产负债表中随销售变动而变动的项目分离出来(见下表)。

资产	销售百分比(%)		负债与所有者权益	销售百分比(%)	
			应付账款	40/200	20%
现金	(10/200)	5%	短期借款	—	
应收账款	(50/200)	25%	公司债券	—	
存货	(60/200)	30%	股本(每股 1 元)	—	
固定资产	—		留存收益	—	

(2)确定需要增加的资金量。

华浩公司××××+1 年销售收入为 300 万元,比××××年增加 100 万元,相应的各变动项目的资金增加:

现金=100×5%=5(万元)

应收账款=100×25%=25(万元)

存货=100×30%=30(万元)

应付账款=100×20%=20(万元)

总的资金需求增加额=5+25+30−20=40(万元)

或=100×(5%+25%+30%−20%)=40(万元)

(3)确定公司对外筹资的资金量。

××××+1 年的税后利润=300×8%=24(万元)

每股分配现金 1 元,分配现金股利=10×1=10(万元)

保留盈余=24−10=14(万元)

对外筹资的资金量=40−14=26(万元)

配股数=10×0.1=1(万股)

配股价=26/1=26(元/股)

6.(1)××××年资产负债表各项目与销售的比例计算如下:

现金	0.67%	应付票据	10%
应收账款	12%	应付账款	6.67
存货	20%	应付费用	1.67
预付费用	0.67%		

××××+1 年资产总额=4 000 000×(0.67%+12%+6%+20%+0.67%)+1 000 000=2 573 600(元)

××××+1 年负债及所有者权益总额=4 000 000×(6.67%+10%+1.67%)+500 000+780 000+170 000+250 000=2 433 600(元)

××××+1 年需对外筹资的规模=2 573 600−2 433 600=140 000(元)

(2)××××+1 年是否需要对外筹资的计算:

××××年敏感资产项目资金周转次数=3 000 000/1 000 000=3(次)

加快后,××××+1 年敏感资产项目的周转次数=3+0.2=3.2(次)

××××+1 年敏感资产项目占用资金总额=4 000 000/3.2=1 250 000(元)

××××+1 年需对外筹资的数量=1 250 000+1 000 000−2 433 600

=−183 600(元)

××××+1 年不需对外筹资,资金剩余 183 600 元。

六、问答题

1. 预测融资需求的方法主要有定性预测法和定量预测法。定性预测法在缺乏基本资料的情况下不失为一种有价值的预测方法,但是缺乏客观依据,预测的准确性较差。定量预测法包括销货百分比法和资金习性分项预测法。销售百分比法是根据销货与选定的资产负债表与损益表项目之间的比例关系,按照计划期销售额增长来预测短期资金需求量的方法。资金习性分项预测法是根据各资金占用项目与销售额之间的关系,把各项目的资金分成变动资金和不变资金,然后汇总求出公司变动资金总额和不变资金总额,再预测资金需求量。

2. 财务预算是反映公司计划期内现金收支、财务成果和财务状况的预算,它明确了公司财务工作的目标,是控制公司财务活动的标准和考核财务业绩的依据。

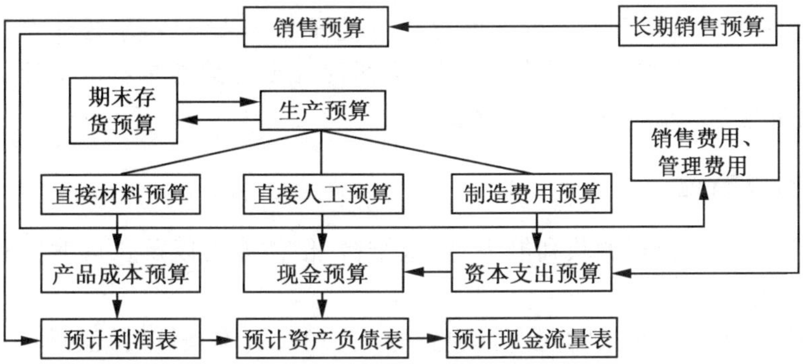

3. 所谓弹性预算,是企业在不能准确预测业务量的情况下,根据本量利之间有规律的数量关系,按照一系列业务量水平编制的有伸缩性的预算。

弹性预算有两个显著特征:

(1)弹性预算是按一系列业务量水平编制的,从而扩大了预算的适用范围;

(2)弹性预算是按成本的不同性态分类列示的,便于在计划期终了时计算实际业务量的预算成本,使预算执行情况的评价和考核建立在更加现实和可比的基础上。

第五章　资本预算

本章精要

资本预算主要是公司长期资产投资的计划。通过本章的学习，了解资本预算的程序，学会用贴现现金流量指标和非贴现现金流量指标进行投资方案的评估，掌握资本预算各种决策方法的异同并会运用。由于在资本预算决策中，预测的现金流量具有不确定性，因此，需要运用敏感性分析、决策树等方法对风险进行调整。

一、资本预算概述

1. 资本预算决策对公司的获利能力、资金结构、偿债能力以及长远发展和日常财务管理也都有着直接影响。

2. 资本预算决策会在较长时间内影响公司，公司对资本预算决策必须小心谨慎，进行认真的可行性研究。

3. 资本预算决策具有相当大的风险，一旦决策失误，就会严重影响公司的财务状况和现金流量，甚至会使公司有破产危险。因此，资本预算决策不能在缺乏调查研究的情况下轻率拍板，而必须按特定的程序，运用科学的方法进行可行性分析，以保证决策正确、有效。

二、投资方案和现金流量分析

1. 按照重要性划分投资方案的类别。区分互斥方案和独立方案。

2. 资本项目的现金流量，一般由初始现金流量、营业现金流量和终结现金流量三个部分构成。

3. 注重非现金项目和税对现金流量的影响。

三、投资方案的评估

1. 资本预算的重点在于制定能够使公司价值最大化的决策。资本预算决策的指标很多，但可概括为贴现现金流量指标和非贴现现金流量指标两大类。

2. 对于独立的计划方案是否应予采纳，不同的资本预算决策方法的结论不存在冲突。

3. 对于互斥的计划方案，因规模或现金流量期限差异，不同的资本预算决策方法的结论可能有冲突。

4. 在无资本限额的情况下，利用净现值法在所有的投资评价中都能做出正确的决策，而利用内部报酬率法和现值指数法在采纳与否决策中也能做出正确的决策，但在互斥选择决策中有时会做出错误的决策。因此，在这几种评价方法中，净现值法是最好的评价方法。

四、资本预算计划评估的应用

1. 扩充计划
2. 重置计划
3. 资本配额下计划
4. 经济寿命不等的资本预算方案选取

五、资本预算中的风险分析

1. 单因素敏感性分析
2. 决策树分析
3. 根据风险调整项目评估的折现率

【本章自测题】

一、名词解释

1. 经营现金流量　2. 投资回收期法　3. 平均报酬率法　4. 净现值法
5. 内部报酬率法　6. 获利指数　7. 加权平均资金成本　8. 敏感性分析
9. 项目市场风险　10. 项目公司风险

二、单项选择题

1. 下列指标中，没有用到净现金流量的是(　　)。
A. 投资利润率　　B. 内部收益率
C. 净现值率　　D. 获利指数

2. 下列指标中，属于非折现负指标的是(　　)。
A. 静态投资回收期　　B. 内部收益率
C. 净现值　　D. 投资利润率

3. 某项目按18%折现率计算的净现值小于零，按16%折现率计算的净现值大于零，那么该项目的内部收益率肯定(　　)。
A. 大于16%　　B. 大于18%
C. 大于16%且小于18%　　D. 无法判断

4. 下列关于投资项目的回收期的说法中，不正确的是(　　)。
A. 不能测定项目的盈利性
B. 不能测定项目的流动性
C. 忽略了货币时间价值
D. 需要主观上的最长的可接受的回收期作为评价依据

5. 某公司进行新产品开发，已投入100万元，但研发失败，又投入100万元，还是研发失败，如果再继续投入 50 万元，并且有成功的把握，则取得的现金流入至少为(　　)万元。

A. 50　　B. 100　　C. 200　　D. 250

6. 计算投资方案的增量现金流量的时候，一般不需考虑方案的(　　)。

A. 差额成本　　B. 重置成本

C. 现有资产的账面价值　　D. 未来成本

7. 下列说法中正确的是(　　)。

A. 内含报酬率就是银行贷款利率

B. 内含报酬率就是行业基准利率

C. 内含报酬率是能够使未来现金净流入等于未来现金净流出现值的贴现率

D. 内含报酬率是项目的最高回报率

8. 如果某一投资方案的净现值为正数，则必然存在的结论是(　　)。

A. 投资回收期在一年以内

B. 该项目的内含报酬率一定高于行业基准报酬率

C. 投资报酬率高于 100%

D. 该项目的现金净流出小于现金净流入

9. 存在所得税的情况下，以"利润＋折旧"估计经营期净现金流量时，"利润"是指(　　)。

A. 利润总额　　B. 经营净利润　　C. 营业利润　　D. 息税前利润

10. 下列选项中，不会对内含报酬率指标产生影响的是(　　)。

A. 原始投资　　B. 项目回报期

C. 项目期望报酬率　　D. 现金流量

11. 决策分析中属于无关成本的是(　　)。

A. 沉没成本　　B. 机会成本　　C. 变动成本　　D. 运营成本

12. 以下选项中会引起现金流出的是(　　)。

A. 无形资产摊销　　B. 固定资产计提折旧

C. 垫付流动资金　　D. 发放股票股利

13. 当资金总量受到限制时，对于多方案投资组合的最优组合的标准是(　　)。

A. 平均投资回收期最短的方案　　B. 累计净现值最大的方案

C. 累计投资额最大的方案　　D. 内部收益率最大的方案

14. 当方案的净现值等于 0，则以下说法正确的是(　　)。

A. 内含报酬率＝0　　B. 净现值率＝0

C. 投资回收期＝0　　D. 获利指数＝0

15. 不属于贴现的分析评价方法的是(　　)。

A. 净现值法　　B. 现值指数法

C. 内部报酬率法　　D. 平均报酬率法

16. 对甲、乙、丙、丁四个项目进行评价，假设可接受的最小投资收益率为 12%，则不可行方案为(　　)。

A. 内含报酬率(甲)＝14%　　B. 净现值(乙)＝10 000

C. 净现值率(丙)＝5%　　D. 获利指数(丁)＝0.9

17. 以投资利润率最大化作为目标，存在的缺陷是(　　)。

A. 不能反映资本的获利水平　　B. 不能用于不同资本规模的企业间比较

C. 不能用于同一企业的不同期间比较　　D. 没有考虑风险因素和时间价值

18. 投资风险中，非系统风险的特征是(　　)。

A. 不能被投资多样化所分散　　B. 不能消除而只能回避

C. 通过投资组合可以分散　　D. 对每个投资者的影响程度相同

19. 某投资方案，当贴现率为 24%时，其净现值为 39.317 7 元；当贴现率为 26%时，其净现值为－30.190 7 元。该方案的内含报酬率为(　　)。

A. 19.24%　　B. 24.65%　　C. 25.13%　　D. 26.78%

20. 当新建项目的建设期不为 0 时，建设期内各年的净现金流量(　　)。

A. 小于 0 或等于 0　　B. 等于 0

C. 大于 0　　D. 小于 0

21. 已知某投资项目的原始投资额为 100 万元，建设期为 2 年，投产后第 1～5 年每年 NCF＝10 万元，第 6～10 年每年 NCF＝20 万元。则该项目不包括建设期的静态投资回收期为(　　)年。

A. 6　　B. 7.5　　C. 8　　D. 9.5

三、多项选择题

1. 净现值法的优点有(　　)。

A. 考虑了资金时间价值

B. 考虑了项目计算期的全部净现金流量

C. 在无资本限额的情况下，利用净现值法进行投资评价都能做出正确的决策

D. 可从动态上反映项目的实际投资收益率

2. 甲、乙两个投资方案未来使用年限不同，且只有现金流出没有现金流入。如果要评价这两个项目，以下说法中不正确的有(　　)。

A. 计算两个方案的净现值率　　B. 计算两个方案的总成本

C. 计算方案的年平均成本　　D. 计算方案的投资回收期

3. 影响项目内含报酬率的因素有(　　)。

A. 投资项目的期限　　B. 投资项目的期望报酬率

C. 银行贷款利率　　D. 投资项目的现金流量

4. 可能作为净现值法的贴现率的是(　　)。

A. 企业要求的最低报酬率　　B. 历史最高的报酬率

C. 行业收益率　　D. 内含报酬率

5. 如果以内含报酬率作为评价指标，那么要求内含报酬率(　　)。

A. 大于 1　　B. 大于获利指数

C. 大于资金成本　　D. 大于基准的贴现率

6. 对同一独立项目进行评价时，得出的结论会相同的指标有(　　)。

A. 净现值　　B. 投资回收期　　C. 内含报酬率　　D. 净现值率

7. 下列选项中，用于评价原始投资不同的互斥方案的方法有(　　)。

A. 内部收益率法　　B. 差额投资内部收益率法

C. 年等额净回收额法　　D. 净现值率法

8. 以下选项中，属于投资支出的有(　　)。

A. 购置设备、厂房等固定资产的支出　　B. 购买无形资产的支出
C. 投资前的筹建费用　　D. 项目投入后增加的净营运资本

9. 下列关于项目投资的说法中，正确的有(　　)。
A. 项目决策投资应首先估计现金流量
B. 与项目投资相关的现金流量必须是能使企业总现金流量变动的部分
C. 现金流量的折现率一般为资本成本
D. 投资分析中，现金流动状况重于盈亏状况

10. 下列关于投资利润率指标的表述正确的有(　　)。
A. 没有考虑时间价值　　B. 是非贴现分析指标
C. 没有利用净现金流量　　D. 具有会计的成本收益观念

11. 在进行独立方案财务可行性决策时，若内部收益率大于行业基准折现率，下列说法正确的有(　　)。
A. 回收期小于计算期的一半　　B. 获利指数大于1
C. 净现值率大于零　　D. 净现值大于零

12. 投资项目的各种类型中，不一定会发生的投资有(　　)。
A. 固定资产投资　　B. 无形资产投资
C. 流动资金投资　　D. 开办费

13. 采用获利指数法评价投资项目可行性时，所采用的折现率通常有(　　)。
A. 投资项目的资金成本率
B. 投资的机会成本率
C. 行业平均资金收益率
D. 计算建设期净现金流量现值时，可用贷款的实际利率

14. 完整工业项目投资的现金流出量包括(　　)。
A. 流动资金投资　　B. 固定资产投资
C. 经营成本　　D. 其他现金流出

15. 下列项目中，属于现金流入项目的有(　　)。
A. 营业收入　　B. 经营成本节约额
C. 回收流动资金　　D. 回收固定资产余值

16. 期末净现金流量包括(　　)。
A. 固定资产清算变现的税后收入　　B. 回收投入项目的净营运资本
C. 停止使用的土地出卖收入　　D. 固定资产的折旧

17. 非贴现分析评估方法有(　　)。
A. 投资回收期法　　B. 平均报酬率法
C. 净现值法　　D. 内部报酬率法

18. 以下说法中正确的有(　　)。
A. 在只有一个备选方案的采纳与否决策中，如果计算出的内部报酬率大于或等于公司的资本成本或必要报酬率，就采纳
B. 内部报酬率法考虑了货币的时间价值，反映了投资项目的真实报酬率
C. 净现值和现值指数使用的是相同信息，在评价投资项目优劣时，常常是一致的
D. 当现值指数与净现值得出不同结论时，应以现值指数为准

19. 风险来源包括(　　)。

A. 国家经济状况发生变化　　B. 通货膨胀的影响

C. 采用高新技术和开发新产品　　D. 汇率的影响

20. 公司风险分析方法包括(　　)。

A. 敏感性分析　　B. 决策树分析

C. 资本资产定价模型　　D. 项目 β 值的获取

四、判断题

1. 只有增量现金流量才是与项目相关的现金流量。(　　)

2. 在进行项目投资决策时,有关税金只需估算所得税。(　　)

3. 在互斥方案的选优中,若差额内部收益率指标大于基准收益率时,则原始投资额较大的方案为最优方案。(　　)

4. 投资利润率小于基准投资利率时,方案是可行的。(　　)

5. 独立方案间的评优,应以内含报酬率的高低为基准来选择。(　　)

6. 在其他条件不变的情况下,折现率越大,净现值越小。(　　)

7. 项目投资程序是:项目提出、项目评价、项目决策、项目执行及项目再评价。(　　)

8. 现实生活中,一般以内含报酬率作为基准贴现率。(　　)

9. 投资回收期和投资利润率具有计算简单、容易理解的优点,在决策中作为主要的指标。(　　)

10. 对单一的独立投资方案而言,利用净现值、净现值率、获利指数和内部收益率等指标的评价得出完全相同的结论。(　　)

11. 在进行投资项目的可行性分析时,如果投资回收期指标与净现值指标的结论发生冲突,应以净现值指标的结论为准。(　　)

12. 净现值是特定方案未来各年报酬的现值合计与投资现值合计之间的差额。(　　)

13. 投资回收期指标虽然没有考虑资金的时间价值,但考虑了回收期满后的现金流量状况。(　　)

14. 只要内部收益率高于折现率,项目一定可行。(　　)

15. 获利指数等于1,则净现值一定大于0。(　　)

16. 在投资项目决策中,只要投资方案的投资利润率大于零,该方案就是可行方案。(　　)

17. 如果某项目的原始投资在建设期初全部投入,其预计的净现值率为12%,则该项目的获利指数为1.12。(　　)

18. 企业要求的最低投资报酬率影响项目内部报酬率。(　　)

19. 如果一个风险投资项目的内含报酬率大于风险报酬率,则该方案可行。(　　)

20. 投资回收期的缺点在于不能衡量企业的投资风险。(　　)

五、计算题

1. 某公司进行一项固定资产投资,该项目的现金流量表如下:

项目	建设期		经营期					合计
	0	1	2	3	4	5	6	
净现金流量(万元)	−500	−500	300	300	300	200	300	300
累计净现金流量(万元)	−500	−1 000	−700	−400	−100	100	400	—
折现净现金流量(万元)								

要求：已知折现率为10%，请计算下列指标，并评价该项目的可行性：

(1)折现净现金流量；

(2)投资回收期；

(3)净现值；

(4)原始投资现值；

(5)净现值率；

(6)获利指数。

2. 已知某公司现有资金1 000万元。其中普通股300万元，长期借款500万元，年末付息，到期还本，长期借款的年利率为10%；留存收益200万元。该公司股票的系统性风险是市场风险的2倍，整个市场的收益率为8%，无风险报酬率为5%；公司适用的所得税税率为25%。公司拟投资两个项目，资料如下：

甲项目投资额为100万元，期望收益率为10%；

乙项目投资额为200万元，折现率为13%和14%的时候，净现值为4.725 3万元和−7.236 5万元。

立项的项目有两个筹资方案：A方案，平价发行票面利率为11%的期限为3年的债券，年末付息，到期还本；B方案，增发普通股。

要求：

(1)计算公司股票的必要收益率；

(2)以公司的必要收益率为标准，判断是否应当投资于甲、乙两个项目；

(3)计算A、B两个方案的资金成本，并分析经济合理性；

(4)计算项目分别采用A、B两个筹资方案再筹资后，该公司的综合资金成本，并对该项目的筹资方案作出评价。

3. 某固定资产项目需要原始投资1 000万元，建设期为1年，与购建固定资产有关的资本化利息100万元在建设期发生，固定资产投资于建设起点投入。该项目年限8年，固定资产按直线法折旧，期满有100万元净残值，流动资金于终结点一次回收。投产后前两年净利润100万元，从第三年开始每年净利润150万元。

要求：

(1)计算净现值(假设该项目的基准折现率为10%)；

(2)计算净现值率和获利指数，并说明二者的关系。

4. 航运公司准备购入一设备以扩充生产能力，现有甲、乙两个方案可供选择。甲方案需投资20 000元，使用寿命为5年，采用直线法计提折旧，5年后设备无残值；5年中每年销售收入为8 000元，每年的付现成本为3 000元。乙方案需投资24 000元，采用直线折旧法计提折旧，使用寿命也为5年；5年后有残值收入4 000元，5年中每年的销售收入为10 000元；付现成本第一年为4 000元，以后随着设备陈旧，逐年将增加修理费200元，另需垫支营运资金

3 000 元，假设所得税税率为 40%，资本成本为 10%。

要求：请计算项目的现金净流量及净现值，并比较方案的优劣。

5. 项目投资的原始总投资为 1 000 万元，于建设起点一次投入，建设期为 1 年，经营期为 10 年，投产后第 1～5 年的净现金流量分别为 100 万元、120 万元、150 万元、250 万元和 300 万元，以后每年净现金流量为 350 万元。

要求：计算该项目的静态投资回收期。

6. 某企业计划进行某项投资活动，拟有甲、乙两个方案。有关资料为：

甲方案原始投资为 150 万元，其中，固定资产投资 100 万元，流动资金投资 50 万元，全部资金于建设起点一次投入，建设期为 0。该项目经营期 5 年，到期残值收入 5 万元，预计投产后年营业收入 90 万元，年总成本 60 万元。

乙方案原始投资为 210 万元，其中，固定资产投资 120 万元，无形资产投资 25 万元，流动资产投资 65 万元，全部资金于建设起点一次投入。该项目建设期 2 年，经营期 5 年，到期残值收入 8 万元，无形资产自投产年份起分 5 年摊销完毕。该项目投资后，预计年营业收入 170 万元，年经营付现成本 80 万元。

该企业按直线法折旧，全部流动资金于终结点一次收回，所得税税率为 25%，设定折现率为 10%。

要求：

(1)采用净现值法评价甲、乙方案是否可行。

(2)如果两方案互斥，确定该企业应选择哪一投资方案。

7. 某公司原有设备一套，购置成本为 150 万元，预计使用 10 年，已使用 5 年，预计残值为购置成本的 10%。该公司用直线法提取折旧，现该公司拟购买新设备替换原设备，以提高生产率，降低成本。新设备购置成本为 200 万元，使用年限为 5 年，同样用直线法计提折旧，预计残值为购置成本的 10%。使用新设备后，公司每年的销售额可以从 1 500 万元上升到 1 650 万元，每年付现成本将从 1 100 万元上升到 1 150 万元。公司如购置新设备，旧设备出售可得收入 100 万元，该企业的所得税税率为 25%，资金成本为 10%。

要求：通过计算说明该设备应否更新。

8. 某公司有一投资项目，需要投资 6 000 元(5 400 元用于购买设备，600 元用于追加流动资金)。预期该项目可使企业销售收入增加：第一年为 2 000 元，第二年为 3 000 元，第三年为 5 000 元。第三年末项目结束，收回流动资金 600 元。

假设公司适用的所得税税率为 40%，固定资产按 3 年用直线法折旧并不计残值。公司要求的最低投资报酬率为 10%。

要求：

(1)确定该项目的税后现金流量；

(2)计算该项目的净现值；

(3)计算该项目的回收期；

(4)如果不考虑其他因素，你认为项目应否被接受？

六、问答题

1. 请说明净现值法与内部报酬率法的差异，试举例说明。

2. 什么是敏感性分析？有何作用？试举例说明。

3. 资本预算中两种可以衡量的风险是什么？试举例说明。
4. 资本预算的指标有很多，请分类列举并说明优缺点。

【本章自测题参考答案】

一、名词解释

1. 经营现金流量：项目投入使用后，在寿命期内由于生产经营给公司带来的现金流入和现金流出增量。
2. 投资回收期法：通过计算收回原投资额所需时间的长短来决定方案的取舍。
3. 平均报酬率法：投资项目在寿命周期内的平均年投资报酬率。
4. 净现值法：将未来的现金流量以适当的资金成本折现成现值，再减去投资成本，通过净现值大小的比较来决定方案的取舍。
5. 内部报酬率法：通过计算使预期未来现金流量的现值等于原投资成本的折现率，并对不同方案的这一折现率大小进行比较来决定方案取舍。
6. 获利指数：项目现金流入的现值与投资现值之比，反映投资的效率。
7. 加权平均资金成本：$\sum$(某种资金占总资金的比重×该种资金的成本)，可作为项目的折现率。
8. 敏感性分析：通过分析、预测项目主要因素发生变化时对经济评价指标的影响，找出敏感因素，并确定其影响程度。
9. 项目市场风险：从实行高度多元化投资组合的公司股东的角度来看的风险。
10. 项目公司风险：从没有多元化投资组合的单一股东（只投资于某一公司的股票）的角度来看的风险。

二、单项选择题

1. A	2. A	3. C	4. B	5. A	6. C	7. C	8. D
9. B	10. C	11. A	12. C	13. B	14. B	15. D	16. D
17. D	18. C	19. C	20. A	21. B			

三、多项选择题

1. ABC	2. ABD	3. AD	4. AC	5. CD
6. ACD	7. BC	8. ABCD	9. ABCD	10. ABCD
11. BCD	12. BCD	13. ABCD	14. ABCD	15. ACD
16. ABC	17. AB	18. ABC	19. ABCD	20. ABCD

四、判断题

1. √	2. ×	3. √	4. ×	5. ×	6. √	7. √	8. ×
9. ×	10. √	11. √	12. √	13. ×	14. ×	15. ×	16. ×
17. √	18. ×	19. ×	20. ×				

五、计算题

1. (1)

折现净现金流量（万元）	−500	−454.5	247.93	225.39	204.90	124.18	169.34	17.24

(2)包括建设期的投资回收期＝4＋100/200＝4.5(年)

不包括建设期的投资回收期＝4.5－1＝3.5(年)

(3)净现值＝－500－454.5＋247.93＋225.39＋204.90＋124.18＋169.34
＝17.24(万元)

(4)原始投资现值＝500＋454.5＝954.5(万元)

(5)净现值率＝17.24/954.5＝1.8%

(6)获利指数＝1＋1.8%＝1.018

该项目的财务可行性：

净现值＞0，净现值率＞0，获利指数＞1，所以该项目基本具有财务可行性。

2. (1)公司股票的必要收益率＝5%＋2×(8%－5%)＝11%

(2)乙项目的内部报酬率＝13%＋(47 253－0)/[47 253－(－72 365)]×(14%－13%)
＝13.4%

甲项目的预期收益率＝10%＜11%

乙项目的内部收益率＝13.4%＞11%

所以应该投资于乙项目。

(3)A 方案的资金成本＝11%×(1－25%)＝8.25%

B 方案的资金成本＝5%＋2×(8%－5%)＝11%

两个方案均小于乙项目的内部报酬率，因此经济上都是合理的。

(4)原有借款的个别资金成本＝10%×(1－25%)＝7.5%

按 A 方案筹资后的综合资金成本＝11%×500/1 200＋7.5%×500/1 200＋8.25%×200/1 200＝9.08%

按 B 方案筹资后的综合资金成本＝11%×(500＋200)/1 200＋7.5%×500/1 200
＝9.54%

因此，A 筹资方案优于 B 筹资方案。

3. (1)固定资产折旧＝(1 000＋100－100)/8＝125(万元)

$NPV=-1\ 000+(100+125)\times(P/A,10\%,2)\times(P/F,10\%,1)+(150+125)\times(P/A,10\%,5)\times(P/F,10\%,3)+(150+125+100)\times(P/F,10\%,9)$

$=-1\ 000+225\times1.735\ 5\times0.909\ 1+275\times3.790\ 8\times0.751\ 3+375\times0.424\ 1$

$=297$(万元)

(2)净现值率＝297/1 000＝0.297

获利指数＝1 297/1 000＝1.297

获利指数＝净现值率＋1

4. 甲方案：$NCF_0=-20\ 000$(元)

折旧＝(20 000－0)/5＝4 000(元)

NCF_{1-5}=[8 000−(3 000+4 000)]×(1−40%)+4 000=4 600(元)

NPV=4 600×(P/A,10%,5)−20 000=4 600×3.791−20 000=−2 561.4(元)

乙方案：

NCF_0=−27 000(元)

折旧=(24 000−4 000)/5=4 000(元)

NCF_1=[10 000−(4 000+4 000)]×(1−40%)+4 000=5 200(元)

NCF_2=[10 000−(4 200+4 000)]×(1−40%)+4 000=5 080(元)

NCF_3=[10 000−(4 400+4 000)]×(1−40%)+4 000=4 960(元)

NCF_4=[10 000−(4 600+4 000)]×(1−40%)+4 000=4 840(元)

NCF_5=[10 000−(4 800+4 000)]×(1−40%)+4 000+4 000+3 000=11 720(元)

NPV =5 200×(P/F,10%,1)+5 080×(P/F,10%,2)+4 960×(P/F,10%,3)+4 840×(P/F,10%,4)+11 720×(P/F,10%,5)

=23 231.68−27 000

=−3 768.32(元)

甲、乙两个方案均不可行。

5.

年度	0	1	2	3	4	5	6	7	8	9	10	11
现金净流量(万元)	−1 000	0	100	120	150	250	300	350	350	350	350	350
项目累计净现金流量(万元)	−1 000	−1 000	−900	−780	−630	−380	−80	270	620	970	1 320	1 670

∴含建设期的静态投资回收期 $=6+\frac{1-801}{350}$ =6.23(年)

不含建设期的静态投资回收期=6.23−1=5.23(年)

6. (1)甲方案：

年折旧额=(100−5)/5=19(万元)

NCF_0=−150(万元)

NCF_{1-4}=(90−60)×(1−25%)+19=41.5(万元)

NCF5=41.5+5+50=96.5(万元)

NPV=96.5×(P/F,10%,5)+41.5×(P/A,10%,4)−150=41.47(万元)

乙方案：

年折旧额=(120−8)/5=22.4(万元)

无形资产摊销额=25/5=5(万元)

NCF_0=−210(万元)

NCF_{1-2}=0

NCF_{3-6}=(170−80−22.4−5)×(1−25%)+22.4+5=74.35(万元)

NCF_7=74.35+65+8=147.35(万元)

NPV =147.35×(P/F,10%,7)+74.35×[(P/A,10%,6)−(P/A,10%,2)]−210

=60.4(万元)

甲、乙方案均为可行方案。

(2)甲方案年均净现值＝41.47/(P/A,10%,5)＝10.94(万元)

乙方案年均净现值＝60.4/(P/A,10%,7)＝12.41(万元)

所以应选择乙方案。

7. (1)继续使用旧设备：

旧设备年折旧＝150×(1－10%)/10＝13.5(万元)

旧设备账面净值＝150－13.5×5＝82.5(万元)＜变现值100万元

初始现金流量＝－[100＋(100－82.5)×25%]＝－104.375(万元)

注意:变现收入是营业外收入,提前报废的损失是营业外支出,两者的差额应纳所得税。

营业现金流量＝(收入－付现成本－折旧)×(1－税率)＋折旧

＝收入×(1－税率)－付现成率×(1－税率)＋折旧×税率

＝1 500×(1－25%)－1 100×(1－25%)＋13.5×25%

＝303.375(万元)

终结现金流量＝150×10%＝15(万元)

继续使用旧设备净现值＝303.375×(P/A,10%,5)＋15×(P/F,10%,5)－104.375

＝303.375×3.790 8＋15×0.620 9－104.375

＝1 054.97(万元)

(2)更新设备：

新设备年折旧＝200×(1－10%)/5＝36(万元)

初始现金流量＝－200(万元)

营业现金流量＝1 650×(1－25%)－1 150×(1－25%)＋36×25%＝384(万元)

终结现金流量＝200×10%＝20(万元)

采用新设备净现值＝384×(P/A,10%,5)＋20×(P/F,10%,5)－200

＝384×3.790 8＋20×0.620 9－200

＝1 278.02(万元)

通过计算可看出购买新设备净现值较大,所以该设备应更新。

8. (1)年折旧＝$\frac{5\ 400}{3}$＝1 800(元)

NCF_1＝(2 000－1 800)×(1－40%)＋1 800＝1 920(元)

NCF_2＝(3 000－1 800)×(1－40%)＋1 800＝2 520(元)

NCF_3＝(5 000－1 800)×(1－40%)＋1 800＋600＝4 320(元)

(2)NPV＝1 920×(P/F,10%,1)＋2 520×(P/F,10%,2)＋4 320×(P/F,10%,3)－6 000

＝1 920×0.909＋2 520×0.826＋4 320×0.751－6 000

＝1 071.12(元)

(3)投资回收期＝2＋$\frac{6\ 000-(1\ 920+2\ 500)}{4\ 320}$＝2.36(年)

(4)作为独立投资项目,因为其$NPV>0$,所以该项目可接受。

六、问答题

1. (1)基本着眼点。净现值法着眼于一项计划能使公司的价值增加多少,内部报酬率法则着眼于一项计划的报酬率。

(2)独立的计划,则没有差异。

(3)互斥的计划,则可能有差异,在两个计划的净现值曲线相交时,两者有冲突。

原因是隐含的假设不同:净现值法假设公司能够将现金流量以资金成本再投资,而内部报酬率假设现金流量能够以内部报酬率投资。

举例略。

2. 敏感性分析是通过分析、预测项目主要因素发生变化时对经济评价指标的影响,找出敏感因素,并确定其影响程度。

敏感性分析非常重要,作用如下:

(1)预测不确定因素变化的幅度,而不影响投资的决策。

(2)找出敏感的不确定因素。

(3)针对敏感的不确定因素提出建议,采取预防措施,提高项目决策的可靠性。

举例略。

3. 在资本预算中,有两种可以衡量的风险:市场风险和公司风险。

市场风险是从实行高度多元化投资组合的公司股东角度来看的风险,比如宏观经济形势的变动、税制改革、国家经济政策变动等,属于不可分散的风险。

公司风险是从没有多元化投资组合的单一股东(只投资于某一公司的股票)的角度来看的风险,比如公司因为财务失败而被迫破产,属于可分散的风险。

4. 资本预算的指标概括起来有非贴现指标和贴现指标。非贴现指标有投资回收期和平均报酬率法,贴现指标主要有净现值法、现值指数法以及内部报酬率法。

投资回收期的优点是直观,易理解,计算简便;缺点是未考虑时间价值,未考虑回收期满后的现金流量。

平均报酬率法的优点是简单明了,能说明投资收益水平;缺点是未考虑时间价值,不能反映建设期长短,未运用现金流量,指标口径不一致。

净现值法的优点是考虑了时间价值,运用了现金流量,考虑了风险大小;缺点是不能动态反映实际收益水平,现金流量与折现率确定有一定困难。

现值指数法的优点是可以动态反映资金投入与总产出之间的关系,可以在投资额不同方案之间比较;缺点是无法直接反映项目实际收益率。

内部报酬率法的优点是动态反映实际收益水平,不受行业基准折现率的影响;缺点是计算复杂。

第六章　公司股本

本章精要

股份有限公司主要通过发行股票来筹集自有资本，这些资本与保留盈余一起构成公司的权益资本。股份有限公司的股本主要包括普通股。在发行股票筹资后，为了资金使用需要，股份有限公司还可以通过配股和增发新股来筹措资金、增加股本。公司应该根据自身的情况来选择合适的筹资方式。

一、公司股本的性质与种类

1. 公司股本主要包括普通股股本和优先股股本。

2. 股票作为一种投资工具具有非返还性、可转让性、收益性、风险性和决策参与性等特征。

二、普通股筹资

1. 将股东权分为共益权和自益权。共益权是股东依法参加公司事务的决策和经营管理的权利，它是股东基于公司利益同时兼为自己的利益而行使的权利，包括股东大会参加权、提案权、质询权，在股东大会上的表决权、累积投票权，股东大会召集请求权和自行召集权，了解公司事务、查阅公司账簿和其他文件的知情权，提起诉讼权等权利。自益权是股东仅以个人利益为目的而行使的权利，即依法从公司取得利益、财产或处分自己股权的权利，主要为股利分配请求权、剩余财产分配权、新股认购优先权、股份质押权和股份转让权等。

2. 按照股票的筹资对象不同，可分为公募与私募两种方式。

3. 股票发行价格的确定对发行人是至关重要的。若发行价格定得太高，虽然公司的发行收入高、发行成本低，但会使投资人望而生畏，导致发行失败；若发行价格定得过低，则无法满足发行人的资金需求，并损害原有股东的利益。因此，确定合理的发行价格，是保证发行成功的关键。

三、优先股筹资

1. 优先股是一种兼具普通股和债券特点的混合性有价证券。一方面，它在某些方面比普通股享有优先权利，因此，被普通股股东视为一项负债；另一方面，发行优先股获得了自有资金，因此，又被债权人视为权益资本。

2．一般而言，当公司的盈利水平高于优先股利率，负债比率较高，普通股市价低且不愿使公司控制权分散时，优先股是一种理想的筹资方式；至于发行何种优先股，要视当时的经济发展状况以及投资者对风险的态度和对收益率、公司支配权的要求而定。

四、配股和增发新股

1．配股和增发新股是股份有限公司增加外部股权融资的两种主要方式。

2．增发新股可以说是现行制度下上市公司有效的筹资手段之一，不但筹资门槛比配股要低，而且增发的数量没有配股不超过10∶3的限制，有的甚至一次增发比初次发行股票筹集到的资金还要多，因此，也就格外受到股份有限公司的青睐。

3．配股权是有价值的，配股权的价值相当于配股前的股票价格与配股除权除息价格的差额。股东不会因为行使配股权利或者转让配股权利而形成收益或损失。但是，如果放弃并不转让配股权，情形就不一样了。

【本章自测题】

一、名词解释

1．优先股　2．配股　3．优先认股权　4．市盈率　5．可转换优先股

二、单项选择题

1．为了简化股票的发行手续、降低发行成本，股票发行可以采取(　　)方式。

A．溢价发行　B．平价发行

C．公开间接发行　D．不公开直接发行

2．股票市场价值就是通常所说的(　　)。

A．票面价值　B．账面价值　C．清算价值　D．股票价格

3．股票按股东权利和义务的差别分为(　　)。

A．记名股和不记名股　B．国家股、法人股和外资股

C．普通股和优先股　D．旧股和新股

4．普通股与优先股的不同特征是(　　)。

A．同属权益资本　B．需支付固定股息

C．股息从税后利润中支付　D．可参与公司重大决策

5．下列有关优先股的表述，错误的是(　　)。

A．可转换优先股是股东可在一定时期内按一定比例把优先股转换成普通股的股票

B．不参与优先股是不能参加利润分配的优先股

C．非累积优先股是仅按当前利润分取股利，而不予以累积补付的优先股

D．可赎回优先股是股份公司可以按一定价格收回的优先股

6．不属于优先股股东权利的是(　　)。

A．优先分配股利　B．优先分配剩余财产

C．表决权　D．剩余求偿权优于普通股

7. 某公司拟发行普通股 100 万股，每股面值 1 元，发行价格为 10 元，则此次发行增加的资本公积为(　　)万元。

A. 100　　B. 1 000　　C. 1 100　　D. 900

8. 以下选项中，不属于股票发行成本的有(　　)。

A. 承销费用　　B. 手续费　　C. 所得税　　D. 印花税

9. 从发行公司的角度看，股票包销的优点是(　　)。

A. 可获得部分溢价收入　　B. 降低发行费用

C. 可获得一定佣金　　D. 不承担发行风险

10. 从筹资者的角度看，下列筹资方式中，筹资风险较小的是(　　)。

A. 债券　　B. 长期借款　　C. 融资租赁　　D. 普通股

11. 下列选项中，不属于我国配股资格规定的是(　　)。

A. 最近 3 年连续盈利

B. 利润总额 3 年内平均大于 10%

C. 配股时间距前次发行间隔在 1 年以上

D. 符合国家产业政策

12. 某公司当前股价为每股 20 元，按 10 配 2 进行配股，配股价格为每股 15 元，则配股后每股除权价格为(　　)元。

A. 20　　B. 19.5　　C. 19.17　　D. 20.1

13. 既能取得固定股利，又有权取得剩余利润分配的是(　　)。

A. 可转换优先股　　B. 参与优先股

C. 普通股　　D. 累积优先股

14. 关于配股，下列说法中错误的是(　　)。

A. 是公司外部股权融资的主要方式

B. 既可向现有股东配售，也可向市场销售

C. 必须由发行审核委员会审核，并由证监会核准

D. 配股比例最多为 10 股配 3 股

15. 可用于对增发新股进行定价的方法是(　　)。

A. 市盈率法　　B. 折价法

C. 账面价值法　　D. 杠杆比率法

16. 甲股票每股股利的固定增长率是 5%，预计一年后的股利为 6 元，股权资本成本为 17.5%。该股票的价值为(　　)元。

A. 45　　B. 48　　C. 55　　D. 60

三、多项选择题

1. 股票上市的条件有(　　)。

A. 股本总额不少于人民币 5 000 万元　　B. 最近连续 3 年盈利

C. 符合国家产业政策　　D. 最近 3 年内无重大违规行为

2. 对企业而言，发行股股票筹资的优点有(　　)。

A. 增强公司的筹资能力　　B. 降低公司财务风险

C. 降低公司资金成本　　D. 没用使用约束

3. 公开、间接发行股票的特点有（　　）。

A. 发行范围广，易募足资本　　B. 股票易变现，流通性好

C. 有利于提高公司知名度　　D. 发行成本低

4.《证券法》对增发新股的特殊规定有（　　）。

A. 最近3个会计年度加权平均净资产收益率平均不低于6%

B. 除金融类企业外，最近一期期末不存在持有金额较大的交易性金融资产和可供出售的金融资产、借予他人款项、委托理财等财务性投资的情形

C. 募集资金量不超过经审计的上年净资产值

D. 发行价格应不低于公告招股意向书前20个交易日公司股票均价或前一个交易日的均价

5. 能够影响股票发行价格的因素有（　　）。

A. 股票面额　　B. 股市行情

C. 公司盈利能力　　D. 公司的资本结构

6. 普通股股东具有（　　）。

A. 投票权　　B. 管理权　　C. 留剩求偿权　　D. 红利分配权

四、判断题

1. 对企业来说，采用自销方式发行股票具有及时筹足资本、免于承担发行风险的特点。（　　）

2. 股票可以作为抵押贷款担保的抵押品。（　　）

3. 普通股股东的剩余有偿权在优先股股东之后。（　　）

4. 公司最近3年连续亏损，将被直接勒令退市。（　　）

5. 无面值股票的最大缺点是股票不能直接代表股份，因而不能直接体现其实际价值。（　　）

6. 当公司增发普通股票时，原有股东有权优先认购。（　　）

7. 不论企业财务状况与经营成果如何，企业都必须支付当年优先股股利，否则，优先股股东有权要求企业破产。（　　）

8. 通过发行股票筹资，可以不付利息，因此，其成本比借债筹资的成本低。（　　）

9. 可转换优先股筹资的成本要高于不可转换优先股。（　　）

10. 企业发行股票的财务风险要高于发行债券。（　　）

11. 发行股票所得资金，全部记入公司资产负债表中的普通股股本账户。（　　）

12. 优先股是兼有普通股和债券特点的混合证券。（　　）

13. 只要符合上市资格，公司都愿意上市。（　　）

14. 私募发行的股票可以在二级市场上交易。（　　）

15. 普通股股东的优先认股权是指原有股东可以优先随意认购公司的股票。（　　）

16. 原有股东优先认购增发的新股时，不需要缴纳认股款。（　　）

17. 股票发行价格通常有等价、时价和中间价三种，由此可知，我国股票可以折价发行。（　　）

五、计算题

1. 某股份公司股票上市，其股本总额为 10 亿元人民币，按每股 50 元的价格规划。

要求：计算应发行的社会公众股股数至少为多少股。

2. 某公司原为国有企业，现改制为股份有限公司，净资产经评估后为 6 000 万元，全部投入公司，折股比例为 1。按其经营计划，需要总资产 3 亿元，合理的资产负债率为 30%，预计明年税后利润为 4 500 万元，且不准备发放股利。

要求：

(1)通过发行股票，应当筹集多少股权资本？

(2)按每股 5 元发行，则至少发行多少社会公众股？发行后，每股盈余是多少？市盈率是多少？

3. 某公司当前股价为 20 元，决定按 10 配 3 配股，并每股送现金 0.5 元，配股价格为每股 10 元。

要求：假设某股东在配股前持有 20 股，如果他放弃配股并将配股权转让，则其股票市值是多少？

4. 某公司现有普通股 100 万股，股本总额为 1 000 万元，公司债券为 600 万元。公司拟扩大筹资规模，有两个备选方案：一是增发普通股 50 万股，每股发行价格为 15 元；二是平价发行公司债券 750 万元。若公司债券年利率为 10%，所得税税率为 25%。

要求：

(1)计算两种筹资方式的每股利润无差异点；

(2)如果该公司预期息税前利润为 400 万元，对两个筹资方案作出择优决策。

5. 某公司年末资产负债表如下：

	应付账款	46 000 元
	应付票据	51 000 元
	长期负债	108 000 元
	普通股(30 000 股已认证，其中 20 000 股发行在外)	260 000 元
	留存收益	240 000 元
资产总计　705 000 元	负债权益总计	705 000 元

要求：

(1)该公司普通股的每股账面价值是多少？

(2)公司将非流通股全部出售，扣除费用后出售价为每股 20 元，那么新的每股账面价值是多少？

6. 某企业拟在××××年年初改制为独家发起的股份有限公司。现在净资产经评估价值为 6 000 万元，全部投入新公司，折股比例为 1。按其计划经营规模需要总资产 3 亿元，合理的资产负债率为 30%。预计明年税后利润为 4 500 万元。

要求：

(1)通过发行股票应筹集多少股权资金？

(2)如果市盈率不超过 15 倍，每股盈利按 0.4 元计算，则最高发行价格是多少？

(3)若按每股5元发行,至少要发行多少社会公众股?发行后,每股盈余是多少?市盈率是多少?

(4)不考虑资本结构要求,按《公司法》规定,至少要发行多少社会公众股?

六、问答题

1. 简述股票上市与终止上市的条件。
2. 比较普通股筹资和优先股筹资的优缺点。
3. 比较配股和增发新股筹资的优缺点。

【本章自测题参考答案】

一、名词解释

1. 优先股:拥有某些优先权利的股东所持有的股票。
2. 配股:上市公司获准向现有股东配售股票的行为。
3. 优先认股权:当公司增发普通股股票时,原来的老股东可按其持有公司股票的份额,优先认购新股票的权利。
4. 市盈率:每股市价与每股收益的比值,说明股东为获得一定的收益而愿意在市场上出价的倍率,既反映公司的盈利能力,也反映风险。
5. 可转换优先股:按照发行契约的规定,可以在一定时期内按一定比例转换成普通股的优先股。

二、单项选择题

1. D	2. D	3. C	4. D	5. B	6. C	7. D	8. C
9. D	10. D	11. B	12. C	13. B	14. B	15. A	16. B

三、多项选择题

1. ABCD	2. AB	3. ABC	4. ABD	5. ABC
6. ABCD				

四、判断题

1. ×	2. √	3. √	4. ×	5. ×	6. √	7. ×	8. ×
9. ×	10. ×	11. ×	12. √	13. ×	14. ×	15. ×	16. ×
17. ×							

五、计算题

1. 公司股本总额超过4亿元人民币,向社会公开发行的比例不低于15%,100 000×15%=15 000(万元),150 000/50=300(万股)。
2. (1)按经营计划,需要的权益资本为30 000×(1-30%)=21 000(万元),则需要发行股票筹资:21 000-6 000=15 000(万元)。

(2)发行社会公众股 15 000/5=3 000(万股),每股盈余=0.45/(0.3+0.6)=0.5(元/股),市盈率=5/0.5=10(倍)。

3. 配股后每股除权价=(20+10×0.3−0.5)/(1+0.3)=17.31(元)

配股权的价值=20−17.31=2.69(元)

放弃并转让配股后总市值=20×17.31+20×2.69=400(元)

4. (1)每股利润无差异点:

$$(EBIT-600\times10\%)\times(1-25\%)/(100+50)=[EBIT-(600+750)\times10\%]\times(1-25\%)/100$$

解得:$EBIT=285$(万元)

(2)$EBIT$ 为 400 万元时,代入两种方案,得到每股利润分别为 1.7 和 1.99 元/股,故应选择方案 2。

5. (1)(260 000+240 000)/20 000=25(元/股)

(2)(260 000+240 000+10 000×20)/30 000=23.33(元/股)

6. (1)3×(1−30%)−0.6=1.5(亿元)

(2)0.4×15=6(元/股)

(3)社会公众股数=1.5/5=0.3(亿股)

每股盈余=0.45/(0.3+0.6)=0.5(元/股),市盈率=$\frac{5}{0.5}=10$

(4)社会公众股=0.6×[25%/(1−25%)]=0.2(亿股)

六、问答题

1. 股票上市的条件:股本总额不少于 5 000 万元,最近 3 年连续盈利,持有股票面值在 1 000 元以上的股东不少于 1 000 人,向社会公开发行占股份总数 25%,股本超过 4 亿元的向社会公开发行比例为 15%,最近 3 年内无重大违规行为。

退市的条件:对于已上市公司,国务院证券管理部门有权决定暂停或终止其股票上市资格。当上市公司出现下列情况之一时,其股票上市即面临被暂停的危险:(1)公司的股本总额、股权分布等发生变化,不再具备上市条件;(2)公司不按规定公开其财务状况,或者对财务会计报告作虚假记载;(3)公司有重大违法行为;(4)公司最近 3 年连续亏损。当上市公司出现下列情况之一时,其股票上市可被终止:(1)上述暂停情况的(2)(3)项出现时,经查实后果严重;(2)上述暂停情况的(1)(4)项出现时,经查实后果严重,不具备上市条件,在证券管理部门限定的时间内未能消除暂停上市原因;(3)公司决议解散、被行政主管部门依法责令关闭或者被宣告破产。

2. 普通股筹资的优点:(1)筹措资本无须偿还;(2)筹资风险小;(3)可提高公司信誉。缺点:(1)筹资成本高;(2)稀释原有股权;(3)有信息披露成本。

优先股筹资的优点:(1)筹资无须偿还;(2)固定股利并非公司义务;(3)可维持原有股东的控制权;(4)有财务杠杆作用。缺点:(1)筹资成本比普通股高;(2)限制较多。

3. 配股筹资的优点:(1)保护现存股东;(2)避免股份稀释;(3)可以以保证金形式购入。缺点:(1)发行过程需要较长时间;(2)失去向社会公众出售的收益。

增发新股的优点:可提升公司信誉。缺点:(1)稀释股权;(2)可能造成股价下跌。

第七章　公司债券

本章精要

公司债券是指公司为筹集资金而发行的、用于记载和反映债权债务关系、承诺向债权人定期支付利息和偿还本金的一种有价证券。债券与股票都是公司最重要的有价证券，本章对这两种证券的特点进行了对比，以便进一步掌握债券的特点。同时，对公司债券的种类、信用等级、发行条件、发行价格等问题展开研究，对公司债券的赎回、调换进行学习讨论。最后阐述了债券筹资的优缺点。

一、公司债券概述

1. 债券的票面价值是债券发行人在债券到期时应偿还给债券持有人的本金数额，也是按期支付利息的计算依据。债券面值与债券的实际发行价格不一定一致，债券可以溢价、平价或折价发行。

2. 票面利息率是债券持有人定期获取的利息与债券票面价值的比率。票面利率的高低由债券发行者决定，但必须考虑市场利率、债券的偿还期限、自身资信状况以及资本市场资金供求关系等因素的影响。

3. 债券的发行价格是由债券的面值、期限、票面利率、市场利率以及债券的信用级别等决定的。根据债券发行价格与债券面值的关系，债券的发行可分为溢价发行、平价发行和折价发行。当市场利率低于、等于或高于债券的票面利率时，则债券分别为溢价、平价和折价发行。

4. 到期一次还本债券的利息收入由于时间延后，在市场利率较高的情况下，会造成折现金额的下降。这可以用债券的久期指标来反映，表明债券的加权平均现金回流时间。

5. 债券具有流动性、收益性、风险性和返还性等特征。

6. 同发行股票一样，债券也有私募发行和公募发行两种方式。

二、公司债券的种类

各种类的债券具有各自的特点，公司发行债券、筹集债务资金，就需要了解债券的种类。

三、公司债券的评级

1. 债券的等级反映了该债券的风险大小，影响该债券的定价。

2. 债券评级是定性分析和定量分析相结合的结果。

3. 债券评级衡量的是债券持续期间发生损失的预期，包括债券发行者违约的可能和违约后投资者损失的大小。所以，债券评级对投资者和筹资者都有作用。

四、债券的偿还和换债

1. 债券的偿还方式有到期一次性偿还和分期偿还两种方式。

2. 公司换债是为了用新的约束和限制条件较宽松的新债券取代条件较为苛刻的旧债券，以降低公司的筹资成本。还债的前提是旧债券有可赎回条款。

3. 一般来说，旧债券尚未到期时市场利率下降，公司会购回旧债，发行新债，可以减少利息支出。

【本章自测题】

一、名词解释

1. 债券　2. 可转换债券　3. 抵押债券　4. 可收回债券　5. 零息债券　6. 收益债券　7. 债券调换　8. 债券评级

二、单项选择题

1. 长期借款筹资与长期债券筹资相比，其特点是(　　)。

A. 利息能节税　　B. 筹资弹性大

C. 筹资费用大　　D. 债务利息高

2. 发行浮动利率债券的主要目的是(　　)。

A. 增加债券持有人的收益　　B. 可使企业融资具有弹性

C. 为了对付通货膨胀　　D. 遵循公司法的有关规定

3. 相对公募发行债券而言，私募发行债券的主要缺点是(　　)。

A. 发行费用高　　B. 利息负担较重

C. 限制条件较多　　D. 发行时间较长

4. 相对发行股票而言，发行公司债券筹资的优点为(　　)。

A. 筹资风险小　　B. 限制条件少

C. 筹资额度大　　D. 资金成本低

5. 假定甲企业的信用等级高于乙企业，则下列表述中正确的是(　　)。

A. 甲企业的筹资成本比乙企业高　　B. 甲企业的筹资能力比乙企业强

C. 甲企业的债务负担比乙企业重　　D. 甲企业的筹资风险比乙企业大

6. 企业发行信用债券时的最重要限制条件是(　　)。

A. 抵押条款　　B. 反抵押条款

C. 流动性要求条款　　D. 物资保证条款

7. 某债券面值为 1 000 元，票面年利率为 12%，期限为 3 年，每半年支付一次利息。若市场实际利率为 12%，则其发行时的价值(　　)。

A. 大于 1 000 元　　B. 小于 1 000 元

C. 等于 1 000 元　　D. 无法计算

三、多项选择题

1. 与股票相比，债券的特点有（　　）。

A. 债券代表一种债权债务关系　　B. 债券的求偿权优于股票

C. 债券持有人无权参与企业决策　　D. 债券投资的风险小于股票投资

2. 决定债券发行价格的因素有（　　）。

A. 债券面额　　B. 票面利率　　C. 债券期限　　D. 市场利率

3. 关于债券的特征，下列说法正确的有（　　）。

A. 债券具有分配上的优先权　　B. 债券代表着一种债权债务关系

C. 债券不能折价发行　　D. 债券持有人无权参与企业决策

4. 下列选项中，属于信用债券的是（　　）。

A. 无担保债券　　B. 担保债券

C. 抵押债券　　D. 附属信用债券

5. 具有提前偿还条款的债券可以使企业融资有较大的弹性，当（　　）时，企业会选择提前偿还。

A. 企业资金有节余　　B. 市场利率预期会下降

C. 市场利率预期会上升　　D. 企业资金紧张

6. 下列选项中，属于可转换债券区别于普通债券的特点的有（　　）。

A. 存在回售风险

B. 利率低于普通债券，可节约利息支出

C. 可增强筹资灵活性，不受其他债权人的反对

D. 若股价低迷，面临兑付债券本金的压力

7. 对企业来说，发行股票筹集资金相对于发行债券筹资而言，其优点有（　　）。

A. 增强公司筹资能力　　B. 降低公司财务风险

C. 降低公司资金成本　　D. 筹资限制较少

四、判断题

1. 普通股筹资的风险小于债券筹资。（　　）

2. 无息债券指的是没有利息的债券；收益债券指的是债券持有人不仅能取得利息，还有权与股东一同参加利润分配的债券。（　　）

3. 债券的资金成本一般来说要高于长期借款的资金成本。（　　）

4. 相对抵押债券而言，在企业发行债券时信用债券利率较高的原因在于其安全性差。（　　）

5. 在市场利率大于票面利率的情况下，债券发行价格大于其面值。（　　）

6. 企业发行收益债券的目的是为了应对通货膨胀。（　　）

7. 一般情况下，发行信用债券的企业不得将财产抵押给其他债权人。（　　）

8. 具有收回条款的债券使企业融资具有较大弹性。（　　）

9. 债券之所以会存在溢价或折价发行是由于市场利率经常变化引起的，而债券票面利率一经发行便不易进行调整。（　　）

10. 在债券面值、期限与票面利率一定的情况下，市场利率越高，则债券的发行价格越低。（　　）

11. 收益公司债券不会给发行公司带来固定利息费用，对投资者而言收益较高，但风险也大。（　　）

12. 债券的价值等于债券支付的现金流量。（　　）

13. 对折价出售的债券而言，债券付息期越短，债券的价值越高。（　　）

五、计算题

1. 某公司目前的资金来源包括面值 1 元的普通股 800 万股和平均利率为 10%的 3 000 万元长期债务。该公司现在准备投产 A 产品，该项目需要投资 4 000 万元，预期投产后每年可增加息税前利润 400 万元。该项目有三个备选方案：(1)按 11%的利率发行债券；(2)按面值发行股利 12%的优先股；(3)按 20 元/股增发普通股。

要求：计算按不同方案筹资后的普通股每股收益。

2. 金源公司××××年 1 月 1 日发行 10 年期、利率 12%的公司债券 10 000 万元，按发行约定，可按 109 元的价格回购。公司采用折价发行，收到资金 9 500 万元，折价及发行费用采用直线法摊销。5 年后，公司欲平价发行票面利率 10%的 5 年期新债券 10 000 万元以回购旧债券，发行成本为面值的 1%，直接作为当期费用。

要求：不考虑重叠期因素，假设公司所得税税率为 40%，试问这一方案是否可行？

六、问答题

1. 债券与股票的区别有哪些？
2. 债券评级的作用有哪些？
3. 什么是债券调换？公司债券调换的目的是什么？
4. 债券的发行条件是什么？债券筹资的优缺点是什么？

【本章自测题参考答案】

一、名词解释

1. 债券：经济主体为筹集资金而发行的、用于记载和反映债权债务关系、承诺向债权人定期支付利息和偿还本金的一种有价证券。

2. 可转换债券：由发行公司发行的、可以按一定条件转化为一定数量的公司普通股股票的债券。

3. 抵押债券：筹资人以土地、房屋、设备或存货等资产作为还本付息的抵押担保物发行的债券。

4. 可收回债券：发行公司可以按照发行时规定的条款、依据一定的条件和价格、在恰当的时间收回的债券。

5. 零息债券：折价发行债券期限内票面利息率为零的公司债券。

6. 收益债券：只有在公司盈利时才支付利息给债券持有人的一种债券。

7. 债券调换：原发行公司用新发行的公司债券来取代尚未到期的旧债券的行为。

8. 债券评级：由债券信用评级机构根据债券发行者的要求及提供的有关资料，通过调查、预测、比较、分析等手段，对拟发行债券的风险做出独立判断，并赋予相应的等级标志。

二、单项选择题

1. B　2. C　3. B　4. D　5. B　6. B　7. A

三、多项选择题

1. ABCD　2. ABCD　3. ABD　4. AD　5. AB
6. ABC　7. ABD

四、判断题

1. √　2. ×　3. √　4. ×　5. ×　6. √　7. √　8. √
9. √　10. √　11. ×　12. ×　13. ×

五、计算题

1. 每股净利润＝净利润/流通在外的普通股股数

(1)发行债券每股收益＝(1 600＋400－3 000×10%－4 000×11%)×(1－40%)/800
＝0.945(元)

(2)发行优先股每股收益＝[(1 600＋400－3 000×10%)×(1－40%)－4 000×12%]/800
＝0.675(元)

(3)增发普通股每股收益＝(1 600＋400－3 000×10%)×(1－40%)/(800＋4 000/20)
＝1.02(元)

2. 旧债券的年净现金流出＝1 200－[1 200＋(500/10)]×40%＝700(万元)

新债券的年净现金流出＝1 000×(1－40%)＝600(万元)

期初因换债而产生的现金流出为(单位:万元)：

赎回旧债券的成本	10 900
发行新债券的净额	9 900
差额	1 000
新债券的发行费用	100
费用累计	1 100
赎回溢价	900
未摊销折扣	250
新债券发行费用	100
小计	1 250
节税	1 250×40%＝500
净现金流出	600

换债的净现值＝(700－600)$(P/A,10\%,5)$－600
＝100×3.790 8－600
＝－220.92(万元)

故债券调换方案不可行。

六、问答题

1.

	凭证性质	收益特征	风险大小	是否还本	剩余财产分配顺序
债券	债务凭证	一般固定	较小	到期还本付息	在股票之前
股票	所有权凭证	一般不固定	较大	一般不退还股本	在债券之后

2. 穆迪公司认为，债券评级的作用是通过一个简单的符号系统，向投资者提供一个关于债券信用风险的客观、独立的观点，这一观点可作为投资者进行债券风险研究的参考，但并不是投资者风险研究的替代。

对投资者而言，债券评级的作用主要表现在以下四个方面：(1)减少投资的不确定性，提高市场的有效性。(2)拓宽投资者的眼界。(3)作为投资者选择投资对象的标准。(4)作为投资者确定风险的依据。

对筹资者的作用有：(1)更广泛地进入金融市场，通过债券评级可以使许多对发行公司不了解的投资者也敢于购买相关债券，大大地扩大了债券的投资者范围。(2)增加了发行公司的灵活性。债券评级使得债券发行变得相对容易，发行成本也大为降低，这些都使得债券发行更经济，也更繁荣。

3. 债券调换：又称换债，是指原发行公司用新发行的公司债券来取代尚未到期的旧债券的行为。公司换债是为了用约束和限制条件较宽松的新债券取代条件较为苛刻的旧债券，以降低公司的筹资成本。所以，一般在旧债券发行之后还没有到期时，由于利率下降，旧债券的市场价格下降了，从而购回旧债，发行新债。公司换债实际上是一种投资决策，还债公司需要比较新、老债券的成本，以新债券的确能够节约债务成本作为决定是否换债的出发点。

4. 发行债券的条件有：(1)股份有限公司净资产额不低于人民币 3 000 万元，有限责任公司的净资产额不低于人民币 6 000 万元；(2)累计债券总额不超过公司资产净额的 40%；(3)最近 3 年的平均可分配利润足以支付公司债券 1 年的利息；(4)筹集的资金投向符合国家产业政策的项目；(5)债券的利率不得超过国务院限定的水平；(6)国务院规定的其他条件。

公司有下列情形之一的，不得再次申请发行债券：(1)前一次发行的债券尚未募足的；(2)对已发行的债券或者其他债务有违约或者延迟支付利息的事实，且仍处于持续状态的。

发行公司债券来筹资，既有优点也有缺点。债券筹资的优点有：(1)由于债权人不参加公司利润分配，债券资金的成本有确定的限制。(2)债券的成本低于普通股和优先股。(3)债权人不参与公司的经营管理，一般情况下不分散公司股东的控制权。(4)债券的利息可在税前支出，可为公司带来税收屏蔽方面的好处。(5)债券的利息可列入税前支出，还可以利用债券的可收回性在需要时及时调整公司的资本结构。

债券筹资的缺点有：(1)债券必须按时还本付息，若公司因一时资金周转不畅而不能按时还本付息，将陷入财务危机，甚至导致公司破产。(2)发行债券提高了公司的财务风险，从而要求公司为所有者提供更高的报酬率，加大了公司经营者的难度。(3)长期债券的偿还期限很长，未来的种种不确定性使公司面临较大的偿还风险。(4)严格的债券合同将在一定程度上限制公司的经营决策。

第八章　认股权证和可转换债券

本章精要

本章主要介绍了认股权证和可转换债券这两种特殊的筹资方式。其中，认股权证是指公司发行的一种长期股票买入的选择权，是期权概念的运用。通过本章的学习，应了解认股权证的特征和种类，掌握认股权证价值的计算。可转换债券是一种持有人有权在到期日前将其转换成普通股的有价证券，也是期权概念的运用。本章注重可转换债券与一般债券的对比，从对比中显现其要素和特征，最后还对认股权证与可转换债券两者进行了对比，以加深对这两种筹资方式的掌握。

一、认股权证

1. 认股权证具有以下四个特征：认股权证是一种股票买权；每份认股权证所能购买的股票股数是固定的，记载于认股权证上；认股权证上规定认购股票的价格可以是固定的，也可以按普通股票的市场价格进行调整，即认股权证的执行价格随着发行公司发放股票股利或拆股而调整；认股权证上必须载明有效期限，超过有效期限，认股权证即失效。

2. 认股权证的价值分为内在价值和时间价值两个部分，如果认股权证的市场价格低于其内在价值，那么，就会出现无风险套利机会。

3. 认股权证的市场价格要高于其内在价值（底价），两者之差即为认股权证的时间价值。从理论上看，认股权证的时间价值主要受期限的长短和标的物（股票）市场价格变动性大小的影响。距到期日的时间越长，股票价格的变动性越大，在认股权证有效期内标的股票的市场价格越高，投资者获利的机会就越大，认股权证的时间价值也就越高；反之，认股权证的时间价值就越低。

二、可转换债券

1. 普通可转换债券具有债权和股票期权的双重基本属性，即具有确定的债券期限和定期利息，具有明显的债权性质；为投资者提供了转换成股票的权利，而这种权利具有选择权的含义：投资者既可以行使转换权，将其转换为公司股票，也可以放弃转换权，持有债券至到期。也就是说，可转换债券包含了股票买入期权的特征，投资者通过持有可转换债券可以获得股票上涨的收益。

2. 可转换债券的要素：标的股票、转换价格、转换期、赎回条款、回售条款、强制性转股、还款保障及违约责任。

3. 一般来说，可转换债券的价格不可能低于其转换价值，因为一旦可转换债券的价格低于其转换价值，就会出现无风险套利的机会。

4. 当股价跌到一定幅度时，转股价格将会保持在一定水平上，不再下跌，这个水平就由可转换债券的直接价值所决定，通常被称为可转换债券的债券底价。

5. 可转换债券是一种混合型的金融产品。从形式上看，可转换债券近似于普通公司债券与认股权证的组合体。从价值构成来看，可转换债券可以被视为普通公司债券与股票买权(Call Option)的组合体。

【本章自测题】

一、名词解释

1. 认股权证　　2. 可转换债券

二、单项选择题

1. 股份有限公司为了使已发行的可转换债券尽快地实现转换，或者为了达到反兼并、反收购的目的，应采用的策略是(　　)。

A. 不支付股利　　B. 支付较低的股利

C. 支付固定股利　　D. 支付较高的股利

2. 认股权证的价值是指认股权证的(　　)。

A. 内在价值　　B. 时间价值

C. 标的价值　　D. 内在价值和时间价值

3. 关于可转换债券，下列说法中不正确的是(　　)。

A. 标的股票一定是发行公司本身的股票

B. 赎回溢价随债券到期日的临近而减少

C. 有利于稳定股价和减少对每股收益的稀释

D. 存在股价上扬的风险，并且有可能加大公司的财务风险

4. 某公司发行认股权证，允许其持有者以 18 元的价格购买该公司 0.5 股股票，而其普通股股价为 20 元，若认股权证的发行价格为 0.5 元，则其实际价值为(　　)元。

A. 0.5　　B. 1　　C. 2　　D. 1.5

5. 某公司发行在外普通股 2 000 万股，认股权证 100 万股，每个认股权证允许持股人购买 2 股普通股股票，执行价格为 10 元。公司股东的权益总额为 30 000 万元，投资者在股票价格为 14 元时，全部行使认股权。行使认股权后，公司发行在外的普通股为(　　)万股。

A. 2 200　　B. 2 100　　C. 2 000　　D. 2 050

6. 某公司发行在外普通股 2 000 万股，认股权证 100 万股，每个认股权证允许持股人购买 2 股普通股股票，执行价格为 10 元。公司股东的权益总额为 30 000 万元，投资者在股票价格为 14 元时，全部行使认股权。行使认股权后，公司的权益总额为(　　)万元。

A. 30 000　　B. 31 000　　C. 32 000　　D. 34 000

7. 某公司发行在外普通股 2 000 万股，认股权证 100 万股，每个认股权证允许持股人购买 2 股普通股股票，执行价格为 10 元。公司股东的权益总额为 30 000 万元，投资者在股票价格为 14 元时，全部行使认股权。行使认股权后，公司的股价为(　　)元。

A. 15　　B. 14　　C. 14.55　　D. 16

8. 以下关于认股权证的表述中，错误的是(　　)

A. 附有认股权证筹资的债券或者优先股的利息或者股利较低

B. 认股权证给予投资者在未来以较低的价格买入具有较高价值公司股票的权利

C. 认股权证的购买对象是经营者时，还具有股权激励作用

D. 认股权证的发行，能够降低企业的资金成本

9. 某公司发行期限为 10 年的可转换债券，面值 1 000 元，规定可以在 10 年内以 50 元的价格转换为该公司的股票，投资者决定行使转换权，其时该公司的股票市场价格为 60 元，则转换比率为(　　)。

A. 20%　　B. 16.67%　　C. 15%　　D. 10%

10. 某公司发行期限为 10 年的可转换债券，面值 1 000 元，规定可以在 5 年内以 50 元的价格，5～10 年内以 60 元的价格转换为该公司的股票，投资者决定在第 6 年行使转换权，其时该公司的股票市场价格为 65 元，则转换比率为(　　)。

A. 20%　　B. 16.67%　　C. 15%　　D. 10%

11. 某公司发行期限为 10 年的可转换债券，面值 1 000 元，规定可以在 10 年内以 50 元的价格转换为该公司的股票，投资者决定行使转换权，其时该公司的股票市场价格为 60 元，则转换溢价率为(　　)。

A. －16.67%　　B. 16.67%　　C. 20%　　D. －20%

12. 下面列举了设置赎回条款的主要作用，其中错误的是(　　)。

A. 降低发行公司的发行成本

B. 避免因市场利率下降而给发行公司造成的利率损失

C. 加速转股过程

D. 保护投资者的权益

13. 以下关于可转换债券的条款中，用于保护投资者利益的是(　　)。

A. 递增的转换价格　　B. 赎回条款

C. 回售条款　　D. 强制性转股

14. 赎回价格是事先规定的发行公司赎回债券的出价，一般为债券面值的 103%～106%，两者之差为赎回溢价，赎回溢价随着债券到期的临近而(　　)。

A. 不变　　B. 增加　　C. 减少　　D. 变化无规律

15. 认股权证的优点，不包括(　　)。

A. 吸引投资者　　B. 低资金成本和宽松的筹资条款

C. 可以扩大潜在的资金来源　　D. 不会稀释普通股

16. 可转换债券设置合理的赎回条款，所不具有的作用为(　　)。

A. 限制债券持有人过分享受公司收益大幅度上升所带来的回报

B. 可以促使债券持有人转换股份

C. 可以使投资者具有安全感，因而有利于吸引投资者

D. 可以使发行公司避免市场利率下降后，继续向债券持有人支付较高的债券票面利率所

蒙受的损失

三、多项选择题

1. 发行可转换债券，公司设置赎回条款的目的有（　　）。
A. 促使债券持有人转换公司股份
B. 能使发行公司避免市场利率下降后，继续向债券持有人按照较高的债券票面利率支付利息所蒙受的损失
C. 限制债券持有人过分享受公司收益大幅度上升带来的回报
D. 保护债券投资者的利益
2. 下列关于认股权证的说法，正确的有（　　）。
A. 按认股权证的发行方式，可以分为单独发行认股权证与附带发行认股权证
B. 认股权证的基本要素包括赎回条款
C. 影响认股权证理论价值的主要因素包括剩余有效期间
D. 可以促进其他筹资方式
3. 影响认股权证理论价值的主要因素有（　　）。
A. 换股比率　　B. 普通股市价
C. 执行价格　　D. 剩余有效期限
4. 为保护债券持有人利益，应（　　）。
A. 规定转换期　　B. 规定不可赎回期
C. 规定可赎回期　　D. 规定回售时间
E. 规定回售价格
5. 可转换债券的要素包括（　　）。
A. 标的股票　　B. 转换价格　　C. 转换期　　D. 赎回条款
E. 回售条款
6. 可转换债券可以看作是一种股票买入期权，以下说法正确的有（　　）。
A. 其价格与其标的股票的价格正相关
B. 其价格与其标的股票的价格变动正相关
C. 其价格与其标的股票的价格无关
D. 其价格与其标的股票的价格变动无关
7. 当股价跌到一定幅度时，转股价格将会保持在一定的水平上，不再下跌。这个水平决定于（　　）。
A. 标的股票的价格　　B. 标的股票的价格变动
C. 可转换债券的直接价格　　D. 可转换债券的债权底价
8. 下列可转换债券的要素中，有利于促使债券持有人转换为普通股的条款为（　　）。
A. 逐期降低转换比率　　B. 设置赎回条款
C. 设置短于债券期限的可转换期　　D. 设置回售条款

四、判断题

1. 可转换公司债券是指持有人可以自由地选择价格和时间转换为股票的债券。（　　）

2. 认股权证的持有者有权按预定的价格在任意时间内认购一定数量的企业发行的股票。（　　）

3. 认股权证和可转换债券的执行会影响公司的现金流量。（　　）

4. 认股权证和可转换债券的执行会增加企业流通在外的股票数量。（　　）

5. 认股权证和可转换债券的执行价格一般都低于股票的市场价格。（　　）

6. 认股权证的行使会对股票市场价格产生稀释作用。（　　）

7. 认股权证的市场价格在任何时候都一定大于其内在价值。（　　）

8. 认股权证的市场价格与内在价值之差即为其实际价值。（　　）

9. 距离到期日越长，股票价格的变动性越大，在认股权证有效期内标的股票的市场价格越高，投资者获利的机会越大，认股权证的实际价值就越高。（　　）

10. 可转换债券具有债权和股票期权的双重性质。（　　）

11. 可转换债券的标的股票是其发行公司自己的股票，不能是其他公司的股票。（　　）

12. 赎回条款的设置实际上赋予发行公司一种买权，具有期权的性质。（　　）

13. 可转换债券的赎回价格随时间的推延而逐渐向面值回归。（　　）

14. 当股价跌到一定幅度时，转股价格将会保持在一定的水平上，不再下跌。这个水平决定于转换债券的债券底价。（　　）

五、计算题

1. 某公司发行的认股权证允许持有者每份认股权证可以以 1 股 20 元的价格购买 2 股普通股。

要求：

(1)如果该公司股票的市场价格为 15、20、25 元，则该认股权证的内在价值分别为多少？

(2)当股价为 22 元时，认股权证的价格为 2 元，则认股权证的时间价值为多少？

2. 某公司现有发行在外的普通股股数为 1 000 万股，发行在外的认股权证为 100 万股，每个认股权证可以以 40 元的执行价格购买 1 股股票，公司股东权益总额为 50 000 万元，投资者在股票价格为 48 元时行使认股权。

要求：请计算在 100 万股的认股权证全部行使之后的股价。

3. 某公司于 20×5 年发行了 50 亿元可转换债券。债券期限为 5 年，每张可转换债券的面值为 100 元，票面利率为 5%，利息一年一付，到期一次还本付息。转换价格定为 50 元。当时的 5 年期相同条件的债券的市场利率为 10%。

要求：

(1)转换比率为多少？

(2)当股票价格为 55 元时，可转换债券的转换价值为多少？

(3)可转换债券的直接价值为多少？

(4)如果单位欧式期权的价值为 2 元，则可转换债券的理论价值为多少？

六、问答题

1. 赎回条款主要包括哪些内容？设置赎回条款的主要目的是什么？

2. 可转换债券筹资的优缺点有哪些？

3. 简述可转换债券和认股权证的差异。

【本章自测题参考答案】

一、名词解释

1. 认股权证:公司发行的一种长期股票买入选择权。
2. 可转换债券:一种债券,持有人有权在到期日前将其转换成普通股的有价证券。

二、单项选择题

1. D　2. D　3. A　4. A　5. A　6. C　7. C　8. D
9. A　10. B　11. A　12. D　13C　14. C　15. D　16. C

三、多项选择题

1. ABC　2. ACD　3. ABCD　4. BDE　5. ABCDE
6. BC　7. CD　8. ABC

四、判断题

1. ×　2. ×　3. ×　4. √　5. ×　6. √　7. ×　8. √
9. √　10. √　11. ×　12. √　13. ×　14. ×

五、计算题

1. (1)内在价值分别为:
   2×(15－20)＝－10,可以视为 0
   2×(20－20)＝0
   2×(25－20)＝10
   (2)2×(22－20)－2＝2
2. (50 000＋40×100)/(1 000＋100)＝49.1(元)
3. (1)100/50＝2
   (2)55×2＝110(元)
   (3)$(100+5\times100\times5\%)/(1+10\%)^5=77.615$(元)
   (4)77.615＋2×2＝81.615(元)

六、问答题

1. 赎回条款主要包括不可赎回期、赎回期、赎回条件、赎回价格。主要目的是降低发行公司的发行成本,避免因市场利率下降而给发行公司造成利率损失,并加速转股过程、减轻财务压力。

2. 优点:筹资成本较低,便于筹集资金,有利于稳定股票价格和减少对每股收益的稀释,以及减少筹资中的利益冲突。

缺点:存在股价上扬的风险、财务风险和丧失低息优势的风险。

3. 两者都代表一种股票期权，都附着于债券或优先股发行。认股权证虽然是捆绑发行的，但是发行之后可以脱离公司债券或优先股单独交易，而可转换债券不行；两者的执行方式不同，对现金流和资本结构的影响不同；认股权证可以单独发行；税收方面也有所不同。

第九章　融资租赁

本章精要

融资租赁是一种特殊的融资方式，将融物与融资结合起来，有其自己的优势。通过本章的学习，了解租赁的特点及种类。经营租赁与融资租赁是各具特色的两种主要租赁方式，适用于不同的情况。本章还介绍了融资租赁租金的计算方式及如何在购买与租赁中作出决策，以使成本达到最小化。

一、租赁概述

1. 租赁是一种信用活动。通过租赁，出租人与承租人之间形成了一种债权、债务关系。

2. 租赁融资的基本特征为：使用权与所有权分离；以融物代替融资，融物与融资相结合；以分期偿还租金的形式偿还本息；价值大，合同期内双方不可解除。

二、租赁的种类和特点

1. 按租赁的性质或目的，可分为经营租赁和融资租赁两大类。

2. 通过经营租赁，承租人可在一个较短时期内获得使用某项资产的全部权利，这就给承租人提供了一个了解设备各种技术性能的相当好的机会。

3. 判断一项租赁是属于融资租赁还是经营租赁，关键不在于租约的形式，而在于租赁的实质。

4. 融资租赁的形式可按其业务的不同特点具体划分为以下五种：直接租赁、售后租回、杠杆租赁、转租赁和委托租赁。

三、租赁对税收和会计处理的影响

1. 无论是经营租赁还是融资租赁，都能享受税收优惠。

2. 《企业会计准则第 21 号——租赁》要求，承租人在资产负债表中确认经营租赁的相关权利与义务。

3. 对于承租人，新租赁准则取消了融资租赁与经营租赁分类，要求承租人对除短期租赁和低价值资产租赁以外的所有租赁确认使用权资产和租赁负债，并分别确认折旧和利息费用，采用融资租赁单一会计处理方法，也就是类似新租赁准则执行以前的融资租赁会计处理方法。

4. 对于出租人,在租赁开始日根据交易的实质而非合同的形式将租赁分为融资租赁与经营租赁。

5. 属于短期租赁和低价值资产租赁,承租人可以选择不确认使用权资产和租赁负债,作出该选择的,应当将短期租赁和低价值资产租赁的租赁付款额,在租赁期内各个期间按照直线法计入相关资产成本或当期损益。

四、租赁融资的财务决策

1. 租赁融资的财务决策就是要计算租赁筹资的成本。租赁筹资的成本主要包括两个部分:一是公司向租赁公司支付的租金;二是公司为办理租赁所支付的其他费用。

2. 目前,我国融资租赁的租金主要由以下几项构成:设备的购置成本、利息费用、手续费。租金还会受到租金支付方式及租赁期带来的影响。

【本章自测题】

一、名词解释

1. 经营租赁　2. 融资租赁　3. 售后租回　4. 杠杆租赁

二、单项选择题

1. 相对借款购买设备,融资租赁的缺点在于(　　)。

A. 融资租赁成本高　B. 筹资速度较慢

C. 设备淘汰风险大　D. 到期还本负担高

2. 出租人既出租某项资产,又以该项资产为担保借入资金的租赁方式是(　　)。

A. 直接租赁　B. 售后租回　C. 杠杆租赁　D. 经营租赁

3. 企业既想长期使用设备,又想减少设备占用的资金,可采用的融资方式是(　　)。

A. 经营租赁　B. 贷款购买　C. 售后租回　D. 自有资金购买

4. 融资租赁与经营租赁相比具有的优势是(　　)。

A. 不用负担维修费用　B. 租金比较低

C. 减少长期资金的占用　D. 合同具有不可取消性

5. 同其他租赁相比,杠杆租赁对(　　)无影响。

A. 出租人　B. 银行　C. 承租人　D. 贷款人

6. 某企业急需大量资金投资,欲将某一设备出售,但又需使用该设备为企业创造利润,合适的办法是(　　)。

A. 卖出设备　B. 向银行借款融资

C. 放弃投资　D. 售后租回

7. 企业向租赁公司租入一台设备,价值 500 万元,租期 5 年,利率 12%,若租赁手续费于租赁开始日一次性付清,采用每年年初支付租金的方式,则平均每年支付的租金为(　　)万元。

A. 123.8　B. 138.7　C. 245.4　D. 108.6

8. 下列属于筹集长期资金的是(　　)。

A. 预收账款 B. 融资租赁 C. 应收账款 D. 商业票据

9. 下列说法中错误的是（ ）。

A. 租赁降低了设备被淘汰的风险

B. 融资租赁一般包含了不可取消条款

C. 经营租赁的期限比较短

D. 租赁筹资成本低，有利于减轻所得税负担

10. 承租人既使用该设备，又要承担设备的维修费用的租赁是（ ）。

A. 直接租赁 B. 售后租回 C. 融资租赁 D. 经营租赁

11. 下列选项中，不属于经营租赁的特点的是（ ）。

A. 出租方出让设备所有权 B. 承租方可以提前终止合同

C. 出租方负责设备的维修 D. 出租的设备一般价值不大

12. 下列项目中，不属于融资租赁的租金构成的是（ ）。

A. 设备价款 B. 设备维修费 C. 利息费 D. 手续费

三、多项选择题

1. 影响租赁租金的因素有（ ）。

A. 设备购置成本 B. 利息费用

C. 租赁手续费 D. 租金支付方式

2. 融资租赁的特点是（ ）。

A. 租赁期限长

B. 不得任意终止租赁合同

C. 租赁资产的报酬和风险由承租人承担

D. 出租方提供设备维修和人员培训

3. 杠杆租赁主要涉及的当事人包括（ ）。

A. 出租人 B. 设备生产商 C. 承租人 D. 贷款方

4. 与购置设备相比，经营租赁的特点有（ ）。

A. 增加资产负债表中的资产 B. 仅获得短期使用权

C. 无设备所有权 D. 不负担维修费用

5. 采用融资租赁方式，当合同期满后，设备处置的方式有（ ）。

A. 续租 B. 退租 C. 留购 D. 报废

6. 在进行借款购买还是租赁的决策时，应考虑的因素是（ ）。

A. 设备价格 B. 手续费

C. 借款利息率 D. 租金支付方式

7. 融资租赁应满足的条件包括（ ）。

A. 与资产所有权有关的风险和报酬实质上由承租人负担

B. 租赁期满，承租人可以低价买进该资产

C. 租约持续时间大于资产寿命的 75%

D. 各期租金的现值达到资产价值的 90%以上

四、判断题

1. 当公司计划短期使用某项资产时，适合采用经营租赁方式融资。 （ ）
2. 在融资租赁方式下，合同期满，承租方均可以无偿取得设备。 （ ）
3. 从承租人的角度看，杠杆租赁与其他融资租赁方式并无区别。 （ ）
4. 在杠杆租赁中，出租人既收取租金，又负担债务。 （ ）
5. 对于融资租赁，资产所有权不属于承租人，所以该项资产不记录在资产负债表上。 （ ）
6. 经营租赁的租金不具有抵税作用。 （ ）
7. 租金的计算方法中的平均分摊法没有考虑货币的时间价值。 （ ）
8. 通常经营租赁的承租方可以提前结束合同。 （ ）
9. 融资租赁一般适用于价值巨大的资产。 （ ）
10. 由于经营租赁的承租方不承担资产的风险，因此租金相对较高。 （ ）
11. 所有租赁业务的手续费都包括在租金中。 （ ）
12. 从出租人角度看，杠杆租赁和售后租回是不同的，出租人既是借款人又是出租人，同时拥有对资产的所有权，既收取租金又要偿付债务。 （ ）

五、计算题

1. 某公司租入一项资产，价值 1 000 万元，租期为 15 年，期满后有 20 万元的残值归租赁公司所有，租赁的手续费率为 3%，当年的年利率为 7%。公司按等额年金法于每年末支付租金。

要求：计算每年应付多少租金。

2. 某公司融资租入设备一台，该设备的买价为 48 万元，租赁期限为 10 年，租赁公司考虑融资成本、融资收益及其相关手续费后的折现率为 16%。

要求：请分别计算租赁公司要求企业在每年年末或年初等额支付的年租金。

3. 某公司欲建一产品生产线，该生产线的价值为 500 万元，寿命为 10 年，期满后无残值。若借款购买，借款利率是 8%，每年末付息一次，5 年后一次性归还本金；若是融资租赁，则每年末交租金 75 万元，租赁期为 10 年，期满无残值。

要求：为使成本最小，该公司应如何决策？

六、问答题

1. 租赁作为一种融资渠道，同其他融资渠道相比有哪些特点？
2. 比较经营租赁与融资租赁特点的差别。
3. 租赁方式的不同是如何影响企业资产负债表的？

【本章自测题参考答案】

一、名词解释

1. 经营租赁：出租人为承租人提供租赁设备，同时还承担租赁设备的维修保养、原料配件供应和培训技术人员等项服务的一种租赁，故又称为服务租赁。

2. 融资租赁：出租人按照承租人的要求融资购买设备，并在契约或合同规定的较长期限内提供给承租人使用的一种新颖的租赁业务。

3. 售后租回：承租人根据协议将其资产卖给出租人，然后又将其租回使用，并按期向出租人支付租金的一种租赁形式。

4. 杠杆租赁：主要涉及出租人、承租人和贷款人三方当事人。出租人只需拿出购买资产的部分资金投资，其余部分由贷款人支付，并以资产作为抵押。

二、单项选择题

1. A　2. C　3. C　4. B　5. C　6. D　7. A　8. B
9. D　10. C　11. A　12. B

三、多项选择题

1. ABCD　2. ABC　3. ACD　4. BCD　5. ABCD
6. ABCD　7. ABCD

四、判断题

1. √　2. ×　3. √　4. √　5. ×　6. ×　7. √　8. √
9. √　10. √　11. ×　12. √

五、计算分析题

1. $1\,000=A\times(P/A,10\%,15)+20\times(P/F,7\%,15)$
$=A\times7.606\,08+20\times0.362\,45$
$A=130.52$(万元)

2. 年末支付的租金$=480\,000\times[1/(P/A,16\%,10)]=99\,313.08$(元)
年初支付的租金$=480\,000\times[1/(P/A,16\%,10-1)+1]=85\,614.91$(元)

3. (1)购买设备：
$500\times(P/A,8\%,10)+500\times(P/F,8\%,10)=500$(万元)
(2)租赁设备：
$75\times(P/A,8\%,10)=75\times6.710\,08=503.26$(万元)
由以上看出，应该借款购买设备。

六、问答题

1. 使用权与所有权的分离；以融物代替融资，融物与融资相结合；以分期支付租金的形式偿还本息；价值大，合同期内双方不可解除。

2. 划分标准：
(1)租赁契约若规定与资产所有权有关的全部风险和报酬实质上已经转移给承租人；
(2)租赁期满，承租人可按低于市价的价格购买租赁资产；
(3)租约持续时间大于资产寿命的75%；
(4)各期租金的现值达到资产价值的90%。

凡是满足上述四项标准中任何一项的租赁,都属于融资租赁;否则,只能属于经营租赁。

租期:经营租赁期限短,融资租赁期限长。

资产的维护:经营租赁的出租方负责设备的维修和保养,融资租赁的承租方负责资产的维护。

取消条款:经营租赁合同中一般含取消条款,可提前终止合同;融资租赁中含不可取消条款,合同稳定,且期满后可以续租或留购等。

3. 在经营租赁的情况下,与资产所有权相关的风险和报酬仍由出租方承担,资产的价值不记入承租方的资产负债表,而在出租方列示。

在融资租赁的情况下,与资产所有权相关的风险和报酬实质上转到了承租方,应在承租方的资产负债表中反映。

第十章　短期融资

本章精要

短期融资是指融通使用时间在一年以内或者超过一年的一个营业周期以内的资金。公司通常以短期资金融通暂时增加流动资产的需要。短期融资主要通过银行信用和商业信用来进行,其融资方式是多种多样的,短期融资是公司营运资金管理的一个基本部分,它对公司的营运能力和流动性起着重要作用。本章主要讨论短期融资的概念、特征、操作程序和相关原理。

一、短期融资概述

1. 短期融资政策有适中、激进和保守三种方式。
2. 短期融资按其形成的途径不同,大致可分为自然性融通和非自然性融通两大类。

二、商业信用

1. 商业信用的类型主要包括应付账款、应付票据和预收账款。
2. 商业信用是否发生主要基于卖方提供的销售条件。
3. 一般而言,在不同的条件下,商业信用融通的成本不同,则公司的选择也不同。

三、商业票据

1. 利用商业票据融通资金,对公司而言,可以节约利息费用。

2. 利用商业票据时,其融资成本首先是利息成本,除此以外,还有三种主要的非利息成本,即信贷备用额度、经纪人的手续费及等级评定服务手续费。

四、短期借款

1. 按照国际惯例,在发放短期借款时,往往带有一定的约束和限制条件,主要包括信用额度、周转信贷协议和补偿性余额等。

2. 短期借款的成本是指取得短期借款所支付的利息,利息的大小取决于利率的高低及利息的支付方式。

3. 抵押性短期借款通常是以应收账款或存货来进行担保的。

【本章自测题】

一、名词解释

1. 短期融资政策 2. 商业信用 3. 商业承兑汇票 4. 信用额度
5. 周转信贷协议 6. 应收账款代理 7. 补偿性余额 8. 短期融资券

二、单项选择题

1. 下列各项资金中,可以利用商业信用方式筹措的是(　　)。
A. 国家财政资金 B. 银行信贷资金
C. 其他企业资金 D. 企业自留资金
2. 相对发行股票而言,发行公司债券筹资的优点为(　　)。
A. 筹资风险小 B. 限制条款少
C. 筹资额度大 D. 资金成本低
3. 公司赊销政策的内容不包括(　　)。
A. 确定信用期间 B. 确定信用条件
C. 确定现金折扣政策 D. 确定收账方法
4. 不属于商业信用筹资优点的是(　　)。
A. 筹资风险小 B. 筹资成本低
C. 限制条件少 D. 筹资方便
5. 与股票筹资方式相比,银行短期借款筹资的缺点是(　　)。
A. 筹资速度快 B. 借款弹性大
C. 使用限制多 D. 筹资费用低
6. 关于商业票据,下列说法中错误的是(　　)。
A. 属于货币市场工具
B. 无担保
C. 商业票据市场包括经纪人交易市场和直接销售市场
D. 小公司更倾向于利用商业票据融资
7. 某周转信贷协议的额度为200万元,公司今年借款额为120万元,承诺费率为0.3%,则公司支付的承诺费为(　　)万元。
A. 0.24 B. 0.36 C. 0.6 D. 1.2
8. 某公司向银行借款10万元,年利率8%,银行要求维持贷款限额为15%的补偿性余额,则企业借款的实际利率是(　　)。
A. 8% B. 9.4% C. 15% D. 8.5%
9. 某公司赊销货物的信用条件是:20日内付款,给予2%的现金折扣,30日内全部付清。这一信用条件可以简记为(　　)。
A. “n/30,2/20” B. “2/20,n/30”
C. “20/2,n/30” D. “20/2,30/n”
10. 厂家提供(1/10,n/30)的信用条件,则其放弃现金折扣的成本为(　　)。

A. 35.6% B. 18.2% C. 36.4% D. 12.1%

11. 下列支付短期借款利息的各种方法中,名义利率与实际利率相同的是( )。

A. 贴现法 B. 一次付清法 C. 加息法 D. 余额补偿法

12. 某公司须借入资金60万元,由于银行要求将贷款数额的20%作为补偿性余额,故公司需向银行申请的贷款数额为( )万元。

A. 60 B. 67.2 C. 72 D. 75

13. 下列各项目中,不属于“自然性筹资”的是( )。

A. 应付工资 B. 应付账款 C. 短期借款 D. 应交税费

14. 下列筹资方式中,常用来筹措短期资金的是( )。

A. 商业信用 B. 发行股票 C. 发行债券 D. 融资租赁

15. 商业信用筹资最大的优越性是( )。

A. 不负担成本 B. 期限较短

C. 容易取得 D. 是一种短期筹资方式

16. 短期银行借款的主要目的是( )。

A. 购买设备 B. 提供启动资本

C. 满足公司季节性资金需要 D. 购买有价证券

17. 下列选项中,不属于商业票据特征的是( )。

A. 一般折价发行 B. 到期日从几天到几个月不等

C. 可以直接进入市场 D. 利息率高于基本利率

18. 有两笔在本金、期限、名义利率等方面均相同的短期贷款,一笔是一次性还本付息贷款,一笔是贴现贷款。这两笔贷款中,实际利率较高的是( )。

A. 一次性还本付息贷款 B. 贴现贷款

C. 实际利率相等 D. 无法确定

三、多项选择题

1. 放弃现金折扣的机会成本的大小与( )。

A. 折扣百分比的大小呈同向变化

B. 信用期的长短呈同向变化

C. 折扣百分比的大小、信用期的长短呈同向变化

D. 折扣期的长短呈同向变化

2. 短期融资和长期负债相比的特点有( )。

A. 融通及时、速度快 B. 融通具有弹性

C. 融资成本高 D. 风险大

3. 与债券筹资方式相比,银行借款筹资的优点包括( )。

A. 筹资速度快 B. 借款弹性大

C. 使用限制少 D. 筹资费用低

4. 按卖方提供的信用条件,买方利用商业信用筹资需付出机会成本的情况有( )。

A. 卖方提供现金折扣 B. 买方享受现金折扣

C. 买方放弃现金折扣,在信用期内付款 D. 卖方提供现金折扣,而买方逾期支付

5. 关于应收账款抵押的说法,正确的有( )。

A. 包括应收账款抵押和应收账款代理两种方式
B. 银行拥有应收账款的债权,但不拥有对借款人的追索权
C. 银行应事先对应收账款进行审查
D. 银行一般按应收账款面值的30%~75%提供信贷限额
6. 关于短期融资券的说法,正确的有(　　)。
A. 期限短、利率低
B. 利率随期限长短和发行公司信用不同有较大差异
C. 需要通过承销商发行
D. 没有确定的二级市场
7. 下列各项中,使放弃现金折扣成本提高的有(　　)。
A. 信用期和折扣期不变,折扣百分比提高
B. 折扣期限和折扣百分比不变,信用期延长
C. 折扣百分比不变,信用期和折扣期延长
D. 折扣百分比和信用期不变,折扣期延长
8. 短期银行借款成本低于普通股成本,原因是短期银行借款(　　)。
A. 利息税前支付　　B. 筹资费用较小
C. 属于借入资金　　D. 借款数额较小
9. 以下选项中,为商业票据潜在购买者的有(　　)。
A. 银行　　B. 保险公司
C. 货币市场基金　　D. 社会公众
10. 关于存货的抵押融通,下列说法中正确的有(　　)。
A. 存货适宜充当抵押品是因为流动性
B. 无论用何种方法抵押,公司都保留存货的所有权
C. 存货的品质也影响借款的数额
D. 公司因为有所有权,可以自主出售存货

四、判断题

1. 对借款公司来说,预测市场利率上升,应与银行签订浮动利率合同。(　　)
2. 利用商业信用筹资与能否享受现金折扣无关。(　　)
3. 在市场利率大于票面利率的情况下,债券的发行价格大于其面值。(　　)
4. 一旦银行与公司签订周转信贷协议,则在协定的信用期内。只要公司的借款总额不超过最高限额,银行必须满足公司任何时候、任何用途的借款。(　　)
5. 补偿性余额的约束有助于降低银行贷款风险,但也减少了企业实际可动用借款额,提高了借款的实际利率。(　　)
6. 在各种筹资方式中,商业信用的筹资风险最低。(　　)
7. 与长期负债融资相比,短期负债筹资的期限短、成本低,其偿债风险也相对较小。(　　)
8. 短期融资券的利率大于国库券利率,小于银行贷款利率。(　　)
9. 某公司按年利率10%向银行借款,银行要求维持借款额的15%作为补偿性余额,则该项借款的实际利率为12.5%。(　　)

10. 某公司按(2/10,n/30)的条件购入货物 100 万元,倘若放弃现金折扣,在 10 天后付款,则相当于以 36.7%的利息借入 100 万元,使用期限为 20 天。 ( )

11. 作为抵押贷款担保的可以是股票、债权等有价证券。 ( )

12. 金融市场利率越高,补偿性余额的机会成本就越高。 ( )

13. 如果折扣期内将应付账款用于短期投资,所得的投资收益率低于放弃的折扣的利息成本,则应放弃折扣。 ( )

14. 短期负债资金成本低,风险大。 ( )

15. 应计费用是公司的一项无成本的资金来源。 ( )

16. 公司应当适当利用商业信用融通资金。 ( )

17. 短期融资券的发行能够提高公司信誉。 ( )

18. 发行短期融资券的条件比较严格。 ( )

五、计算题

1. 某公司面临着两种信用条件可以选择:一是(2/10,n/30),二是(3/10,n/60),银行贷款利率为 25%。

要求:在货款享受折扣的情况下,公司应该如何决策?

2. 某公司取得银行为期 1 年的周转信贷协定,金额为 100 万元,年度内使用了 60 万元(使用期平均 8 个月),假设利率为每年 12%,年承诺费率为 0.5%。

要求:请计算年终企业应支付的利息和承诺费。

3. 某公司向银行借入短期借款 10 000 元,支付银行贷款利息的方式同银行协商后的结果是:方案一,采用收款法付息,利息率为 14%;方案二,采用贴现法付息,利息率为 12%;方案三,利息率为 10%,银行要求的补偿性余额比例为 20%。

要求:如果你是该公司的财务经理,你选择哪种方式?

4. 某公司拟采购一批零件,价值 5 400 元,供应商规定的付款条件如下:立即付款,付 5 238 元;第 20 天付款,付 5 292 元;第 40 天付款,付 5 346 元;第 60 天付款,付全额。每年按 360 天计算。

要求:假设银行短期贷款利率为 15%,计算放弃现金折扣的成本(比率),并确定对该公司最有利的付款日期和价格。

5. 某公司为了提高销售水平,需要增加短期资金 1 000 万元,为此,可向银行贷到一笔利率为 10%的贴现利率贷款,同时也可以按"1/10,n/30"的信用条件购货;但是由于供应商生产能力过剩,如果在购货后第 50 天付款,也不会受到惩罚。

要求:在仅考虑利率成本的情况下,应该采用哪种方式筹措资金?

6. 某公司与开户行签有信用额度贷款协定,年利率为 10%,借款额为 400 000 元,其中,15%保留在银行作为补偿性余额,公司目前还有 20 000 元存款在银行。

要求:计算年筹资成本率。

7. 某公司计划发行银行商业票据以满足季节性资金需要,某经纪人愿意以 9.2%的年利率、90 天的期限,承销 10 000 000 元的商业票据(利息费用预扣),手续费为 10 000 元。

要求:计算年筹资成本率。

8. 某公司与银行签有周转信贷协定,可以按 10%的年利率获得最多 300 000 元的贷款,对未使用的额度收取 0.3%的承诺费,同时要求公司保持 10%的补偿性余额。公司目前尚有银行存款 8 000 元，年内平均借款余额 180 000 元。

要求：试计算年筹资成本率。

9. 某公司通过抵押应收账款获得短期资金，抵押额为 2 500 000 元，开户行以 10%的年利率提供 70%的资金，年服务费为抵押额的 0.75%。

要求：若公司平均收账期为 40 天，则年筹资成本率为多少？

10. 某公司由于季节性需要，在 7 月份要筹集 350 000 元，目前有 3 个方案可供选择：(1)与银行签订 1 年的信用额度贷款，年利率为 12%，未使用部分收取 0.5%的承诺费。这笔款项仅在 7 月份发挥作用，7 月份有 30 天，一年 360 天。(2)由于供应商的信用条件"3/10，*n*/40"，故可以放弃 7 月份 350 000 元的购货额折扣。(3)发行 350 000 元的商业票据，期限 30 天，年利率 10%，年筹资费用为发行额的 0.5%。

要求：计算筹资成本并做出决策。

六、问答题

1. 与长期负债相比，短期融资的优缺点是什么？
2. 短期银行借款融资的优缺点是什么？
3. 信用额度与周转信贷协议有何区别？
4. 什么是应收账款抵押融资？
5. 短期融资券有哪些优缺点？

【本章自测题参考答案】

一、名词解释

1. 短期融资政策：研究流动资产与流动负债之间匹配关系的政策。

2. 商业信用：在商品交易过程中由于延付或预付而形成的借贷关系，是公司之间的直接信用。

3. 商业承兑汇票：是应付票据的一种，由卖方签发，又称汇票，该汇票由卖方承兑。

4. 信用额度：是公司与银行之间议定的无担保借款的最高限额，往往为一种非正式的协议。

5. 周转信贷协议：银行具有法律义务地承诺提供不超过某一最高限额的信贷协议。

6. 应收账款代理：又称应收账款的让售，是指持有应收账款的公司可以将其应收账款出售给一个无追索权的代理人，代理人在购进应收账款后，不仅要贷放款项，而且还必须承担遇有坏账的信贷风险。

7. 补偿性余额：银行要求借款公司在银行中保持的最低存款余额。

8. 短期融资券：也称商业票据，是指在货币市场上出售并可以转让的无担保短期票据。

二、单项选择题

1. C	2. D	3. D	4. C	5. C	6. D	7. D	8. B
9. B	10. B	11. B	12. D	13. C	14. A	15. C	16. C
17. D	18. B						

三、多项选择题

1. AD　2. ABD　3. ABCD　4. CD　5. ACD
6. ABCD　7. ABD　8. ABC　9. ABC　10. ABC

四、判断题

1. ×　2. √　3. ×　4. ×　5. √　6. ×　7. ×　8. √
9. ×　10. √　11. √　12. √　13. ×　14. √　15. √　16. √
17. √　18. √

五、计算题

1. 计算放弃现金折扣的成本。
   决策一：2%/(1－2%)×360/(30－10)×100%＝36.7%
   决策二：3%/(1－3%)×360/(60－10)×100%＝22.3%
   与25%相比，应当采用信用决策一。
2. 利息＝60×12%×8/12＝4.8(万元)
   承诺费＝(100－60)×0.5%＝0.2(万元)
   共5万元。
3. 计算实际利率：
   方案一：仍为14%
   方案二：10 000×12%/10 000×(1－12%)＝13.6%
   方案三：10 000×10%/10 000×(1－20%)＝12.5%
   故应该选择第三种方式借款。
4. 计算折扣率：
   立即付款：(5 400－5 238)/5 400＝3%
   第20天付款：(5 400－5 292)/5 400＝2%
   第40天付款：(5 400－5 346)/5 400＝1%
   计算放弃现金折扣的成本：
   立即付款：3%/(1－3%)×360/60×100%＝18.56%
   第20天付款：2%/(1－2%)×360/(60－20)×100%＝18.37%
   第40天付款：1%/(1－1%)×360/(60－40)×100%＝18.18%
   放弃现金折扣的成本等于享受现金折扣的收益，所以应选择立即付款。
5. 贴现贷款的成本：1 000×10%/1 000×(1－10%)＝11.11%
   肯定不会选择在第30天付款，如果选择第50天付款，放弃现金折扣的成本为：
   1%/(1－1%)×360/(50－10)×100%＝9.09%
   应该选择在第50天付款。
6. 实际使用贷款额＝400 000－(400 000×15%－20 000)＝360 000(元)
   实际年利率＝400 000×10%/360 000＝11.1%
7. 年发行成本＝10 000 000×9.2%×90/360＋10 000＝240 000(元)
   可使用的筹资额＝10 000 000－240 000＝9 760 000(元)

实际年成本率＝240 000/9 760 000×360/90＝9.84％

8. 补偿性余额部分＝180 000×10％－8 000＝10 000(元)

年承诺费＝(300 000－180 000)×0.3％＝360(元)

年利息＝180 000×10％＝18 000(元)

年筹资成本率＝(18 000＋360)/(180 000－10 000)＝10.8％

9. 服务费＝2 500 000×0.75％＝18 750(元)

利息＝2 500 000×70％×10％×40/360＝27 777.78(元)

年筹资成本率＝(18 750＋27 777.78)×360/2 500 000×70％×40＝23.93％

10. (1)承诺费＝350 000×0.5％×11/12＝1 604(元)

利息＝350 000×12％＝42 000(元)

年筹资成本率＝(1 604＋42 000)/350 000＝12.5％

(2)放弃现金折扣成本率＝3％/(1－3％)×360/(40－10)×100％＝37.1％

即等于年筹资成本率。

(3)利息＝350 000×10％×1/12＝2 916.7(元)

发行费＝350 000×0.5％＝1 750(元)

年成本利率＝(2 916.7＋1 750)×360/350 000×30＝16％

故应选择方案(1)。

六、问答题

1. 优点:融通及时;具有弹性,筹资使用灵活;融资成本低。

缺点:融资风险大。

2. 优点:融资成本低;融资灵活方便,具有弹性。

缺点:约束和限制条件的存在,银行对资金使用的干涉。

3. 信用额度:即公司在银行的无担保贷款最高限额,是非正式协议,银行并不承担提供最高限额的义务。

周转信贷协议:银行承诺提供不超过某一最高限额的信贷协议,属于银行的法律义务。为此,公司对未使用部分要付出一笔承诺费。

4. 应收账款抵押融资包括应收账款抵押和代理两种方式。抵押是以应收账款为担保申请贷款,银行拥有应收账款债权和向借款人的追索权,按应收账款面值的30％～75％提供贷款。

应收账款代理是指公司将应收账款出售给一个无追索权的代理人,代理公司应收账款收回并发放贷款,为此公司需要支付一笔代理费。

5. 优点:筹资成本低,筹资数额较大,能够提高公司的信誉。

缺点:公司的可用资金只限于往来公司某一特定期间的多余资金,发行短期融资券的弹性小,条件比较严格,不能展期。

第十一章 资本成本、杠杆价值与资本结构

本章精要

本章是关于筹资决策的，涉及资本成本、杠杆价值与资本结构等内容，资本结构属于筹资决策的核心内容。资本成本是指筹集资本的价格，从筹资角度看，它是指公司为获取和使用资本所付出的代价；从投资者的角度来说，它是投资者提供资本时要求补偿的资本报酬率。从资本成本的角度看，一定程度的负债有利于降低资本成本。从杠杆原理的角度，负债在带来杠杆收益的同时也加剧了财务风险，因此公司必须权衡财务风险与资本成本的关系，以确定最优资本结构。围绕资本结构问题的研究，学者们提出了许多资本结构理论，本章对这些理论逐一加以介绍，并研究确定最优资本结构的定量分析方法。

一、资本成本

1. 资本成本是公司财务管理中的主要概念。对公司筹资来讲，资本成本是选择筹资方式的重要依据，公司要选择资本成本最低的筹资方式；对公司投资来讲，资本成本是评价投资项目是否可行的一个重要尺度，投资项目只有在其投资收益率高于资本成本率时才是可接受的，否则无利可图。

2. 资本成本常用相对数资本成本率表示。

3. 每一种资本来源的筹集都有其特定的成本，因此，公司的资本成本也分为债务成本和权益成本。

4. 边际资本成本就是讨论资本成本随筹资规模变化而变化。

5. 影响资本成本的因素主要是：货币时间价值、风险溢价、购买力风险和市场利率水平。

二、资本结构

1. 用于衡量公司资本结构是否最合理的标准主要有：(1)综合的资本成本最低，公司为筹资所花费的代价最少。(2)筹集到手能供公司使用的资本最充分，能够确保公司长、短期经营和发展的需要。(3)股票市价上升，股东财富最大，公司总体价值最大。(4)公司财务风险最小。

2. 资本结构的决策往往要考虑如何在风险与报酬之间进行权衡。因为，一方面使用过多的负债筹资会增加公司的风险，从而会使公司的股价下跌，影响公司总体价值。但是，另一方

面，使用较多的负债筹资体现公司权益资本的杠杆效应，能够大大提高公司的预期报酬率，还可能会使公司的股价上升，从而提高公司的总体价值。因此，从理论上讲，最合理的资本结构只有在公司风险和报酬得以平衡的基础上才能求得，这个资本结构当然要使公司股价最高，同时使整个公司的资本成本最小。

三、杠杆价值理论

1. 公司的营业风险和经营杠杆影响公司的资本结构决策。公司的营业风险越大，经营杠杆越大，最优资本结构中的负债比率应该越低。

2. 实务中，企业可以自由组合运用经营杠杆和财务杠杆。

3. 公司若需要维持适度的总杠杆系数，如果较多地运用了财务杠杆，那么，就可用较低的经营杠杆系数来抵消高财务杠杆系数的影响；反之，如果公司较多地运用了经营杠杆，就可通过减少使用财务杠杆来加以平衡。

四、资本结构与财务风险

1. 一般来讲，一个不使用财务杠杆和无债务的公司，其价值是较小的，但它会随着公司开始使用财务杠杆而增大，而当其负债比例达到某一点时，其公司价值会达到最大。如果公司再增加负债比例，则公司价值会随着财务风险的不断增大而开始下滑。

2. 公司财务风险包含了股东未来收益的可变性和公司丧失偿债能力的可能性，而这一切都与公司财务杠杆的利用程度有关，也与公司营业风险即预期营业收益的离差直接有关。

3. 在其他情况相同的条件下，预计 $EBIT$ 水平越高，公司负担的财务风险就越小，就越有理由运用负债筹资方式。

4. 财务人员应当充分估计 $EBIT$ 低于筹资无差别点的可能性。

5. 如果 $EBIT$ 低于筹资无差别点可能性微乎其微，那就有充分理由来用负债筹资；如果估计 $EBIT$ 的波动会极大，可能会略高于无差别点，甚至于在经营不稳定时，$EBIT$ 低于无差别点的可能性也极大，那么，财务经理应作出负债筹资方式风险太大的结论。

五、资本结构理论

1. 资本结构理论阐述了公司负债、公司价值和资本成本之间的关系。

2. 净收益说、净经营收益说和传统说三种理论为早期的资本结构理论。

3. 现代公司资本结构理论主要是 MM 理论和权衡模型。

【本章自测题】

一、名词解释

1. MM 理论　2. 加权平均资本成本　3. 边际资本成本　4. 哈莫达公式
5. 每股盈余无差别点　6. 财务杠杆　7. 经营杠杆　8. 总杠杆　9. 财务风险
10. 净收益说　11. 净经营收益说　12. 传统说

二、单项选择题

1. 通过公司资本结构的调整，可以(　　)。

A. 降低经营风险　　B. 影响财务风险

C. 影响经营风险　　D. 降低财务风险

2. 某公司发行总面值为 1 000 万元、票面利率为 12%、期限为 5 年、发行费率为 3%的债券，公司适用所得税税率为 25%，该债券的发行价为 1 200 万元，则债券的资本成本为(　　)。

A. 6.91%　　B. 7.73%　　C. 8.29%　　D. 9.97%

3. 在计算个别资本成本时，不必考虑筹资费用因素的是(　　)。

A. 长期借款成本　　B. 债券成本

C. 保留盈余成本　　D. 普通股成本

4. 财务杠杆收益是指(　　)。

A. 利用债务筹资给股东带来的额外收益　　B. 利用税盾引致的公司所得税降低

C. 利用现金折扣所获得的收益　　D. 降低资产负债率所节约的利息费用

5. 已知经营杠杆系数为 2，固定成本为 5 万元，利息费用为 2 万元，则已获利息倍数为(　　)。

A. 2.5　　B. 2　　C. 1.5　　D. 1

6. 下列各项中，不影响经营杠杆系数的是(　　)。

A. 产品销售数量　　B. 产品销售价格

C. 固定成本　　D. 利息费用

7. 当边际贡献超过固定成本后，下列措施中，有利于降低复合杠杆系数，从而降低公司复合风险的是(　　)。

A. 降低产品销售价格　　B. 提高资产负债率

C. 节约固定成本支出　　D. 减少产品销售量

8. 某公司借入资本和权益资本的比例为 1∶1，则该公司(　　)。

A. 只有经营风险

B. 只有财务风险

C. 既有经营风险，又有财务风险

D. 没有风险，因为经营风险和财务风险可以相互抵消

9. 根据风险收益对等原则，一般情况下，各筹资方式的资本成本由小到大依次为(　　)。

A. 银行借款、公司债券、普通股　　B. 普通股、银行借款、公司债券

C. 公司债券、银行借款、普通股　　D. 普通股、公司债券、银行借款

10. 根据企业融资成本的大小，一般情况下，公司采用各筹资方式的先后顺序依次为(　　)。

A. 银行借款、公司债券、普通股　　B. 普通股、银行借款、公司债券

C. 公司债券、银行借款、普通股　　D. 普通股、公司债券、银行借款

11. 在(　　)时，资本成本较低。

A. 证券市场流动性不好　　B. 货币需大于供，且公司融资规模大

C. 通货膨胀水平预期上升　　D. 经营风险和财务风险较小

12.(　　)是公司进行资本结构决策的基本依据。

A. 个别资本成本　　B. 边际资本成本

C. 综合资本成本　　D. 筹资费用

13. 某公司 *EBIT* 为 3 000 万元，本期实现利息费用为 1 000 万元，则该公司财务杠杆系数为(　　)。

A. 3　　B. 2　　C. 0.33　　D. 1.5

14. 任何证券要求的报酬率均由(　　)组成。

A. 风险补偿加上预期通货膨胀率　　B. 无风险报酬率加上风险补偿

C. 预期通货膨胀率加上市场风险补偿　　D. 无风险收益率加上通货膨胀率

15. 既具有抵税效应，又能带来杠杆利益的筹资方式是(　　)。

A. 发行债券　　B. 发行优先股

C. 发行普通股　　D. 使用内部留存利润

16. 若某一公司处于盈余临界点状态，则错误的说法是(　　)。

A. 此时销售额正处于销售收入线与总成本线的交点

B. 此时的经营杠杆系数无穷小

C. 此时的营业销售利润等于零

D. 此时的边际贡献等于固定成本

17. 下列各项资本结构理论中，认为筹资决策无关紧要的是(　　)。

A. 净收益理论　　B. 营业收益理论

C. 传统理论　　D. 权衡理论

18. 某公司希望在筹资计划中确定期望的加权资本成本，为此需要计算个别资本成本占全部资本的比重。此时，最适宜采用的计算基础是(　　)。

A. 目前的账面价值　　B. 目前的市场价值

C. 预计的账面价值　　D. 目标市场价值

19. 下列关于资本结构的说法中，错误的是(　　)。

A. 迄今为止，仍难以准确地揭示出资本结构与公司价值之间的关系

B. 能够使公司每股收益最高的资本结构，不一定是预期公司价值最大的资本结构

C. 在进行融资决策时，不可避免地要依赖人的经验和主观判断

D. 按照营业收益理论，负债越多，则公司价值越大

20. 某公司的经营杠杆系数为 1.8，财务杠杆系数为 1.5，则该公司销售额每增长一倍，就会造成每股收益增加(　　)倍。

A. 1.2　　B. 1.5　　C. 0.3　　D. 2.7

21. 某公司年营业收入为 500 万元，变动成本率为 40%，经营杠杆系数为 1.5，财务杠杆系数为 2，如果固定成本增加 50 万元，那么总杠杆系数将变为(　　)。

A. 2.4　　B. 3　　C. 6　　D. 8

22. 公司增发的普通股的市价为 12 元/股，本年发放股利每股 0.6 元，已知同类股票的预计收益率为 11%，则维持股价需要的股利年增长率为(　　)。

A. 5%　　B. 5.71%　　C. 5.39%　　D. 10.34%

三、多项选择题

1. 降低经营风险的途径一般有(　　)。

A. 增加销售量　　B. 增加自有资本

C. 降低变动成本　　D. 提高产品售价

2. 关于保留盈余的资本成本，以下说法中正确的有（　　）。
A. 它不存在成本问题
B. 其成本是一种机会成本
C. 它的计算不考虑筹资费用
D. 它相当于股东投资于某种股票所要求的必要收益率
3. 下列说法中，正确的有（　　）。
A. 在固定成本不变的情况下，经营杠杆系数说明销售额增长（减少）所引起的利润增长（减少）的程度
B. 当销售额达到盈亏临界点时，经营杠杆系数趋近于无穷大
C. 财务杠杆系数表明债务对投资者收益的影响
D. 财务杠杆系数表明息税前盈余增长所引起的每股盈余的增长幅度
4. 关于财务杠杆系数的表述，正确的有（　　）。
A. 财务杠杆系数是由公司资本结构决定的，在其他条件不变时，债务资本比率越高，财务杠杆系数越大
B. 财务杠杆系数反映财务风险，即财务杠杆系数越大，财务风险就越大
C. 财务杠杆系数可以反映息税前盈余随着每股盈余的变动而变动的幅度
D. 财务杠杆系数可以反映息税前盈余随着销售的变动而变动的幅度
5. 关于复合杠杆系数，下列说法中正确的有（　　）。
A. 等于经营杠杆系数和财务杠杆系数的乘积
B. 该系数等于普通股每股利润变动率与息税前利润变动率之间的比率
C. 等于经营杠杆系数和财务杠杆系数之和
D. 反映每股利润随业务量变动的程度
6. 利用每股盈余无差别点进行资本结构分析时，（　　）。
A. 若预计销售额高于每股盈余无差别点，则采用权益筹资方式比负债方式有利
B. 若预计销售额高于每股盈余无差别点，则采用负债方式比权益筹资方式有利
C. 若预计销售额低于每股盈余无差别点，则采用负债方式比权益筹资方式有利
D. 若预计销售额低于每股盈余无差别点，则采用权益筹资方式比负债方式有利
E. 若预计销售额等于每股盈余无差别点，则两种方式的报酬率相同
7. 公司资本结构最佳时，（　　）。
A. 公司价值最大　　B. 加权平均资本成本最低
C. 资本规模最大　　D. 筹资风险小
8. 下列对“净收益理论”的认识，正确的有（　　）。
A. 负债程度越高，公司价值越大
B. 资本结构与公司价值无关，决定公司价值的应是其营业收益
C. 负债越多，公司加权平均资本成本越低
D. 不论财务杠杆如何变化，公司加权平均资本成本都是固定的
9. 根据财务杠杆原理，使公司净利润增加的基本途径有（　　）。
A. 在公司资本结构一定的条件下，增加息税前利润
B. 在公司固定成本总额一定的条件下，增加公司的销售收入
C. 在公司息税前利润不变的条件下，调整公司的资本结构

D. 在公司销售收入不变的条件下，调整公司的固定成本总额

四、判断题

1. 由于经营杠杆的作用，当息税前盈余下降时，普通股每股盈余会下降得更快。（ ）
2. 若固定成本为零，在其他因素不变时，销售增长比与息税前利润增长比相等。（ ）
3. 通过每股收益无差别点分析，我们可以准确地确定一个公司业务已存在的财务杠杆、每股收益、资本成本与公司价值之间的关系。（ ）
4. 当公司经营处于衰退时期时，应降低其经营杠杆系数。（ ）
5. 当销售额达到盈亏临界点销售额时，经营杠杆系数趋于无穷大。（ ）
6. 在各种资本来源中，凡是须支付固定资本成本的资金都能产生财务杠杆作用。（ ）
7. 在筹资额和利息（股息）率相同时，公司借款筹资产生的财务杠杆作用不同，其原因是借款利息和优先股息并不相等。（ ）
8. 当公司息税前资金利润率高于借入资金利率时，增加借入资金可以提高自有资金利润率。（ ）
9. 在平价发行债券、无筹资费的情况下，债券的税后资本成本等于其票面利率×(1－所得税税率)。（ ）
10. 如果考虑货币时间价值，长期借款的税后筹资成本是使借款的现金流入现值等于现金流出现值的贴现率。（ ）
11. 每股收益无差别点只考虑资本结构对每股收益的影响，而没有考虑资本结构对风险的影响。（ ）
12. 加权平均资本成本是由个别资本成本和个别资本成本占资本总额的权数两个因素决定的。（ ）
13. 超过筹资突破点筹集资金，只要维持现有的资本结构，其资本成本率就不会增加。（ ）
14. 经营杠杆可以用边际贡献除以税前利润来计算，它说明了销售额变动引起利润变化的幅度。（ ）
15. 资本成本指公司筹资付出的代价，一般用相对数表示，即资本占用费加上资本筹集费之和除以筹资金额的商。（ ）
16. 按照净收益理论，当负债为100%时，公司价值最大。（ ）
17. 最佳资本结构是使公司筹资能力最强、财务风险最小的资本结构。（ ）
18. 经营杠杆并不是经营风险的来源，而只是放大了经营风险。（ ）
19. 一般情况下，公司通过发放股票股利增加普通股股本，普通股股本增加前后资本成本不变。（ ）
20. 在其他条件不变的情况下，权益乘数越大，则财务杠杆系数越大。（ ）

五、计算题

1. 某公司固定成本为 $F=300\ 000$ 元，变动成本为销售额的70%。

要求：请分别计算销售额为30 000 000元、2 000 000元和1 000 000元的经营杠杆系数。

2. 某公司拟追加筹资2 500万元。其中，发行债券1 000万元，筹资费率为3%，债券年利率为5%，两年期，每年付息，到期还本，所得税税率为20%；优先股500万元，筹资费率为

3%，年股息率为 7%；普通股 1 000 万元，筹资费率为 4%，第一年预期股利为 100 万元，以后每年增长 4%。

要求：试计算该筹资方案的综合资金成本。

3. W 公司原有资金 700 万元，其中，债务资本 200 万元（每年负担利息 24 万元），普通股资本 500 万元（发行普通股 10 万股，每股面值 50 元），因为业务需要追加筹资 300 万元，有两种筹资方式：

A 方式，全部发行普通股，具体为增发 6 万股，每股面值 50 元。

B 方式，全部筹借长期债务，债务利率仍为 12%。利息 36 万元，所得税税率为 25%。

要求：对每股盈余无差别点进行确定，并确定如何筹资。

4. 某公司××××年销售产品 10 万件，单价 50 元，单位变动成本 30 元，固定成本总额 100 万元。公司负债 60 万元，年利息率为 12%，每年支付优先股股利 10 万元，所得税税率为 25%。

要求：

(1)计算××××年的边际贡献；

(2)计算××××年的息税前利润总额；

(3)计算××××+1 年的复合杠杆系数。

5. 某公司拥有资金 500 万元，其中，银行借款 200 万元，普通股 300 万元。该公司计划筹集新的资金，并维持目前的资金结构不变。随筹资额增加，各筹资方式的资金成本变化如下：

筹资方式	新筹资额	资金成本	筹资方式	新筹资额	资金成本
银行借款	30 万元以下	8%	普通股	60 万元以下	14%
	30 万～80 万元	9%		60 万元以上	16%
	80 万元	10%			

要求：

(1)计算各筹资总额的分界点。

(2)计算各筹资总额范围内资本的边际成本。

6. 某公司年销售 10 万元，变动成本率 70%，全部固定成本和费用 20 万元，总资产 50 万元，资产负债率 40%，负债平均成本 8%，所得税税率 40%。该公司拟改变经营计划，追加投资 40 万元，每年固定成本增加 5 万元，可使销售额增加 20%，并使变动成本率降至 60%。该公司以可以提高权益净利率同时降低总杠杆系数作为改进经营计划的标准。

要求：假设所需资本以追加权益资本取得，计算权益净利率、三大杠杆系数，并以权益净利率为依据判断是否应改变经营计划。

7. 某公司拥有长期资本 400 万元，其中长期借款 100 万元，普通股 300 万元。该资本结构为公司理想的目标结构。随公司筹资额增加，各种资本成本的变化如下表所示：

资金种类	新筹资额	资本成本
长期借款	40 万元以下	4%
	40 万元以上	8%
普通股	75 万元以下	10%
	75 万元以上	12%

要求：请计算各筹资突破点及相应各筹资范围的边际资本成本。

8. ABC公司正在着手编制明年的财务计划，公司财务主管请你协助计算加权平均资本成本。有关信息如下：

(1)公司银行借款利率当前是9%，第二年将下降为8.93%。

(2)公司债券面值为1元，票面利率为8%，期限为10年，分期付息，当前市价为0.85元；如果按公司债券当前市价发行新的债券，发行成本为市价的4%。

(3)公司普通股面值为1元，当前每股市价为5.5元；本年派发现金股利0.35元，预计每股收益增长率维持在7%，并保持25%的股利支付率。

(4)公司本年的资本结构为：

银行借款	150万元
长期债券	650万元
普通股	400万元
保留盈余	420万元

(5)假设公司所得税税率为40%。

(6)公司普通股的β值为1.1。

(7)当前国债的收益率为5.5%，市场上普通股平均收益率为13.5%。

要求：

(1)计算银行借款的税后资本成本；

(2)计算债券的税后成本；

(3)分别使用股票股利估价模型(评价法)和资本资产定价模型估计内部股权资本成本，并计算两种结果的平均值作为内部股权成本。

9. 某公司拟生产新型产品，此新产品采用纳米材料，返修率极低，公司相信其新型产品一定会受到市场青睐，因此准备组建一新公司生产此产品。新产品的生产需要1 000万元，为了迅速、有效地筹集到资金，公司聘请具有丰富管理经验的刘某担任财务主管。刘某上任后不久就说服了一家银行向公司提供资金，并提出两种融资方案。

方案一：5年期债务融资600万元，利率14%，每年付息；普通股股权融资400万元，每股发行价20元。

方案二：5年期债务融资200万元，利率11%，每年付息；普通股股权融资800万元，每股发行价20元。

两种方案的债务都要求采用偿债基金方式，每年提取10%的偿债基金，公司所得税税率为25%。同时，银行关注的问题之一是如果发生某些不利问题使新项目现金流目标不能实现，新项目第一年的经营能否维持。为此，刘某制定了新项目在最不利情形下的经营计划：刘某认为新项目运营期初将通过上述融资计划筹集1 000万元，其中950万元用于固定资产投资，其余50万元用来满足起初营运资本需要。在最不利的条件下，新项目可从新型产品的销售收入中获得400万元的现金收入，另外从零部件销售中还获得20万元现金收入，同期现金流出预计如下：原材料采购支出100万元，工薪支出150万元，纳税支出在两种方案中各不相同，预计萧条时的*EBIT*为100万元，其他现金支出为70万元(不含利息支出)。

要求：

(1)计算两种方式下新项目的每股盈余无差别点(用*EBIT*)表示；

(2)如果新公司的*EBIT*预计长期维持在400万元，若不考虑风险，则应采用哪种融资方式？

(3)在经济萧条年份的年末，两种融资方案下的现金余额预计各为多少？

(4)综合上述问题，你会向该公司推荐哪种融资方案？

六、问答题

1. 简述MM定理的基本内容。
2. 资本成本的作用有哪些？
3. 普通股资本成本计算方法有哪些？
4. 试解释经营杠杆系数和财务杠杆系数。
5. 什么是最佳资本结构？如何确定企业最佳资本结构？
6. 简述资本结构中债务资本的作用。
7. 什么是总杠杆？试说明总杠杆的财务意义。
8. 简述公司增资行为对财务结构的影响。

【本章自测题参考答案】

一、名词解释

1. MM理论：由美国著名财务学家Modigliani和Miller共同提出的理论，包括不考虑企业所得税的MM理论和考虑企业所得税的MM理论两种。不考虑企业所得税的MM理论认为，在完善的市场条件下，不考虑企业所得税，企业的资本结构不会影响企业的市场价值和平均资本成本。考虑企业所得税的MM理论认为，在完善的市场条件下，考虑企业所得税，由于负债利息可以抵税，因而负债融资对企业的市场价值和平均资本成本均有影响。

2. 加权平均资本成本：公司各类资本成本与该资本在公司全部资本中所占比重的乘积之和。

3. 边际资本成本：资本每增加一个单位而增加的成本。边际资本成本本身也是加权平均计算的。

4. 哈莫达公式：罗伯特·哈莫达将资本资产定价模型(CAPM)与考虑企业所得税的MM模型结合，推导出举债公司的股本收益率为：

$$K_{SL}=K_{RF}+\beta_u(K_M-K_{RF})+\beta_u(K_M-K_{RF})(1-T)(D/S)$$

式中，β_u 为公司无负债时的贝他系数。

5. 每股盈余无差别点：每股收益不受融资方式影响的销售或盈利水平。根据每股盈余无差别点，可以分析判断在什么样的销售或盈利水平下适于采用何种资本结构。

6. 财务杠杆：又称融资杠杆，是指公司对资本成本固定的筹资方式的利用程度。通常用财务杠杆系数衡量。

7. 经营杠杆：又称营业杠杆或营运杠杆，是指公司对固定成本的利用程度。通常用经营杠杆系数衡量。

8. 总杠杆：又称联合杠杆，或称合并杠杆、复合杠杆、综合杠杆，是指经营杠杆与财务杠杆的复合作用，通常用总杠杆系数来衡量。

9. 财务风险：广义的财务风险可以理解为财务活动中一切筹资、用资和收益分配等理财活动引起的各类风险。狭义的财务风险是指公司由于利用了财务杠杆而使公司可能丧失偿债能力，最终可能导致公司破产的风险。除此之外，财务风险还表现为股东收益发生较大变动的风险。

10. 净收益说：按股本净收益来确定公司的价值，并且认为利用负债筹资可以降低公司资本成本，故公司采用负债筹资总是有利的，因为它可以提高公司股本净收益。

11. 净经营收益说：不论公司财务杠杆作用如何变化，总资本的成本率都是固定的，因此公司总价值没有受影响。其基本假设是公司利用负债筹资，财务杠杆的作用扩大，便会增加公司权益资本的风险，普通股便要求更高的收益率，财务杠杆作用产生的收益将全部作为股利向股东发放，普通股资本成本上升，正好抵消了财务杠杆作用带来的好处。

12. 传统说：实际上是介于净收益说和净经营收益说之间的一种折中理论。该理论认为，当公司在一定的负债限度内利用财务杠杆作用时，负债资金和权益资金都不会有明显的风险增长，故其资本成本基本保持不变，而此时，公司的总价值却开始上升，并且可能在此限度内达到最高点。但是，公司负债筹资的财务杠杆作用一旦超出这个限度，由于风险明显增大，便使公司负债资本和权益资本的成本率开始上升，并使总资本成本率上升，公司总价值随之下降。

二、单项选择题

1. B	2. B	3. C	4. A	5. A	6. D	7. C	8. C
9. A	10. A	11. D	12. C	13. D	14. B	15. A	16. B
17. B	18. D	19. D	20. D	21. C	22. B		

三、多项选择题

1. AC	2. BCD	3. ABCD	4. AB	5. AD
6. BDE	7. AB	8. AC	9. AC	

四、判断题

1. ×	2. √	3. ×	4. √	5. √	6. √	7. ×	8. √
9. √	10. √	11. √	12. √	13. ×	14. ×	15. ×	16. √
17. ×	18. √	19. √	20. √				

五、计算题

1. 经营杠杆系数$=(S-VC)/(S-VC-F)$

当$S=3\ 000\ 000$时：

系数$=3\ 000\ 000\times(1-70\%)/[3\ 000\ 000\times(1-70\%)-300\ 000]=1.5$

当$S=2\ 000\ 000$时：

系数$=2\ 000\ 000\times(1-70\%)/[2\ 000\ 000\times(1-70\%)-300\ 000]=2$

当$S=1\ 000\ 000$时：

系数$=1\ 000\ 000\times(1-70\%)/[1\ 000\ 000\times(1-70\%)-300\ 000]=$无穷大

2. 该筹资方案中，各种资金来源的比重及其个别资金成本为：

设债权资本成本为K，则：

$1\ 000\times(1-3\%)=1\ 000\times5\%\times(1-20\%)\times(P/A,K,2)+1\ 000\times(P/S,K,2)$

设贴现率 K_1 为 5%，则：

$1\,000\times5\%\times(1-20\%)\times(P/A,5\%,2)+1\,000\times(P/F,5\%,2)=981.38>970$

设贴现率 K_2 为 6%，则：

$1\,000\times5\%\times(1-20\%)\times(P/A,6\%,2)+1\,000\times(P/F,6\%,2)=963.34<970$

利用插值法：

$(K-5\%)/(6\%-5\%)=(970-981.38)/(963.34-981.38)$

$K=5.63\%$

优先股资金成本＝7%/(1－3%)＝7.22%

普通股资金成本＝10%/(1－4%)＋4%＝14.42%

债券比重＝1 000/2 500＝0.4

普通股比重＝1 000/2 500＝0.4

优先股比重＝500/2 500＝0.2

该筹资方案的综合资金成本＝5.63%×0.4＋7.22%×0.2＋14.42%×0.4＝9.46%

3. $(EBIT-24)/16=(EBIT-60)/10$

所以，$EBIT=120$(万元)

此时，每股利润＝(120－60)×(1－25%)＝4.5(元)

根据计算，当息税前利润高于 120 万元时，应该采用负债筹资的方式，以获得较高的每股利润；当息税前利润低于 120 万元时，应采用权益筹资方式，以获得较高的每股利润。

4. (1)边际贡献＝(50－30)×10＝200(万元)

(2)息税前利润总额＝200－100＝100(万元)

(3)复合杠杆系数＝200/[100－60×12%－10/(1－25%)]＝2.52

5. (1)资本结构为：

借款资本结构＝200/500＝40%

普通股资本结构＝300/500＝60%

借款筹资总额分界点(1)＝30/40%＝75(万元)

借款筹资总额分界点(2)＝80/40%＝200(万元)

普通股总额分界点＝60/60%＝100(万元)

(2)

筹资总额范围(万元)	借款个别资本成本	普通股个别资本成本	边际资本成本
0～75	8%	14%	8%×40%＋14%×60%＝11.6%
75～100	9%	14%	9%×40%＋14%×60%＝12%
100～200	9%	16%	9%×40%＋16%×60%＝13.2%
200 以上	10%	16%	10%×40%＋16%×60%＝13.6%

6. 增资前：

权益净利率＝[(100×30%－20)×(1－40%)]/[50×(1－40%)]＝20%

经营杠杆系数＝(100×30%)/[100×30%－(20－50×40%×8%)]＝2.59

财务杠杆系数＝[100×30%－(20－50×40%×8%)]/[100×30%－(20－50×40%

×8%)−50×40%×8%]=1.16

总杠杆系数=2.59×1.16=3

追加权益资本后：

权益净利率={[100×1.2×(1−60%)]×[(1−40%)]}/[50×(1−40%)+40]

=19.71%

经营杠杆系数=[120×(1−60%)]/[120×(1−60%)−(20+5−50×40%×8%)]

=1.95

财务杠杆系数=[120×(1−60%)−(20+5)]/[120×(1−60%)−(20+5−50×40%

×8%)−50×40%×8%]

=1.07

总杠杆系数=1.95×1.07=2.09

因此，增资后权益净利率下降，故不应该改变经营计划。

7.(1)该公司资本结构为长期借款25%，普通股75%。

筹资突破点为：长期借款=40/25%=160(万元)

普通股=75/75%=100(万元)

(2)筹资总额范围(万元)	边际资本成本
0～100	25%×4%+75%×10%=8.5%
100～160	25%×4%+75%×12%=10%
160以上	25%×8%+75%×12%=11%

8.(1)银行借款成本=8.93%×(1−40%)=5.36%

(2)债券税后成本=[1×8%×(1−40%)]/[0.85×(1−4%)]=5.88%

(3)普通股成本和保留盈余成本

股利增长模型=[0.35×(1+7%)/5.5]+7%=13.8%

资本资产定价模型：

公司股票的β=1.1

公司预期的期望报酬率=5.5%+1.1×(13.5%−5.5%)=14.3%

内部股权平均成本=(13.8%+14.3%)/2=14.05%

9.(1)[($EBIT$−600×14%)×(1−25%)−600×10%]/20

=[($EBIT$−200×11%)×(1−25%)−200×10%]/40

$EBIT$=279.33(万元)

(2)方案一的每股收益=[(400−600×14%)×(1−25%)−600×10%]/20

=8.85(元/股)

方案二的每股收益=[(400−200×11%)×(1−25%)−200×10%]/40

=6.59(元/股)

所以，应该选择方案一。

(3)方案一：

期初余额	50万元
加：现金流入	400+20=420(万元)
减：现金支出	
原材料采购支出	100万元

工薪支出	150 万元
利息支出	600×14%=84(万元)
纳税支出	(100−84)×25%=4(万元)
其他支出	70 万元
期末余额	62 万元

方案二：

期初余额	50 万元
加：现金流入	400+20=420(万元)
减：现金支出	
原材料采购支出	100 万元
工薪支出	150 万元
利息支出	200×11%=22(万元)
纳税支出	(100−22)×25%=19.5(万元)
其他支出	70 万元
期末余额	108.5 万元

(4)综合上述计算，应该选择方案一，既可以获得较高的每股盈余，又能维持现金流量。

六、问答题

1. 由美国著名财务学家 Modigliani 和 Miller 共同提出的理论，包括不考虑企业所得税的 MM 理论和考虑所得税的 MM 理论。MM 理论严格基于以下假设：(1)完全资本市场。(2)公司的经营风险可用 EBIT 的方差衡量。(3)所有债务都无风险，债务利率为无风险利率。(4)投资者对未来收益和风险的预期是相同的。(5)投资者预期的 EBIT 固定不变。

不考虑企业所得税的情况下，MM 定理证明了以下命题。

命题一：公司价值与公司资本结构无关，即

$$V_L=EBIT/WACC=EBT/K_{SU}=V_U$$

式中，V_L 为有负债时公司的市场价值，V_U 为无负债时公司的市场价值，K_{SU} 为无负债时公司要求的收益率。

命题二：负债时公司的股本成本等于同一风险等级中全部为股本的公司的公司股本成本加上风险报酬。此风险报酬为债务对权益资本之比(D/S)与无负债时公司股本成本(K_{SU})以及债务成本(k_d)的乘积。

$$K_{SL}=K_{SU}+(K_{SU}-K_D)\times D/S$$

式中，K_{SL} 为负债时公司的股本成本，K_{SU} 为无负债时公司的股本成本，k_d 为债务成本，D 为债务的市场价值，S 为普通股市场价值。

在考虑企业所得税的情况下，债务利息在税前缴纳，普通股股息则在税后支付，这两者的差别导致负债和权益资本对公司价值有不同影响。

考虑企业所得税的 MM 模型的命题为：

负债公司的价值等于相同风险的无负债公司价值加上因负债减少而税负增加的价值。即

$$V_L=V_U+TD$$

公司由于负债而少付所得税称为税盾。按照考虑企业所得税的 MM 定理，公司资产全部由债务资本构成时，公司价值最大。

2. 资本成本对公司财务而言具有重要意义。它是一个非常重要的财务概念。首先从投资者角度看,资本成本是公司的投资者(包括股东和债权人)对接受投资企业的资本所要求的收益率,即投资机会成本和投资风险相适应的回报率,若接受投资企业的收益率低于投资者所期望的资金成本,则投资者不愿投资该企业。其次,从筹资者(被投资企业)角度看,投资资本成本表示公司为取得资金必须支付的代价,是其选择资金来源、确定筹资方案的重要依据,公司应力求采用成本最低的筹资方式。资本成本还可用作衡量公司经营业绩的标准,即经营利润率应高于资金成本,否则表明业绩欠佳。

资本成本影响公司的价值增值程度。财务管理力图选择最低的资本成本,实现公司价值最大化。

3. 由于权益(普通股)投资收益具有很强的不确定性,因此,权益成本也无法像债券成本那样计算出来。普通股资本成本可能的估计方法有:

(1)股利折现法:当股利保持常数时,$K_e=D_e/P_0$;当股利按常数增长率 g 增长时,$K_e=D_e/P_0+g$。

(2)资本资产定价模型法。利用 $R_i=R_f+\beta_i(R_m-R_f)$确定权益成本。

4. 经营杠杆是指企业在经营活动中对固定成本的利用程度,而经营杠杆系数是指销售量变化一定的百分比引起经营利润变化的百分比。经营杠杆系数的公式如下:

$$DOL=\frac{\Delta P/P}{\Delta Q/Q}=\frac{\dfrac{\Delta Q(P-V)}{S-VC-FC}}{\dfrac{\Delta Q}{Q}}=\frac{Q(P-V)}{S-VC-FC}=\frac{S-VC}{S-VC-FC}$$

影响企业经营杠杆系数的因素除了固定成本外,还有产品供求变动、产品售价变动、单位产品变动成本的变动,以及固定成本总额的变动。

财务杠杆是指企业在筹资活动中对资本成本固定的债务成本的利用程度,而财务杠杆系数是指息税前利润发生一定百分比的变化所引起的每股盈余变化的百分比。其公式为:

$$DFL=\frac{\dfrac{\Delta EPS}{EPS}}{\dfrac{\Delta EBIT}{EBIT}}=\frac{EBIT}{EBIT-I}=\frac{S-VC-FC}{S-VC-FC-I}$$

影响企业财务杠杆系数的因素除了债务资本的利息支出外,还有资本规模的变动、资本结构的变动,以及债务利率的变动和息税前利润的变动。

5. 所谓最佳资本结构,是指能够使财务杠杆利益、财务风险、资本成本、公司价值之间实现最优均衡的资本结构。

资本结构决策的实质就是寻找公司的最佳资本结构。目前主要的评价方法有加权平均资本成本法、EBIT-EPS 分析法等。

(1)加权平均资本成本法:该方法在做出筹资决策之前,先拟订若干筹资方案,然后根据各方案的加权平均资本成本高低来确定最佳资本结构。

(2)EBIT-EPS 分析法的计算程序是:首先计算出每股盈余,然后确定每股盈余无差别点的销售水平或息税前盈余。这应通过联立不同筹资方案的 EPS 之间的方程求得。其公式如下:

$$\frac{(S-VC-F-I_1)(1-T)}{N_1}=\frac{(S-VC-F-I_2)(1-T)}{N_2}$$

式中，N_1、N_2 分别为两种筹资方式下的普通股股数，I_1、I_2 分别为两种筹资方式下的利息费用。

当销售额高于每股盈余无差别点销售额时，运用负债筹资可以获得较高的每股盈余；当销售额低于每股盈余无差别点销售额时，运用权益融资可以获得较高的每股盈余。

6. 资本结构是指公司长久性筹资的各有关项目的比例关系，主要有普通股权益、优先股股本、长期借款和长期债券等筹资项目，但不包括短期筹资项目。

在公司资本结构决策中，合理利用债务筹资对公司具有以下重要意义：

(1)合理安排债务资本比例可以降低公司的综合资本成本。由于债务利息率通常低于权益资本要求的报酬率，而且债务利息在所得税前利润中扣除，公司可减少所得税，从而债务资本成本率明显低于权益资本成本率。因此，在一定限度内合理地提高债务资本的比例，可以降低公司的综合资本成本率。

(2)合理安排债务资本比例可以获得财务杠杆利益。由于债务利息通常是固定不变的，当息税前利润增大时，每一元利润所负担的固定利息会降低，从而使税后利润相应增加。因而，在一定限度内合理利用债务资本，可以发挥财务杠杆的正作用，给公司所有者带来财务杠杆利益。

(3)合理安排债务资本比例可以增加公司的价值。一般而言，一个公司的价值应该等于其债务资本的市场价值与权益资本的市场价值之和，资本结构对公司债务资本市场价值和权益资本市场价值具有重要影响。

7. 总杠杆又称联合杠杆或复合杠杆，是指经营杠杆与财务杠杆的复合作用。其效果为：销售的任何变动都放大为每股收益的更大相对变动。即营业杠杆通过扩大销售影响息税前盈余，财务杠杆通过扩大息税前盈余影响每股收益。

总杠杆系数是指每股盈余的变动率相对于销售量或销售额变动率的倍数。其计算公式为：

$$DTL = DOL \times DFL = \frac{\frac{\Delta EPS}{EPS}}{\frac{\Delta Q}{Q}} = \frac{Q(P-V)}{Q(P-V)-FC-I}$$

联合杠杆作为一项财务指标具有重要的财务意义。首先，它能够估计出销售额的变动对每股收益造成的影响；其次，它能够确定经营杠杆与财务杠杆之间的组合关系。

8. 公司的增资行为一般会改变公司负债和所有者权益在公司资本总额中的相对比重，因此公司的资产负债率和权益负债比率会相应地受到影响。公司增资的基本方式有配股、增发新股、发行债券和向外借款等。

(1)配股增资对财务结构的影响。公司通过配股融资后，公司的资产负债率和权益负债率将降低，债权人承担的风险将减少，股东所承担的风险将增加。

(2)增发新股对财务结构的影响。增发新股后，公司资产负债率和权益负债率都将降低，与配股影响一样。

(3)发行债券对财务结构的影响。债券发行后，公司负债总额将增加，资产负债率将提高，财务风险会加大。

(4)向外借款对财务结构的影响。向外借款形成公司的负债，公司的权益负债率将提高，财务风险会加大。

第十二章　金融资产投资

本章精要

公司为了合理利用一定数量的闲置资金或规避风险、取得收益，通常会进行金融资产投资。可供公司选择的投资方式有证券投资、基金投资以及金融衍生工具投资。各种投资方式有各自的特点。通过本章的学习，应对上述投资方式有全面而深入的了解，以选择合适公司的金融资产投资方式。

一、短期证券投资

1. 在一些特定情况下，短期证券可代替作为交易性现金、预防性现金或投机性现金，或三者兼而有之。

2. 短期证券是这部分闲置资金较为理想的投资方式，既不会影响将来的用处，又能为公司带来一笔收益。

二、公司债券投资

1. 投资者在进行债券投资时，要注意不同债券收益率的测算和比较，从而决定投资于哪种债券更为有利。一般来说，在同样信用等级和同样投资期限的情况下，收益率越高，越具有投资价值。但是，同时也需要考虑其他一些因素。

2. 投资者在购买债券前，应对其发行单位的信用情况进行调查、评价。信用等级的评定一般由专门的证券评估机构进行。债券的信用级别直接反映该发行单位的经济实力、支付能力、盈利能力和偿债能力以及在一贯经营活动中的履约守信程度，因此，它是一个最综合和客观的评价。

3. 信用级别高的单位发行的债券，其投资风险小；反之，则投资风险较大。当然，对评估机构的评估结论也不能盲信，要历史、客观地对待。当经营情况发生变化时，其信用程度也会发生变化，而且有些评估结论有一定的弹性，投资者应有比较地加以分析后，才能接受。

4. 购买日离到期日越远，其承受的利率风险也越大，即越有可能因为市场利率的变化导致债券价格下降；反之，则利率风险越低。另外，债券的可变现能力也是投资者应予注意的因素。有的债券有较发达的流通市场，持有者转让时能够及时脱手，当然，这样的债券投资风险会更小。

5. 风险与收益是影响债券投资决策的两个基本因素。债券投资的风险主要包括违约风险、利率风险、购买力风险、流动性风险和再投资风险。

三、公司股票投资

1. 在选择股票投资对象时，要对各种股票的未来现金流入和发行公司所处的宏观、微观环境以及财务质量等方面进行定量和定性的详细比较分析。只有这样，才能避免因投资对象选择不当而蒙受损失。

2. 相对债券投资而言，股票投资主要有以下几个特点：属于权益性投资、投资的风险较大、投资的收益较高、投资性和投机性并存。

3. 投资者在进行证券投资组合时，要根据自己的投资目的确定所能承受的风险水平，然后决定构成证券投资组合的证券品种和数量。在进行证券投资组合决策时，可以考虑将一些报酬高但风险也较大的证券加入组合中去，从而在风险承受范围内尽可能获取更高的收益。同时，要注意尽可能寻找投资报酬呈负相关的证券进行组合，如通过债券和股票、到期日不同的债券、新生工业与成熟工业及竞争性行业与垄断行业之间的组合，使风险控制在可承受范围内。

4. 证券投资组合是证券投资时化解投资风险的一种重要方式，也是很多机构投资者如投资基金、保险公司等进行投资的主要方式。但是，证券投资组合对风险的分散能力并非一成不变，投资者在确定了证券投资组合后，不要机械地保持，而要根据情况的变化进行合理的跟踪调整。

四、基金投资

1. 由于投资基金独特的特点，它已成为一种理想的投资工具。但是，投资基金也具有一定的局限性。基金是一种间接投资工具，投资者投资于基金就失去了直接参与证券投资和其他行业投资的机会。而且，投资基金广泛运用证券投资组合降低风险，但并不能完全消除风险。因此，投资者在选择投资基金时，应综合考察投资基金的内涵、收益及其他相关情况。

2. 投资基金的风险主要来自市场风险、管理风险及其他风险。

3. 基金投资的主要目的是保值增值。基金过去的经营业绩往往预示着该基金的未来，因此，投资者通常运用一定的指标对投资基金过去和现在的经营业绩进行了解和评价，以便对基金的未来业绩作出合理预期，从而做出正确选择。但是，过去的业绩只是一个参考。

4. 在对投资基金的风险和收益进行了解和分析后，投资者还需要对投资基金的其他相关情况以及自己的投资动机等情况进行了解。

五、金融衍生工具投资

1. 金融衍生工具投资在公司资产管理中的作用主要有以下三点：有助于规避风险、套期保值，有利于资产管理，有利于在国际市场上进行投资。

2. 市场上流通的金融衍生工具种类繁多、数量庞大，其功能侧重点各有差异，但归根到底，金融衍生工具投资最基本也是最具积极意义的是其在风险管理中的应用。最常见的金融衍生工具有期货和期权。

【本章自测题】

一、名词解释

1. 期权　2. 商业票据　3. 国库券　4. 可转让存单　5. 回购协议
6. 投资基金　7. 契约型基金　8. 公司型基金　9. 金融期货　10. 空头
11. 多头

二、单项选择题

1. 当市场利率上升时，长期固定利率债券价格的下降幅度（　　）短期债券的下降幅度。
A. 大于　B. 小于　C. 等于　D. 不确定

2. 有一个 10 年期债券，票面利率为 8%，而市场利率为 10%，且保持不变，随着到期日的临近，债券价值会（　　）。
A. 不确定　B. 不变　C. 上升　D. 下降

3. 通货膨胀使债券面临着（　　）风险。
A. 购买力　B. 违约　C. 变现力　D. 财务

4. 面值为 100 元的 5 年期债券，票面利率为 6%，每年末付息一次，投资者要求的必要报酬率为 10%，则债券价值为（　　）元。
A. 100　B. 84.84　C. 95.73　D. 78.54

5. 某公司股票当年支付股利 1 元/股，且预计股利增长率保持 5%，若投资者预期收益率为 10%，则该股票价值为（　　）元。
A. 21　B. 25　C. 18　D. 50

6. 下列选项中，会产生非系统风险的是（　　）。
A. 金融风险　B. 国家政策变化
C. 通货膨胀　D. 火灾造成的公司损失

7. 如果某公司折价发行债券，则债券票面利率与市场利率的关系是（　　）。
A. 两者相等　B. 票面利率高于市场利率
C. 票面利率低于市场利率　D. 两者无关系

8. 公司进行短期证券投资的目的是（　　）。
A. 控制被投资公司　B. 调剂现金余额
C. 降低违约风险　D. 获得稳定收益

9. 不会影响股票价值的因素是（　　）。
A. 股利政策　B. 股票 β 值
C. 股票价格　D. 无风险收益率

10. A 公司购买 B 公司股票进行投资，从产权关系看是（　　）。
A. 债券投资　B. 实物投资　C. 交易关系　D. 股权投资

11. 由于通货膨胀而给公司的投资组合带来的风险为（　　）。
A. 不可分散风险　B. 可分散风险
C. 违约风险　D. 流动风险

12. A公司于今年3月份以每张92元的价格买入面值为100元的5年期债券1 000张，票面利率为6%，每年末付息一次，到期还本。第二年因急需资金，A公司于3月份以每张95元的价格将该债券卖掉，其投资收益率是（　　）。

A. 6.52%　　B. 9.47%　　C. 3.26%　　D. 9.78%

13. 某股票每股股利是3元，股利增长率为4%，现行估价为78元，则投资者的预期收益率为（　　）。

A. 10%　　B. 8%　　C. 6%　　D. 5%

14. 进行短期证券投资，投资者最关心的是（　　）。

A. 发行公司的经营状况　　B. 证券市场的市盈率

C. 发行公司的股利增长率　　D. 证券价格的变动

15. 通常条件下，当市场利率上升时，短期债券价格下降的幅度比长期债券价格下降的幅度（　　）。

A. 大　　B. 小　　C. 相等　　D. 不确定

16. 当股票的投资收益率等于市场收益率，该股票的β值为（　　）。

A. 0　　B. −1　　C. 1　　D. 大于1

17. 按资本资产定价模型确定股票的必要报酬率时，不需要考虑的因素是（　　）。

A. 无风险收益率　　B. 市场收益率

C. 市场率　　D. β值

18. 下面关于β值的说法中，错误的是（　　）。

A. $\beta=0$，该股票的风险报酬率为0

B. $\beta=1$，该股票的预期收益报酬率等于股票市场平均收益率

C. $\beta>1$，该股票的市场风险大于股票市场的平均风险

D. $\beta=-1$，该股票的市场风险小于股票市场的平均风险

19. 下列投资中，能更好地规避购买力风险的证券是（　　）。

A. 普通股　　B. 优先股　　C. 公司债券　　D. 国库券

20. 若某投资组合是由两只收益负相关的股票组成的，则（　　）。

A. 该组合为无风险组合　　B. 该组合能抵消部分风险

C. 该组合的风险等于市场平均风险　　D. 该组合的风险报酬率为0

21. 投资基金与个人投资相比所具有的优势是（　　）。

A. 可以购买债券、股票等多种证券

B. 可以通过投资组合分散风险

C. 能够及时调整投资组合

D. 有丰富的经验和专业知识及先进的研究手段

22. 在契约基金中，基金保管公司是（　　）的当事人。

A. 委托人　　B. 受托人　　C. 受益人　　D. 中介机构

23. 以追求长期资本利得为主的基金是（　　）基金。

A. 收入型　　B. 平衡型　　C. 收入成长型　　D. 公司型

24. 属于金融衍生工具的是（　　）。

A. 期货　　B. 商业票据　　C. 债券　　D. 可转让存单

25. 如果公司要在未来某一时期出售一项资产，并预期未来该项资产的价格会下降，公司

应(　　)。

A. 买入期货　B. 购买买入权　C. 卖出期货　D. 出售卖出权

三、多项选择题

1. 与股票内在价值呈反方向变化的因素有(　　)。

A. 股票年增长率　B. 年股利

C. 预期的报酬率　D. β 系数

2. 按发行主体分类,债券可分为(　　)。

A. 公司债券　B. 金融债券　C. 政府债券　D. 记名债券

3. 影响债券价值的因素有(　　)。

A. 面值　B. 票面利率　C. 市场利率　D. 计息方式

4. 投资债券所面临的风险有(　　)。

A. 购买力风险　B. 违约风险　C. 利率风险　D. 变现力风险

5. 同股票投资相比,债券投资的特点有(　　)。

A. 拥有控制权　B. 投资收益高　C. 收入稳定　D. 违约风险大

6. 同其他债券相比,国库券的优点在于(　　)。

A. 收益高　B. 违约风险低　C. 免税优惠　D. 流动性强

7. 关于投资者的必要报酬率,下列说法中正确的有(　　)。

A. 投资者的必要报酬率与投资风险正相关

B. 无风险报酬率与投资者的必要报酬率无关

C. 这是一种机会成本

D. 投资者的必要报酬率与无风险报酬率正相关

8. 相对实物资产投资,股票投资的特点在于(　　)。

A. 变现力好　B. 交易成本高

C. 价值不稳定　D. 投资风险小

9. 证券投资收益包括(　　)。

A. 资本利得　B. 利息收入　C. 股利　D. 出售售价

10. 投资基金的特点包括(　　)。

A. 将市场上的闲置资金集中起来投资　B. 由专业人员进行科学管理

C. 有广泛灵活的信息渠道　D. 使风险为零,取得无风险报酬

11. 公司型基金通常涉及的当事人有(　　)。

A. 投资公司　B. 管理公司　C. 保管公司　D. 承销公司

12. 关于开放式基金的特点,说法正确的有(　　)。

A. 基金单位的总数一般是固定的

B. 交易一般是在基金投资者和基金经理人或其代理人之间进行

C. 基金交易价格一般由市场竞价决定

D. 基金的发行总额不固定

13. 关于期权的说法,正确的有(　　)。

A. 期权是一种选择权,买方可以不执行

B. 通过期权交易,双方均可降低风险

C. 期权出售者的最大收益只能是期权费收入

D. 期权购买者的最大损失是期权费

14. 下列表述正确的有（　　）。

A. 期权的价格不能为负

B. 美式期权的价值不会低于对等的欧式期权

C. 期权的时间价值不可能为负

D. 期权的价值不会低于它的内在价值

15. 若某种期权赋予持有人在到期日或到期日之前，以固定价格购买标的资产的权利，则此期权是（　　）。

A. 看涨期权　　B. 看跌期权　　C. 择购期权　　D. 买入期权

四、判断题

1. 相对实物资产的交易，证券交易速度快，手续简单，且成本低。（　　）

2. 市场利率越高，债券价值也就越高。（　　）

3. 在通货膨胀时期，变动收益债券与固定收益债券的购买力风险相同。（　　）

4. 违约风险与购买力风险均可以通过投资组合来分散。（　　）

5. 一般情况下，债券到期时期越长，其利率风险越大。（　　）

6. 一种资产能在短期内按市价大量出售，则说明该资产变现能力强。（　　）

7. 只要证券之间的收益变动不具有完全负相关关系，证券组合的风险一定小于各个证券风险的加权平均值。（　　）

8. 某股票的 β 系数为 2，无风险报酬率为 8%，市场上的所有股票收益率为 12%，则该股票的风险报酬率为 8%。（　　）

9. 证券组合中的证券种类足够多时，该组合就不存在风险了。（　　）

10. 股票投资的市场风险不能通过证券组合来分散。（　　）

11. 债券到期收益率是使未来现金流入的现值等于债券面值的贴现率。（　　）

12. 当发生通货膨胀时，股票价格下降。（　　）

13. 系统风险通常用 β 系数衡量。（　　）

14. 在通货膨胀率很低的情况下，公司债券的利率可视为货币时间价值。（　　）

15. 投资基金的投资对象也是债券、股票等，因此与个人投资者相比无太多优势。（　　）

16. 在签订契约的基础上发行受益证券募集资金及进行投资运作的投资基金称为契约型基金。（　　）

17. 投资基金可以通过投资组合来降低风险，因此也就不存在风险报酬。（　　）

18. 若将来要出售一套设备，但预期价格会下降，这时可通过买入期货来进行套期保值。（　　）

19. 相比期货购买者而言，期权购买者的收支平衡点要高，因为期权购买者要先支付一笔期权费。（　　）

20. 由于期权买卖双方的收益之和为零，因此期权买方也有损失无限大的可能性。（　　）

五、计算题

1. 某公司购入国债25 000张，每张面值100元，购买价格108元，该国债期限为5年，年利率为6.5%(单利)。

要求：请计算到期时该公司可获得的本利和。

2. A公司债券面值为1 000元，5年期，票面利率为8%，每年末付息一次，到期还本，债券发行价格为1 105元。

要求：若发行至期满一直持有，则到期收益率为多少？

3. 某公司4年后需要150万元的现金，某投资基金的年收益率为18%。

要求：如果公司现在投资该基金，应投入多少元？

4. 某人欲购买公司债券，每份面值为200元，期限为3年，债券的票面利率为8%，每年付息一次。

要求：若投资者要求的必要报酬率为6%，则该债券的价值是多少？

5. 某公司准备投资面值为500元的企业债券，期限为5年。该债券为无息折价债券，公司要求的报酬率为8%。

要求：若市价为350元，可否购买？

6. 甲公司持有股票，刚收到上一年度派发的每股1.2元的现金股利，预计股利以后每年增长8%。

要求：若要求的投资收益率为20%，求该股票的价值。

7. 某人持有A、B、C三只股票，各股票所占的比重分别为50%、30%和20%，其β系数分别为2.0、1.0、0.5。无风险收益率为10%，市场收益率为15%。

要求：请计算该组合的风险收益率和必要投资收益率。

8. 某投资者准备投资购买A公司股票，A公司股票的β系数为2，目前无风险收益率为8%，市场上所有股票的平均收益率为12%。A公司当年发放的每股股利为5元，且在未来年度股利恒定。

要求：若每股市价为30元，是否购买？

9. 现有A、B两家公司的股票可供某投资者选择，A公司股票的β系数为1，B公司股票的β系数为1.5。目前，无风险收益率为8%，市场上所有股票的平均收益率为12%。A、B两家公司股票的市价分别为20元、30元。

要求：若该投资者分别购买100股，则要求的必要报酬率是多少？

10. 某公司股票的每股盈利为3元，若其市盈率为20。

要求：请计算该公司股票的市价。

六、问答题

1. 公司进行短期证券投资一般出于什么目的？
2. 短期证券投资包括哪几种形式？
3. 在进行证券投资时应考虑哪些风险因素？
4. 如何正确选择债券投资？
5. 除了考虑收益，在选择股票投资时还要考虑哪些方面？
6. 在进行短期投资时如何组合各种债券？

7. 投资基金同个人投资者相比有何优势?

8. 投资基金的风险包括哪些?

9. 比较开放式基金与封闭式基金的不同点。

10. 金融衍生工具投资有哪些优势?

【本章自测题参考答案】

一、名词解释

1. 期权:又称选择权,是赋予其持有者在约定的时间或时期内,按约定价格买入或卖出一定数量某种资产的权利的标准化合约。

2. 商业票据:由金融公司或某些信用较高的公司发行的无担保短期票据。

3. 国库券:国家财政部门发售的一种风险较低、流动性高的有价证券。

4. 可转让存单:可以在市场上转让出售、在商业银行存放的特定数额、特定期限的存款证明。

5. 回购协议:政府或有价证券经销商与投资者订立的、许诺在未来某一时间按规定的价格买回这些证券的协议。

6. 投资基金:以信托、契约或公司的形式,通过发行基金受益证券,将众多投资者的资金集中起来,进行专业的资金投放和投资管理,所得投资收益按投资者的出资比例分享的一种投资方式。

7. 契约型基金:又称单位信托基金,指在签订信托契约的基础上发行受益凭证募集资金及进行投资运作的投资基金。

8. 公司型基金:按照《公司法》组成的以营利为目的的投资公司,通过发行股票募集资金。

9. 金融期货:交易双方承诺在将来某个日期或某段时间内,以当前约定价格买卖一定数量的某种金融工具而达成的标准化协议。

10. 空头:已知将来要出售一笔资产,为了保证收益、防止价格下跌而在市场上卖出期货。

11. 多头:已知将来要购买一项资产,为了控制成本、防止价格上涨而在市场上买入期货。

二、单项选择题

1. A	2. C	3. A	4. B	5. A	6. D	7. C	8. B
9. C	10. D	11. A	12. D	13. B	14. D	15. B	16. C
17. C	18. D	19. A	20. B	21. D	22. B	23. C	24. A
25. C							

三、多项选择题

1. CD	2. ABC	3. ABCD	4. ABCD	5. CD
6. BCD	7. ACD	8. AC	9. ABC	10. ABC
11. ABCD	12. BD	13. ACD	14. AB	15. ACD

四、判断题

1. √　2. ×　3. ×　4. ×　5. √　6. √　7. ×　8. √
9. ×　10. √　11. ×　12. ×　13. √　14. ×　15. ×　16. √
17. ×　18. ×　19. √　20. ×

五、计算题

1. $F = P(1 + i \times n)$
$= 2\ 500\ 000 \times 100 \times (1 + 6.5\% \times 5)$
$= 2\ 500\ 000 \times 1.325 = 3\ 312\ 500$(元)

2. $80 \times (P/A, i, 5) + 1\ 000 \times (P/F, i, 5) = 1\ 105$(元)
$i = 6\%$时，$80 \times (P/A, 6\%, 5) + 1\ 000 \times (P/F, 6\%, 5) = 1\ 083.96$
$i = 5\%$时，$80 \times (P/A, 5\%, 5) + 1\ 000 \times (P/F, 5\%, 5) = 1\ 129.86$(元)
$i = 5\% + (1\ 105 - 1\ 129.86)/(1\ 083.96 - 1\ 129.86) \times (6\% - 5\%) = 5.54\%$

3. $P = F \times (P/F, i, n) = 150 \times (P/F, 18\%, 4) = 150 \times 0.515\ 8 = 77.37$(万元)

4. $200 \times (P/F, 6\%, 3) + 200 \times 8\% \times (P/A, 6\%, 3)$
$= 200 \times 0.839\ 6 + 16 \times 2.647\ 30 = 210.96$(元)

5. 债券价值$= 500 \times (P/F, 8\%, 5) = 340.3$(元)
因为 340.3 小于 350，因此，不应该购买。

6. $1.2 \times (1 + 8\%) \div (20\% - 8\%) = 10.8$(元)

7. 组合的β系数$= 50\% \times 2 + 30\% \times 1 + 20\% \times 0.5 = 1.4$
风险收益率$= 1.4 \times (15\% - 10\%) = 7\%$
必要投资收益率$= 10\% + 7\% = 17\%$

8. 必要报酬率$= 8\% + 2 \times (12\% - 8\%) = 16\%$
股票价值$= 5/0.16 = 31.25$(元/股)，因为 31.25 大于 30，所以应该购买。

9. A 公司股票所占比重$= 20 \times 100/(20 \times 100 + 30 \times 100) = 0.4$
B 公司股票所占比重$= 30 \times 100/(20 \times 100 + 30 \times 100) = 0.6$
组合的β系数$= 1 \times 0.4 + 1.5 \times 0.6 = 1.3$
必要报酬率$= 8\% + 1.3 \times (12\% - 8\%) = 13.2\%$

10. 股票市价$= 20 \times 3 = 60$(元)

六、问答题

1. (1)将短期证券作为现金的替代品，预防紧急资金需要。
(2)将短期证券作为一种短期投资，为公司获得一定的收益。
(3)为了预防突发性的资金需求。

2. 包括银行承兑汇票、商业票据、国库券、可转让存单、公司股票和债券、回购协议。

3. 违约风险、利率风险、购买力风险、变现力风险。

4. (1)收益率的测算与比较；
(2)信用情况的调查和比较；
(3)到期日和可变现性的考虑。

5.(1)了解和分析股票发行公司的行业特点；

(2)了解和分析股票发行公司的财务状况和经营能力；

(3)了解和分析股票发行公司的股利发放政策，合理预测股票市价的未来趋势。

6. 要根据自己的投资目的确定所能承受的风险水平，然后决定证券组合的构成。可以考虑将报酬高、风险大的证券加入，从而在风险承受范围内尽可能获得更高收益；同时，要尽可能寻找投资报酬呈负相关的证券进行组合；合理确定投资数量和品种，在风险与收益间权衡；不要机械地持有，要根据情况的变化进行调整。

7.(1)拥有雄厚的资金实力，能进行多样化的组合投资来降低风险；

(2)其管理由专业人员进行，有丰富的经验和专业知识，以及先进的设备和研究手段；

(3)有更广泛、灵活的信息渠道，能及时获得信息、做出决策。

8. 市场风险、管理风险以及其他风险(如不可抗力的影响)导致基金资产损失。

9.(1)发行总额：开放式基金不固定，封闭式基金固定。

(2)基金单位总数：开放式基金随时变化，封闭式基金在封闭期内不变。

(3)基金期限：开放式基金无固定期限，封闭式基金有固定封闭期。

(4)交易方式：开放式基金的投资者间不发生交易行为，一般是投资者和基金经理人或代理人之间进行交易；封闭式基金在交易所等进行交易。

(5)交易价格：开放式基金由基金经理人依据基金单位净资产确定，封闭式基金由市场竞价确定。

(6)交易费用：开放式基金的投资者要缴纳的交易费用包括在基金价格中；而封闭式基金在基金价格外，要支付一定比例的证券交易税和手续费。

(7)基金投资策略：开放式基金必须保留部分现金，以便投资者随时赎回；封闭式基金可全部用于投资，制定长期投资战略。

(8)基金单位净资产：开放式基金基本上是每个交易日连续公布，封闭式基金一般间隔较长时间公布一次。

10. 有助于规避风险、套期保值，有利于资产管理，有利于在国际市场上进行投资。

第十三章　流动资产管理

本章精要

流动资产是公司的营运资产，过少持有流动资产会使资产的流动性减弱，影响公司的偿债能力；过多持有流动资产会使资产的收益性减弱，影响公司的获利能力。因此，流动资产的管理就是要在流动性与收益性之间权衡，研究流动资产的持有政策及融资政策。同时，本章针对现金、应收账款以及存货等流动资产的具体项目进行研究，研究其持有的功能与成本及管理目标，并对最佳现金持有量、应收账款的信用政策以及存货的经济批量作出决策，同时，对三者的日常管理也有所兼顾。

一、流动资产管理概述

1. 流动资产的特点主要表现在：周转速度快、变现能力强和形态多样化。

2. 根据公司管理当局的管理风格和风险承受能力，可以采用保守型、适中型与进取型的流动资产投资策略来决定流动资产投资的最佳数量水平。

3. 与流动资产的投资策略相对应，流动资产的融资策略也分别包括保守型、适中型和进取型三种。

二、现金管理

1. 现金管理的基本目标是既要保证现金的需要，保持现金的流动性，又要降低现金的占用量，并从暂时闲置的现金中获取最大的投资收益。

2. 现金管理的主要内容包括：编制现金收支预算，合理估计未来的现金需求；对日常的现金收支进行控制和用数学模型来确定最佳的现金余额。

三、应收账款管理

1. 应收账款的管理目标就是要在扩大销售与增加成本之间进行权衡，力求以比较低的投资成本最大限度地获取应收账款的投资收益。

2. 应收账款的管理政策，主要包括信用标准、信用额度、信用条件和收账方针等内容。

3. 应收账款的投资决策是公司依据信用政策和市场竞争的需要，就是否改变其信用政策所作的方案选择。进行该决策时，公司主要应考虑的问题是：一旦公司提供了信用，所取得的收益能否弥补相应的成本。如果取得的边际收益大于边际成本，则可以给对方提供信用；反之，如果取得的边际收益小于边际成本，则应拒绝提供信用。

四、存货管理

1. 存货管理的目标就是要在存货的成本与收益之间进行利弊权衡，实现两者的最佳组合。既要维持公司高效和持续经营的需要，又要以最低的存货总成本获得最高的收益。为此，公司应当制定相关的存货政策，进行科学的管理与控制，使存货维持在最佳水平上。

2. 通过制定存货政策，可以合理地确定存货的占用水平，加强存货的管理。

【本章自测题】

一、名词解释

1. 流动资产　2. 永久性流动资产　3. 临时性流动资产　4. 现金余缺
5. 信用标准　6. 缺货成本　7. 经济批量　8. 预防性动机

二、单项选择题

1. 与固定资产相比，流动资产的特点中不包括(　　)。
A. 波动性　B. 占用稳定　C. 回收期短　D. 并存性

2. 在进取型流动资产融资策略下，公司的流动资产占总资产的比例(　　)。
A. 较少　B. 较多　C. 不变　D. 不确定

3. 假设其他条件相同，则流动资产占总资产的比例较小的公司(　　)。
A. 利润率或总资产收益率较高，财务风险较大
B. 利润率或总资产收益率较高，财务风险较小
C. 利润率或总资产收益率较低，财务风险较大
D. 利润率或总资产收益率较低，财务风险较小

4. 某公司在生产经营淡季，资产为 1 000 万元，在生产经营旺季，资产为 1 200 万元，公司的长期负债、自发性负债和权益资本可提供的资金为 900 万元，则公司应该采取的是(　　)。
A. 配合型融资政策　B. 激进型融资政策
C. 稳健型融资政策　D. 均可

5. 公司为满足交易动机而持有现金，所需考虑的主要因素是(　　)。
A. 公司销售水平的高低　B. 公司临时举债能力的大小
C. 公司对待风险的态度　D. 金融市场投资机会的多少

6. 公司在进行现金管理时，可利用的现金浮游量是指(　　)。
A. 公司账户所记存款余额
B. 银行账户所记公司存款余额
C. 公司账户与银行账户所记存款余额之差
D. 公司实际现金余额超过最佳现金持有量之差

7. 在各种持有现金的动机中，属于应付未来现金流入和流出随机波动的是(　　)。
A. 交易动机　B. 预防动机　C. 投资动机　D. 稳定动机

8. 公司为了使其持有的交易性余额降到最低,可采用(　　)。

A. 力争现金流量同步　　B. 使用现金浮游量

C. 加速收款　　D. 推迟应付款的支付

9. 甲公司规定在任何情况下其现金余额不能低于 5 000 元,现已知现金返回线数值为 6 250 元,则其现金量的控制上限为(　　)元。

A. 8 750　　B. 11 250　　C. 6 250　　D. 5 000

10. 公司置存现金的原因,主要是为了满足(　　)。

A. 交易性、预防性、收益性需要　　B. 交易性、投机性、收益性需要

C. 交易性、预防性、投机性需要　　D. 预防性、收益性、投机性需要

11. 在确定最佳现金持有量时,成本分析模式和存货模式都有考虑的因素是(　　)。

A. 持有现金的机会成本　　B. 固定性交易成本

C. 现金短缺成本　　D. 现金保管费用

12. 下列项目中,不属于现金持有动机中交易动机的是(　　)。

A. 派发现金股利　　B. 支付工资

C. 缴纳所得税　　D. 购买股票

13. 某公司现金收支情况比较稳定,预计全年需要现金 200 000 元,现金与有价证券的转换成本每次 400 元,有价证券的年利息率为 10%,则现金交易成本为(　　)元。

A. 1 000　　B. 1 600　　C. 2 000　　D. 2 300

14. 成本分析模式下的最佳现金持有量是使(　　)之和最小的现金持有量。

A. 机会成本和交易成本　　B. 机会成本和短缺成本

C. 管理成本和交易成本　　D. 管理成本、短缺成本、交易成本

15. 通常情况下,公司持有现金的机会成本(　　)。

A. 与现金余额成反比　　B. 与有价证券的利息率成正比

C. 与持有时间成反比　　D. 是决策的无关成本

16. 对信用期限的叙述,正确的是(　　)。

A. 信用期限越长,公司坏账风险越小

B. 信用期限越长,表明客户享受的信用条件越优越

C. 延长信用期限,不利于销售收入的扩大

D. 信用期限越长,应收账款的机会成本越低

17. 在对存货实行 ABC 分类管理的情况下,ABC 三类存货的品种数量比重大致为(　　)。

A. 0.7∶0.2∶0.1　　B. 0.1∶0.2∶0.7

C. 0.5∶0.3∶0.2　　D. 0.2∶0.3∶0.5

18. 在确定应收账款信用期的过程中,需要运用的计算公式正确的是(　　)。

A. 应收账款应计利息=应收账款占用资金×销售成本率

B. 收益的增加=销售量增加×边际贡献率

C. 应收账款占用资金=应收账款平均余额×资本成本率

D. 应收账款平均余额=日销售额×平均收现期

19. 如果公司延长信用期,则(　　)的情况不会发生。

A. 销售增加　　B. 现销增加

C. 应收账款增加　　D. 平均收账期延长

20. 在存货的管理中，以下与建立保险储备量无关的因素是（　　）。

A. 缺货成本　　B. 平均库存量

C. 交货量　　D. 存货每日需求量

21. 下列订货成本中，属于变动性成本的是（　　）。

A. 采购人员计时工资　　B. 采购部门管理费用

C. 订货业务费用　　D. 预付订金的机会成本

22. 下列各项中，与再订货点无关的因素是（　　）。

A. 经济订货量　　B. 日耗用量

C. 交货日数　　D. 保险储备量

23. 基本经济进货批量模式所依据的假设不包括（　　）。

A. 一定时期的进货总量可以准确预测　　B. 存货进价稳定

C. 存货耗用或销售均衡　　D. 允许缺货

24. 根据存货陆续供应与使用模型，下列情形中能够导致经济批量降低的是（　　）。

A. 存货需求量增加　　B. 一次订货成本增加

C. 单位存储变动成本增加　　D. 每日消耗量增加

25. 在供货公司不提供数量折扣的情况下，影响经济订货量的因素是（　　）。

A. 采购成本　　B. 存储成本中的固定成本

C. 订货成本中的固定成本　　D. 订货成本中的变动成本

三、多项选择题

1. 在稳健型筹资政策下，临时性流动资产的资金来源可以是（　　）。

A. 临时性负债　　B. 长期负债　　C. 自发性负债　　D. 权益资本

2. 下列说法中，正确的有（　　）。

A. 现金持有量越大，机会成本越高　　B. 现金持有量越低，短缺成本越大

C. 现金持有量越大，管理成本越大　　D. 现金持有量越大，收益越高

E. 现金持有量越大，信用损失越大

3. 通常情况下，企业持有现金的机会成本（　　）。

A. 与现金余额成正比　　B. 等于有价证券的利息

C. 与持有时间成反比　　D. 是决策的无关成本

4.（　　）属于交易性需要的支出。

A. 到期还本付息　　B. 支付工资

C. 缴纳税款　　D. 支付股利

E. 购买材料

5. 公司应持有的现金总额通常小于交易性、预防性、投机性三种动机各自所需现金持有量的简单相加，其原因有（　　）。

A. 现金可在各种动机中调剂使用　　B. 现金可在不同时点上灵活使用

C. 现金的存在形态可以多样化　　D. 现金与有价证券可以相互转换

6. 下列关于最佳现金持有量确定的随机模式的说法中，正确的有（　　）。

A. 若现金持有量在控制的上下限之间，便不需要进行现金和有价证券的转换

B. 控制下限的确定要受到公司每日的最低现金需要、管理人员的风险承受倾向等因素的影响
C. 该模式建立在公司的现金未来需求总量和收支不可预测的前提下，因此计算出来的现金持有量比较保守
D. 公司可以根据历史经验和现实需要，测算出一个现金持有量控制的上下限

7. 对信用期限的叙述，下列说法中不正确的有（　　）。
A. 信用期限越长，公司坏账风险越小
B. 信用期限越长，表明客户享受的信用条件越优越
C. 延长信用期限，不利于销售收入的扩大
D. 信用期限越长，应收账款的机会成本越低

8. 下列各项中，属于应收账款管理成本的有（　　）。
A. 坏账损失　　B. 收账费用
C. 客户信誉调查费　　D. 应收账款占用资金的应计利息

9. 与应收账款机会成本有关的因素有（　　）。
A. 应收账款平均余额　　B. 变动成本率
C. 销售成本率　　D. 资本成本率

10. 在存货陆续供应和使用的过程中，导致经济批量增加的因素有（　　）。
A. 存货年需用量增加　　B. 一次订货成本增加
C. 每日耗用量增加　　D. 每日耗用量降低
E. 单位储存变动成本增加

11.（　　）属于存货的储存变动成本。
A. 存货占用资金的应计利息　　B. 紧急额外购入成本
C. 存货的破损变质损失　　D. 存货的保险费用

12. 下列关于最佳现金持有量存货模式的表述中，正确的有（　　）。
A. 现金的交易成本与现金的平均持有量成反比
B. 现金的机会成本与现金的平均持有量成正比
C. 机会成本与交易成本相等时的现金持有量是最佳现金持有量
D. 存货模式的假定是，现金流出量是不稳定的

13. 建立存货保险储备的目的有（　　）。
A. 在过量使用存货时保证供应
B. 在进货延迟时保证供应
C. 使存货的缺货成本和储存成本之和最小
D. 降低存货的储存成本

14. 缺货成本是指由于不能及时满足生产经营需要而给公司带来的损失，包括（　　）。
A. 商誉（信誉）损失　　B. 延期交货的罚金
C. 采取临时措施而发生的超额费用　　D. 停工损失

15. 存在订货提前期的情况下，有关计算存货最佳持有量模型的正确说法有（　　）。
A. 此模型根据交货时间和存货的日平均消耗量即可确定再订货点
B. 此模型假设存货是集中到货，而不是陆续到货
C. 此模型计算的最佳经济订货量大于基本存货模型计算的最佳经济订货量数额

D. 此模型也可用于进行自制和外购的选择决策

四、判断题

1. 流动资产包括货币资金、交易性金融资产、应付款项、预付款项以及可以变现的固定资产。 ( )

2. 流动负债是指一年或者超过一年的一个经营周期内偿还的债务。 ( )

3. 流动资产具有流动性强、期限短、灵活性强、成本低和风险较大的特点。 ( )

4. 在资产总额和筹资组合都保持不变的情况下,如果固定资产减少而流动资产增加,就会减少公司的风险,但会减少公司的盈利。 ( )

5. 公司保持较高的流动资产持有量,可以降低风险,但也会降低公司的收益率;公司保持较低的流动资产持有量,会使公司收益率较高,但又会加大公司的风险。 ( )

6. 某公司的主营业务是生产和销售食品,其目前正处在生产经营活动的旺季。该公司的资产总额为 6 000 万元,其中长期资产 3 000 万元,流动资产 3 000 万元,永久性流动资产约占流动资产的 40%;负债总额为 3 600 万元,其中流动负债 2 600 万元,流动负债的 65%为自发性负债。由此可得出结论,该公司奉行的是稳健型营运资金筹资策略。 ( )

7. 利用成本分析模式控制现金持有量时,若现金持有量超过总成本线最低点时,则机会成本上升的代价大于短缺成本下降的好处;反之则相反。 ( )

8. 现金持有量控制的随机模式是建立在公司的现金未来需求量和收支不可预测的前提下,因此计算出来的现金量比较保守,往往比运用存货模式的计算结果小。 ( )

9. 按随机模式要求,当现金存量低于最优返回线时,应及时补足现金,以保证最佳现金余额。 ( )

10. 计算应收账款占用资金应计利息时使用的资本成本率,应该是公司风险投资的最低报酬率。 ( )

11. 如果在折扣期内将应收账款用于短期投资所得的投资收益率低于放弃折扣的隐含利息成本,则应放弃现金折扣而去追求更高收益。 ( )

12. 公司的信用标准严格,给予客户的信用期限很短,使得应收账款周转率很高,将有利于公司的利润提高。 ( )

13. 若应收账款的资金来源于公司内部,则没有资金成本。 ( )

14. 公司拥有现金所发生的管理成本是一种固定成本,与现金持有量之间无明显的比例关系。 ( )

15. 公司预防性现金储备的多少取决于公司现金流量的可预测性和公司的临时借款能力。 ( )

16. 经济批量模型是在假设单位存货的年储存成本与存货水平直接相关的前提下建立的。 ( )

17. 若其他条件不变,则最佳安全库存量将随缺货成本的增长而增长,随订货提前期不确定性的提高而提高,随预计需求量不确定性的提高而降低。 ( )

18. 经济订货批量越大,进货周期越长。 ( )

19. 在计算经济订货批量时,如果考虑订货提前期,则应在按经济订货量基本模型计算出订货批量的基础上,再加上订货提前期天数与每日存货消耗量的乘积,才能求出符合实际的最佳订货批量。 ( )

20. 建立保险储备的目的就是防止需求增大而发生缺货或供货中断。（ ）

21. 订货成本的高低取决于全年订货的数量与质量。（ ）

22. 经济订货批量是指在一定时期内公司存货成本和订货成本达到最低水平时的采购批量。（ ）

五、计算题

1. 假设某公司明年需要现金 8 400 万元，已知有价证券的报酬率为 7%，将有价证券转换为现金的转换成本为 150 万元。

要求：请计算该公司的最佳现金持有量和此时的相关最低总成本。

2. 某公司每次转换有价证券的固定成本为 100 元，有价证券的年利率为 9%，日现金余额变化的标准差为 900 元，现金余额的下限为 2 000 元。

要求：计算该公司的最佳现金持有量和上限值。

3. 某公司估计在目前的营运政策下，今年销售量将达 10 万件。该公司只销售一种商品，商品销售单价为 10 元，销售的变动成本率为 80%，资本成本率为 16%。目前的信用政策为 $n/25$，即无现金折扣。由于部分客户经常拖欠货款，平均收账期为 30 天，坏账损失为 1%。该公司的财务主管拟改变信用政策，信用条件为 $n/40$；全部销售的平均收账期为 45 天，一年按 360 天计算，设存货周转天数保持 90 天不变。

要求：

(1)计算改变信用政策预期资金变动额。

(2)计算改变信用政策预期利润变动额。

4. 某公司信用条件为：$n/60$，年赊销额 4 000 万元，公司变动成本率为 75%，客户一般信用期间为到期后 28 天付款。

要求：若一年为 365 天，则公司平均收账期为多少天？平均应收账款为多少？

5. 某公司年赊销额为 340 万元，花在收账上的费用为 6 万元，坏账损失率为 2%，平均收账期为 30 天。公司财务经理拟降低收账费用至 4 万元，这将导致坏账损失率增加到 2.5%，并使平均收账期增加到 45 天，赊销额增加至 360 万元。若公司机会成本为 13%，变动成本率为 75%。

要求：分析公司是否应该减少收账费用。

6. 公司目前信用条件为 $n/30$，赊销额为 3 000 万元，预计将信用期延长为 $n/60$，预计赊销额将变为 6 000 万元，若公司变动成本率为 70%，资本成本率为 10%。

要求：计算该公司应收账款占用资金的变化。

7. 某公司目前的赊销收入为 2 400 万元，坏账损失率为 50%，资金成本率为 10%，目前的信用条件为 $n/30$，坏账损失率为 10%。该公司为增强竞争能力，又提出了 A、B 两个较为宽松的信用条件方案：A 方案将信用条件改为 1/10，$n/60$，预计赊销收入将增加到 2 800 万元，估计赊销收入的 40%会享受现金折扣，坏账损失率将下降到 8%；B 方案将信用条件改为 2/10，$n/60$，预计赊销收入将增加到 3 000 万元，估计赊销收入的 80%会享受现金折扣，坏账损失率将下降到 7%。

要求：

(1)通过计算说明变更信用条件是否可行。

(2)假设公司拟选用上述信用条件方案中的最优方案，其收账政策又有两种选择：方案一，花费收账费用 50 万元，坏账损失率将比上述最优方案再下降 1%，应收账款平均收账期比上述最优方案再缩短 1 天；方案二，花费收账费用 100 万元，坏账损失率将比上述最优方案再下降 1.5%，应收账款平均收账期比上述最优方案再缩短 2 天。分析哪种收账政策可行。

8. A 公司对某零件的年需要量为 16 200 件，日供应量 60 件，一次订货成本 25 元，单位储存成本 1 元/年。假设一年为 360 天。需求是均匀的，不设置保险库存并且按照经济订货量进货。

要求：

(1)计算经济订货量；

(2)计算最高库存量；

(3)计算平均库存量；

(4)计算与进货批量有关的总成本。

9. ABC 公司的一种新型产品原有信用政策为 $n/30$，每天平均销量为 5 个，每个售价为 750 元，平均收账天数为 40 天。公司销售人员提出了新的政策，以便促销产品。新的政策包括改变信用政策为 $2/10$，$n/50$，同时以每个 600 元的价格销售，预计改变政策后每天能售出 20 个，估计 20%的客户会享受折扣，预计平均收账天数仍为 40 天。若一年按 360 天计算，公司资本成本率为 10%，每个存货的年储存成本是 100 元(其中含存货应计利息)，每次订货成本为 144 元，该新型产品的每个购买价格为 500 元。

要求：

(1)计算公司该产品原有和改变政策后的经济订货量及最佳订货次数。

(2)若单位缺货成本为 5 元，存货从提出到到达，正常交货期为 5 天，延迟交货 1 天的概率为 0.2，延迟交货 2 天的概率为 0.1，其他均能提前或按照正常交货期送达，则合理的保险储备和再订货点是多少？

(3)若按照第(1)和第(2)问所确定的经济订货量和再订货点进行采购，综合判断应否改变政策。

10. 某公司每年需用甲材料 8 000 件，每次订货成本为 160 元，每件材料的年储存成本为 6 元，该种材料的单价为 25 元/件，一次订货量在 2 000 件以上时可获得 3%的折扣，在 3 000 件以上时可获得 4%的折扣。

要求：计算公司最有利的进货批量。

11. 已知 ABC 公司与库存有关的信息如下：(1)年需求数量为 30 000 单位(假设每年为 360 天)；(2)购买价每单位为 100 元；(3)库存储存成本是商品买价的 30%；(4)订货成本每次 60 元；(5)公司希望的安全储备量为 750 单位；(6)订货数量只能按 50 的倍数确定；(7)订货至到货的时间为 15 天。

要求：

(1)最优经济订货量为多少？

(2)存货水平为多少时应补充订货？

(3)存货平均占用多少资金？

六、问答题

1. 流动资产具有什么特点？

2. 简述三种流动资产融资策略。

3. 简述现金收支日常控制的主要内容。
4. 公司持有货币资金的原因是什么?
5. 应收账款管理政策的主要内容包括什么?
6. 简述应收账款投资成本的构成。
7. 应收账款的日常管理主要包括什么内容?
8. 存货成本的主要构成有哪些?
9. 简述 ABC 分类管理。

【本章自测题参考答案】

一、名词解释

1. 流动资产:可以在一年或者超过一年的一个营业周期内变现或者使用的资产,包括现金及各种存款、交易性金融资产、应收及预付货款、存货等。

2. 永久性流动资产:公司的营运循环跌至低谷时,公司也应持有的流动资产。

3. 临时性流动资产:会随着营运循环中季节性或者循环性波动而变动的流动资产。

4. 现金余缺:总的收支轧抵以后的现金余额不足,即现金余缺=(期初余额+预算期现金流入额)-(预算期现金支出额+预计期末理想现金余额)。

5. 信用标准:给予客户赊销的最低条件。

6. 缺货成本:因存货储备不足而给公司带来的停工损失、延误发货的信誉损失及丧失销售机会的机会损失等。

7. 经济批量:能够使一定时期的存货总成本达到最低时的进货批量。

8. 预防性动机:为了防止意外事件发生而需要保持货币资金。

二、单项选择题

1. B	2. A	3. A	4. B	5. C	6. C	7. B	8. A
9. A	10. C	11. A	12. D	13. C	14. B	15. B	16. B
17. B	18. D	19. B	20. B	21. C	22. A	23. D	24. C
25. D							

三、多项选择题

1. ABCD	2. AB	3. AB	4. ABCDE	5. AB
6. ABCD	7. ACD	8. BC	9. ABD	10. ABC
11. ACD	12. ABC	13. AB	14. ABCD	15. AB

四、判断题

1. ×	2. √	3. ×	4. √	5. √	6. √	7. √	8. ×
9. ×	10. √	11. ×	12. ×	13. ×	14. √	15. √	16. ×
17. ×	18. √	19. ×	20. ×	21. ×	22. √		

五、计算题

1. 最佳现金持有量＝$\sqrt{2\times 8\ 400\times 0.015/0.07}$＝60(万元)

　机会成本＝60/2×7%＝2.1(万元)

　交易成本＝8 400/60×(150/10 000)＝2.1(万元)

　相关总成本＝机会成本＋交易成本＝2.1＋2.1＝4.2(万元)

2. (1)$R=\sqrt[3]{3\times 100\times 900^2/(4\times 9\%/360)}+2\ 000=8\ 240$(元)

　(2)$H=3R-2L=3\times 8\ 240-2\times 2\ 000=20\ 720$(元)

3. (1)预期资金变动额。

　原先每日销售额＝1 000 000/360＝2 777.78(元)

　原先应收账款资金占用＝2 777.78×30×0.8＝66 666.72(元)

　新的每日销货＝1 100 000/360＝3 055.56(元)

　新的应收账款资金占用＝3 055.56×45×0.8＝110 000.16(元)

　增加应收账款资金占用＝110 000.16－66 666.72＝43 333.44(元)

　存货周转率＝360/90＝4(次)

　原先存货资金占用＝100 000×10×0.8/4＝220 000(元)

　增加的存货资金占用＝20 000(元)

　改变信用政策预期总营运资金变动额＝43 333.44＋20 000＝63 333.44(元)

　(2)预期利润变动额。

　收益增加额＝110 000×(10－8)－10×(10－8)＝20 000(元)

　坏账增加额＝(1 100 000－1 000 000)×4%＝4 000(元)

　利息增加额＝63 333.44×16%＝10 133.35(元)

　利润变动额＝20 000－4 000－10 133.35＝5 866.65(元)

4. 收账期＝60＋28＝88(天)

　平均应收账款＝40 000 000/365×88＝9 643 835.62(元)

5. 单位:元

项目	原信用政策	新信用政策
销售收入	3 400 000	3 600 000
变动成本	2 550 000	2 700 000
边际贡献	850 000	900 000
应收账款资金成本	27 625	43 875
收账费用	60 000	40 000
坏账损失	68 000	90 000
利润	694 375	726 125

　根据以上计算结果,公司应该减少收账费用。

6. (6 000/360×60×70%)－(3 000/360×30×70%)＝525(万元)

7.(1)

单位:万元

项目	目前方案	A方案	B方案
赊销收入	2 400	2 800	3 000
变动成本	2 400×50%=1 200	2 800×50%=1 400	3 000×50%=1 500
信用成本前收益	1 200	1 400	1 500
坏账损失	2 400×10%=240	2 800×8%=224	3 000×7%=210
现金折扣	0	2 800×40%×1%=11.2	3 000×80%×2%=48
应收账款机会成本	10	15.56	8.33
信用成本后收益	950	1 149.24	1 233.67

因此,应该选择B信用条件方案。

(2)

单位:万元

项　目	方案1	方案2
收账费用	50	100
坏账损失	3 000×6%=180	3 000×5.5%=165
应收账款机会成本	10%×50%×19×3 000/360=7.92	10%×50%×18×3 000/360=7.5
收账总成本	237.92	272.5

因此,应该选用方案一的收账政策。

8.(1)经济订货量$=\sqrt{2\times25\times16\ 200/60/(60-45)}=1\ 800$(件)

(2)最高库存量=1 800−1 800×(16 200/360)/60=450(件)

(3)平均库存量=450/2=225(件)

(4)与进货批量有关的总成本$=\sqrt{2\times25\times16\ 200\times(60-45)/60}=450$(元)

9.(1)原政策:

年销量=5×360=1 800(个)

经济订货量$=\sqrt{2\times1\ 800\times144/100}=72$(个)

订货次数=1 800/72=25(次)

总成本$=\sqrt{2\times1\ 800\times144\times100}=7\ 200$(元)

新政策:

年销量=20×360=7 200(个)

经济订货量$=\sqrt{2\times7\ 200\times144/100}=144$(个)

订货次数=7 200/144=50(次)

总成本$=\sqrt{2\times7\ 200\times144\times100}=14\ 400$(元)

(2)改变政策前:

每天需要量5个,

若延期交货1天,则交货期内的需要量=6×5=30(个)

若延期交货2天,则交货期内的需要量=7×5=35(个)

不设保险储备:再订货点=5×5=25(个)

缺货量S=(30−25)×0.2+(35−25)×0.1=2(个)

相关成本 $TC(S,B)=5\times25\times2+0=250$(元)

设保险储备=5,再订货点=5×5+5=30(个)

缺货量 $S=(35-30)\times0.1=0.5$(个)

相关成本 $TC(S,B)=5\times25\times0.5+5\times100=562.5$(元)

设保险储备为 10 件,再订货点=5×5+10=35 件。

缺货量=0

相关成本 $TC(S,B)=0+10\times100=1\ 000$(元)

改变政策后:

每天需要量 20 个。

若延期交货 1 天,则交货期内的需要量=6×20=120(个)

若延期交货 2 天,则交货期内的需要量=7×20=140(个)

不设保险储备:再订货点=5×20=100(个)

缺货量 $S=(120-100)\times0.2+(140-100)\times0.1=8$(个)

相关成本 $TC(S,B)=5\times50\times8+0=2\ 000$(元)

设保险储备=20,再订货点=5×20+20=120(个)

缺货量 $S=(140-120)\times0.1=2$(个)

相关成本 $TC(S,B)=5\times50\times2+20\times100=2\ 500$(元)

设保险储备=40,再订货点=5×20+40=140(个)

缺货量 $S=0$

相关成本 $TC(S,B)=0+40\times100=4\ 000$(元)

所以,合理保险储备为 0,再订货点为 100 件。

原政策:1 800×250−7 200−250=442 550(元)

新政策:7 200×100−14 400−2 000=703 600(元)

(3)应该改变政策,实施降价策略。

10. 计算各批量下的总成本。由于存在折扣,进货单价不同,购置成本是相关成本,应予以考虑。

(1)若不享受折扣:$Q=\sqrt{2\times8\ 000\times160/6}=654$(件)

订货次数=8 000/654=13(次)

相关总成本=8 000×25+13×160+1/2×654×6=204 042(元)

(2)若享受 3%的折扣,以 2 000 件为订货量时:

相关总成本=8 000×25×(1−3%)+8 000/2 000×160+2 000/2×6
=200 640(元)

(3)若享受 4%的折扣,以 3 000 件为订货量时:

相关总成本=8 000×25×(1−4%)+8 000/3 000×160+2 000/2×6
=201 426.67(元)

由于以 2 000 件为批量时的总成本最低,所以经济订货量为 2 000 件。

11. (1)经济订货量$=\sqrt{2\times30\ 000\times60/(100\times30\%)}=346$(件)

由于订货数量只能是 50 的倍数,所以经济订货量=350(件)

(2)再订货点=平均日需求×订货天数+安全储备量
=30 000/360×15+750=1 250+750=2 000(件)

(3)占用资金＝经济批量×单价＋安全储备量×单价

＝350/2×100＋750×100

＝17 500＋75 000＝92 500(元)

六、问答题

1. 周转速度快、变现能力强、形态多样化。

2. 保守型融资策略、适中型融资策略、激进型融资策略。

3. 加强收款管理，控制现金浮游，加速现金回收；加强付款管理，控制现金支付。

4. 交易动机、预防动机、投机动机。

5. 信用标准、信用额度、信用条件、收账方针。

6. 机会成本、管理成本、坏账成本。

7. 应收账款的追踪分析、应收账款的账龄分析、催收应收账款。

8. 进货成本、储存成本、缺货成本。

9. 对公司的全部存货根据金额及品种结构的标准分为A、B、C三类，分别实行按品种重点管理、按类别一般控制和按总额灵活掌握的分类管理法。

第十四章 股利分配及股利政策

本章精要

股利分配是财务管理的重要内容,一个公司的利润分配不仅会影响公司的筹资决策、投资决策,而且涉及多种利益主体之间的关系。本章主要介绍股利分配和股利支付的基本程序,并叙述了股利支付的方式,尤其重点讲解了股票股利,并将股票股利与股票分割做了比较,并进一步讲解了股票回购的红利替代作用。另外,本章还介绍了主要的股利理论,并对公司常采用的股利政策的特点及使用场合进行了分析。

一、股利分配程序及方法

1. 按照《公司法》等法律、法规的规定,股份公司当年实现的利润,按照国家有关规定进行相应的调整后,依法缴纳所得税,然后按规定顺序对税后利润进行分配。

2. 股利支付方式一般有现金股利、财产股利、负债股利和股票股利等。

二、股利政策

1. 股利政策是公司管理当局对股利分配有关事项所作出的方针与决策,也是内部融资筹资决策。

2. 股利政策既决定给股东分配多少红利,也决定有多少净利留在公司。少分配股利,会增加保留盈余,减少外部筹资需求。

三、股票股利与股票分割

1. 股票股利既不是公司资金的使用,也不增加公司的财产,因此不会导致资产的流出或负债的增加,所以资产总额和负债总额仍保持不变,资产扣除负债以后的净资产(所有者权益)总额仍保持不变。可见,股票股利的支付是将留存的未分配利润和盈余公积金转化为资本金,会引起资金在所有者权益各项目之间的再分配。

2. 发放股票股利后,会增加市场上流通的普通股股数,如果盈利总额不变,由于普通股股数的增加,会引起每股收益和每股股价成比例地下降。

3. 尽管股票股利既不增加股东财富,也不增加公司价值,但股票股利对股东和公司而言都具有非凡的意义。

4. 对公司而言，实行股票分割的意义在于通过增加股票股数来降低每股市价，使股价保持在合理的水平上，避免因股价过高而丧失投资者。此外，股票分割往往是成长中公司的行为，所以宣布股票分割后，容易给外界以公司正处于发展中的印象，向投资者传递的信息有助于提高投资者对公司的信心。

5. 对股东而言，股票分割后，只要每股现金股利的下降幅度小于股票分割的幅度，股东就能获利，从而间接增加了股东财富。

四、股利理论

1. 股利政策与公司股价是相关的，所以，制定一个合理的股利政策对公司的股价、投资和融资等财务活动来说都是至关重要的；反之，公司的种种因素也会对其股利政策产生种种影响和制约。

2. 影响公司股利政策的因素有法律因素、股东因素和公司因素。

五、股票回购

1. 剖析股票回购的动因，对公司而言，有正向作用，也有负向作用。

2. 公司回购股票将引起股价的变化：当股价低于每股净资产时，股票回购会引起每股净资产上升，股价也上升；当股价等于每股净资产时，股票回购不会引起每股净资产变化，股价也不变；当股价高于每股净资产时，股票回购会引起每股净资产下降，股价也下降。

3. 公司股票回购后，将减少流通在外的普通股股数，如果公司盈利能力不变，则会引起每股收益增加。再假定股票回购后市盈率保持不变，从而引起每股市价提高，每股市价的提高使股东获得更多的资本利得，资本利得税率低于股利收入税率，则股票回购可使股东得到更多的实惠。

【本章自测题】

一、名词解释

1. 除息日　2. 股权登记日　3. 股票分割　4. 股票股利　5. 股利无关论
6. 剩余股利政策　7. 固定股利政策　8. 固定股利支付比率政策
9. 低正常股利加额外股利政策　10. 股票回购

二、单项选择题

1. 制定利润分配政策时，应该考虑的股东经济利益限制是(　　)。

A. 未来投资机会　　B. 筹资成本
C. 资产的流动性　　D. 控制权的稀释

2. 财产股利是以现金以外的资产支付的股利，主要以公司拥有的其他公司的(　　)作为股利支付给股东。

A. 应收账款　B. 应收票据　C. 存货　D. 有价证券

3. 主要依靠股利维持生活的股东和养老基金管理人最不赞成的公司股利政策是(　　)。

A. 剩余股利政策　　B. 固定或持续增长的股利政策

C. 固定股利支付率政策　　D. 低正常股利加额外股利政策

4. 某公司原发行普通股 300 000 股，拟发放 15％的股票股利，已知原每股盈余为 3.68 元，若盈余总额不变，发放股票股利后的每股盈余将为(　　)元。

A. 3.2　　B. 4.3　　C. 0.4　　D. 1.1

5. 某公司现有发行在外的普通股 1 000 万股，每股面额 1 元，资本公积 8 000 万元，未分配利润 16 000 万元，股票市价 50 元。若按 10％的比例发放股票股利并按市价折算，则公司资本公积的报表列示将为(　　)万元。

A. 4 900　　B. 5 000　　C. 12 900　　D. 600

6. 剩余股利政策的观点为(　　)。

A. 只有当公司没有足够的可接受的投资项目去利用全部收益时，公司才将“剩余”的利润作为红利发放

B. 只有当公司可获取新的资金时，才发放股利

C. 留存利润作为公司的剩余利润，一般都作为红利发放给股东

D. 一般而言，投资决策与红利政策分别独立制定

7. 有权领取股利的股东有资格登记截止的日期是(　　)。

A. 股利宣告日　　B. 除息日　　C. 股权登记日　　D. 股利支付日

8. 对上市公司来说，实行股票分割的主要目的在于通过(　　)，从而吸引更多的投资者。

A. 增加股票股数，降低每股市价　　B. 减少股票股数，降低每股市价

C. 增加股票股数，提高每股市价　　D. 减少股票股数，提高每股市价

9. 为保持最优资本结构，使综合资金成本最低，应采取的股利政策为(　　)。

A. 剩余股利政策　　B. 固定或持续增长的股利政策

C. 固定股利支付率政策　　D. 低正常股利加额外股利政策

10. 公司股东会或董事会违反《公司法》规定的利润分配顺序，在抵补亏损和提取法定盈余公积金之前向股东分配利润的，(　　)。

A. 必须在下一年度调整冲回　　B. 必须将违反规定发放的利润退还公司

C. 必须冲转当年未分配利润　　D. 必须退还公司并处以罚款

11. 下列不能用于分派股利的项目是(　　)。

A. 盈余公积金　　B. 资本公积

C. 税后利润　　D. 上年未分配利润

12. 下列情形中，会使公司采取偏紧的股利政策的是(　　)。

A. 在通货膨胀时期　　B. 缺乏良好投资机会

C. 具有较强举债能力　　D. 能获得长期稳定的盈余

13. 上市公司向股东支付股利过程中所经历的各个日期的时间先后顺序为(　　)。

A. 股利宣告日、股权登记日、除息日、股利发放日

B. 股利宣告日、股权登记日、股利发放日、除息日

C. 股利宣告日、除息日、股权登记日、股利发放日

D. 除息日、股利宣告日、股权登记日、股利发放日

14. 关于股票股利，下列说法中正确的是(　　)。

A. 股票股利会导致股东财富的增加

B. 股票股利会引起所有者权益各项目的结构发生变化

C. 股票股利会导致公司资产的流出

D. 股票股利会引起负债的增加

15. 使得公司推迟某些投资方案或偏离目标资本结构的股利政策是（ ）。

A. 剩余股利政策　　B. 固定或持续增长的股利政策

C. 固定股利支付率政策　　D. 低正常股利加额外股利政策

16. 某公司税后利润为 50 万元，目前资本结构为权益资本与债务资本各占 50%。假设第二年投资计划需资金 60 万元，当年流通在外的普通股为 10 万股，如果采取剩余股利政策，该年度股东可获每股股利为（ ）元。

A. 1　　B. 2　　C. 3　　D. 5

17. 当公司的盈余和现金流量都不稳定时，对股东和公司都有利的股利分配政策是（ ）。

A. 剩余股利政策　　B. 固定或持续增长的股利政策

C. 固定股利支付率政策　　D. 低正常股利加额外股利政策

18. 造成股利波动较大，给投资者以公司不稳定的感觉，对于稳定股票价格不利的股利分配政策是（ ）。

A. 剩余股利政策　　B. 固定或持续增长的股利政策

C. 固定股利支付率政策　　D. 低正常股利加额外股利政策

19. 容易造成股利支付额与本期净利相脱节的股利分配政策是（ ）。

A. 剩余股利政策　　B. 固定或持续增长的股利政策

C. 固定股利支付率政策　　D. 低正常股利加额外股利政策

三、多项选择题

1. 股利无关理论成立的条件有（ ）。

A. 不存在税负　　B. 股票筹资无发行费用

C. 投资规模受股利分配的制约　　D. 投资者与公司管理者的信息不对称

2. 根据股利相关论，影响股利分配的法律限制因素有（ ）。

A. 资本保全　　B. 公司积累　　C. 净利润　　D. 超额累积利润

3.（ ）不利于股东安排收入与支出。

A. 剩余股利政策　　B. 固定或持续增长的股利政策

C. 固定股利支付率政策　　D. 低正常股利加额外股利政策

4. 并非法律禁止，目前在我国公司实务中很少使用的股利支付方式有（ ）。

A. 现金股利　　B. 财产股利　　C. 负债股利　　D. 股票股利

5. 股利决策涉及的内容很多，包括（ ）。

A. 股利支付程序中各日期的确定　　B. 股利支付比率和支付方式的确定

C. 支付现金股利所需现金的筹集　　D. 公司利润分配顺序的确定

6. 下列各种股利分配政策中，公司普遍使用并为广大投资者所认可的基本策略有（ ）。

A. 剩余股利政策　　B. 固定或持续增长股利政策

C. 低正常股利加额外股利政策　　D. 固定股利支付率政策

7. 一般而言，不适于采用固定分红策略的公司有（ ）。

A. 负债率高的公司　　B. 处于成长期但盈利稳定的公司
C. 盈利波动很大的公司　　D. 盈利较高但投资机会多的公司

8. 在通货膨胀的情况下，下列表述中正确的有（　　）。
A. 盈余会被作为弥补购买力下降的资金来源
B. 公司要采用较高的股利政策
C. 公司要采用较低的股利政策
D. 公司只能依靠折旧基金作为资金来源

9. 上市公司发放现金股利主要是因为（　　）。
A. 投资者偏好　　B. 减少代理成本
C. 传递公司的未来信息　　D. 公司现金充裕

10. 公司进行股票分割行为后产生的影响有（　　）。
A. 每股市价下降　　B. 发行在外的股数增加
C. 股东权益总额不变　　D. 股东权益各项目的结构不变

四、判断题

1. 公司只要有累积盈余即可发放现金股利。（　　）

2. 发放少量的股票股利可能会使股东得到股票价值相对上升的好处。（　　）

3. 一般地讲，只有在公司股价剧涨、预期难以下降时，才采用股票股利的办法降低股价；而在公司股价上涨幅度不大时，往往采用股票分割的方法将股价维持在理想的范围之内。（　　）

4. 领取股利的权利与股票相互分离的日期，称为股权登记日。（　　）

5. 发放股票股利或进行股票分割会降低股票市盈率，相应减少投资者的投资风险，从而可以吸引更多的投资者。（　　）

6. 固定股利支付率政策的主要缺点，在于公司股利支付与其盈利能力相脱节，当盈利较低时仍支付较高的股利，容易引起公司资金短缺、财务状况恶化。（　　）

7. 股票分割后对股东权益总额、股东权益各项目的金额及相互间的比例没有影响，这与发放股票股利有相同之处。（　　）

8. 某公司目前的普通股为 100 万股（每股面值 1 元，市价 25 元），资本公积 400 万元，未分配利润 500 万元。发放 10%的股票股利后，公司的未分配利润减少 250 万元，股本增加 250 万元。（　　）

9. 公司通过发放股票股利，实际上等同于变相发行股票，即实际上是将公司的盈利资本化。（　　）

10. 公司应按照“无利不分”的原则，无盈利不得支付股利，但如果用盈余公积补亏后，经过股东大会特别决议，也可以用盈余公积支付股利。（　　）

11. 所谓剩余股利政策，就是在公司有良好的投资机会时，公司的盈余应先满足投资方案的需要。在满足投资方案的需要后，如果还有剩余，再进行股利分配。（　　）

12. 低正常股利加额外股利政策能使股利与公司盈余紧密结合，以体现多盈多分、少盈少分的原则。（　　）

13. 从理论上讲，债权人不得干预公司的资金投向和股利分配方案。（　　）

14. 如果发放股票股利的比例大于股价下降的比例，股东即可得到利益。（　　）

15. 对盈余不稳定的公司而言，采取低股利政策可以减少财务风险。（ ）

16. 股东为防止控制权稀释，往往希望公司提高股利支付率。（ ）

17. 无论在何种股利理论下，投资者更注重股利的取得。（ ）

18. 固定或持续增长的股利政策的主要目的是避免传递经营不善而削减股利的信息。（ ）

19. 处于成长中的公司大多采取低股利政策，陷于经营收缩的公司有可能采用高股利政策。（ ）

五、计算题

1. 某公司年终利润分配前的股东权益项目资料如下：

股本(每股面值 2 元，200 万股)	400 万元
资本公积	160 万元
未分配利润	840 万元
所有者权益合计	1 400 万元

公司现行股价为每股 35 元。计划按每 10 股送 1 股的方案发放股票股利，并按发放股票股利后的股数派发每股现金股利 0.2 元，股票股利的金额按现行市价计算。

要求：计算完成这一分配方案的股东权益各项目数额。若按 1 股分 2 股的比例进行股票分割，计算股东权益各项目数额、普通股股数。

2. 某公司年终利润分配前的有关资料如下表所示：

项　目	金额(万元)	项　目	金额(万元)
上年未分配利润	1 000	盈余公积	400
本年税后利润	2 000	所有者权益合计	4 000
股本(500 万股，每股 1 元)	500	每股市价	40 元
资本公积	2 100		

该公司决定：本年按规定比例 15%提取盈余公积，发放股票股利 10%(即股东每持 10 股可得 1 股)，并且按发放股票股利后的股数派发现金股利，每股 0.1 元。

要求：假设股票每股市价与每股账面价值成正比例关系，计算利润分配后的未分配利润、盈余公积、资本公积、流通股数和预计每股市价。

3. 某公司以 50%的资产负债率作为目标资本结构，公司当年税后利润为 500 万元，预计公司未来的总资产将达到 1 200 万元，现有的权益资本为 250 万元。

要求：

(1)若采用剩余股利政策，当年股利支付率为多少?

(2)若股利支付率为 100%，计算在市盈率为 10、每股盈余为 2 元的条件下应增发的普通股票数。

4. ABC 公司的产品销路稳定，××××年的资产总额为 30 000 万元，税后利润为 2 500 万元，发行在外的股数为 1 000 万股，每股市价为 30 元。现在公司拟投资 6 000 万元，扩大生产能力 20%，该公司想要投资后维持利润分配前 100%的产权比率，并想继续执行 20%的固定股利支付率政策。

要求：该公司××××+1 年为扩充上述生产能力，必须从外部筹措多少权益资本？

5. 某公司××××年年末资产总额为 2 000 万元，权益乘数为 2，其权益资本包括普通股和留存收益，每股净资产为 10 元，负债的年平均利率为 10%。该公司××××+1 年年末未分配利润为－258 万元（超过税法规定的税前弥补期限），当年实现营业收入 4 000 万元，固定经营成本 700 万元，变动成本率 60%，所得税税率 25%。该公司按 10%提取法定盈余公积金。

要求：(1)计算该公司××××年末的普通股股数和年末权益资本。

(2)假设该公司负债总额和普通股股数保持××××年的水平不变，计算该公司××××+1 年的税后利润和每股收益。

(3)结合(2)，如果该公司××××+1 年采取固定股利政策（每股股利 1 元），计算该公司本年度提取的盈余公积和发放的股利额。

(4)如果该公司××××+1 年采取剩余股利政策，计划下年度追加投资 4 000 万元，继续保持××××年的资本结构不变，则该公司××××+1 年是否可以给股东派发股利？

6. ABC 公司制订了未来 5 年的投资计划，相关信息如下：

年份	年度内的总投资规模(元)	年度内的总净利润(元)
1	350 000	250 000
2	475 000	450 000
3	200 000	600 000
4	980 000	650 000
5	600 000	390 000

公司的理想资本结构为负债与权益比率为 2∶3，公司流通在外的普通股有 125 000 股。

要求：

(1)若公司每年采用剩余股利政策，那么每年发放的每股股利为多少？若公司在规划的 5 年内总体采用剩余股利政策，那么每年的每股固定股利为多少？

(2)若公司采用每年每股 0.5 元加上年终额外股利，额外股利为净收益超过 250 000 元部分的 50%，则每年应发放的股利为多少？

(3)若公司的资本成本率为 6%，从股利现值比较看，采用每年每股 0.5 元加上年终额外股利，额外股利为净收益超过 250 000 元部分的 50%和每年采用剩余股利政策，哪种政策股利现值小？试帮助公司作出决策。

7. ABC 公司××××年全年实现净利润 1 000 万元，年末在分配股利前的股东权益账户余额如下：

股本（面值 1 元）	1 000 万元
盈余公积	500 万元
资本公积	4 000 万元
未分配利润	1 500 万元
合计	7 000 万元

若公司决定发放10%的股票股利，并按发放股票股利后的股数支付现金股利，每股0.1元，该公司股票目前市价为10元/股。

要求：

(1)发放股利后该公司权益结构有何变化？若市价不变，则此时市净率为多少？

(2)若预计××××+1年净利润将增长5%，若保持10%的股票股利比率与稳定的股利支付率，则××××+1年应发放多少现金股利？

(3)若预计××××+1年净利润将增长5%，且年底将有一个大型项目上马，该项目需要资金2 500万元，若要保持负债率为40%的目标资本结构，当年能否发放股利？

8. A股份有限公司是一家上市公司，成立于2 009年，2 012年6月5日在深交所上市。公司主营商业零售业务，其收入多为现金，支付能力强，公司股东希望每年从该公司获取超过8%的分红(该大股东初始投资资本为每股1.8元)。由于××××年所在地区将有两家国外大型连锁经营店设店，预计将进一步使竞争加剧，对该公司业绩产生重大影响。为了改善经营结构，提高公司盈利能力和抗风险能力，公司于××××年扩大经营范围，准备投资5 000万元收购B公司55%的股权。公司××××－1年度实现净利润50 000万元，每股收益0.5元；年初未分配利润为5 000万元。公司目前的资产负债率为65%。根据以上情况，公司设计了三套收益分配方案。

方案一：仍维持公司设定的每股0.2元的固定股利分配政策，以××××－1年末总股本100 000万股为基数，据此计算，本次派发现金红利总额为20 000万元。

方案二：以××××－1年末总股本100 000万股为基数，按每股0.15元向全体股东分配现金股利。据此计算，本次派发现金红利总额为15 000万元。

方案三：以××××－1年末总股本100 000万股为基数，向全体股东每10股送1股，派发现金红利0.5元。据此计算，本次共送红股10 000万元，共派发现金红利5 000万元。

要求：试分析上述三套方案的优缺点，并从中选出你认为最佳的分配方案。

六、问答题

1. 简述现有的股利理论。
2. 股利分配的程序如何？应注意哪些问题？
3. 简述公司股利政策的基本类型，并说明每种股利政策的主要特点。
4. 股票分割与分派股票股利对公司财务产生的影响是否相同？
5. 阐述上市公司可能存在的进行股票回购的原因。
6. 简述股票股利对股东和公司的意义。

【本章自测题参考答案】

一、名词解释

1. 除息日：领取股利的权利与股票相互分离的日期。在除息日之前，股利权从属于股票，持有股票者即享有领取股利的权利；从除息日开始，股利权与股票相分离，新购入股票的人不能分享股利。因此，除息日是在股权登记日的下一个工作日。

2. 股权登记日：有权领取本期股利的股东资格登记截止日期。只有在股权登记日前登记在公司名册上的股东，才有权分享本次股利。

3. 股票分割：股份公司用某一特定数额的新股，按一定比例交换一定数额已流通在外股份的行为，俗称“拆股”。

4. 股票股利：将应支付的股利以股票形式发放，一般按股东的持股比例无偿认购股票或增配新股的方式进行。

5. 股利无关论：股利无关论认为，公司的股利政策不会对公司价值（股票价格）产生影响。其代表是美国财务学家 Miller 和 Modigliani 提出的 MM 理论。MM 理论认为，投资者并不关心公司股利分配的情况，公司盈余在股利与保留盈余之间的分配并不影响公司的价值，公司的股价完全取决于其投资方案的获利能力。

6. 剩余股利政策：公司在有良好的投资机会时，根据目标资本结构的要求，将税后净利润首先用于满足投资所需要的权益资本，然后将剩余的净利润用于股利分配。

7. 固定股利政策：公司在较长时期内都将支付固定的股利额，股利不随经营状况的变化而变动，只有当公司预期未来收益将会有显著的、不可逆转的增长时，才会提高股利发放额。

8. 固定股利支付比率政策：公司每年按固定的股利支付比率从净利润中支付股利。

9. 低正常股利加额外股利政策：公司每年按一个固定的、较低的数额向股东支付正常股利，当公司盈利有较大幅度的增加时，再根据实际需要，向股东临时发放一些额外股利。

10. 股票回购：上市公司从股票市场上购回本公司一定数额发行在外的股票。公司在股票回购完成后，可以将回购的股票注销，也可以将回购的股份作为“库藏股”保留，但不参与每股收益的计算和分配。

二、单项选择题

1. C	2. D	3. A	4. A	5. C	6. A	7. C	8. A
9. A	10. B	11. B	12. A	13. A	14. B	15. B	16. B
17. D	18. C	19. B					

三、多项选择题

1. AB	2. ABCD	3. AC	4. BC	5. ABCD
6. BC	7. ACD	8. AC	9. ABC	10. ABCD

四、判断题

1. ×	2. √	3. ×	4. ×	5. ×	6. ×	7. ×	8. ×
9. √	10. √	11. √	12. ×	13. ×	14. √	15. √	16. ×
17. ×	18. √	19. √					

五、计算题

1. 发放股票股利后的普通股数＝200×(1＋10%)＝220（万股）

   发放股票股利后的普通股本＝2×220＝440（万股）

   发放股票股利后的资本公积＝160＋(35－2)×20＝820（万元）

   现金股利＝0.2×220＝44（万元）

   利润分配后的未分配利润＝840－35×20－44＝96（万元）

股票分割后的普通股数＝200×2＝400(万股)

分割后的普通股股本＝1×400＝400(万股)

分割后的资本公积＝160(万元)

分割后的未分配利润＝840(万元)

2.(1)提取盈余公积＝2 000×15%＝300(万元)

盈余公积余额＝400＋300＝700(万元)

(2)流通股数＝500×(1＋10%)＝550(万股)

(3)股票股利＝40×500×10%＝2 000(万元)

股本余额＝1×550＝550(万元)

资本公积余额＝2 100＋(2 000－500×10%)×1＝4 050(万元)

(4)现金股利＝500×(1＋10%)×0.1＝55(万元)

未分配利润余额＝1 000＋(2 000－300－2 000－55)＝645(万元)

分配前每股净资产＝4 000/500＝8

(5)分配前每股市价与账面价值之比＝40/8＝5

分配后每股账面价值＝(645＋4 050＋700＋550)/550＝10.81(元)

预计分配后每股市价＝10.81×5＝54.05(元/股)

3.(1)来年所需权益资本＝1 200×(1－50%)＝600(万元)

需补充的权益资本＝600－250＝350(万元)

股利支付率＝(500－350)/500×100%＝30%

(2)股票市价＝10×2＝20(元)

增发股票数＝350/20＝17.5(万股)

4. 保留利润＝2 500×(1－20%)＝2 000(万元)

权益融资需要＝6 000×50%＝3 000(万元)

外部权益融资的需要＝3 000－2 000＝1 000(万元)

5.(1)根据权益乘数，得资产负债率为 50%

权益资本＝2 000×50%＝1 000(万元)

普通股股数＝1 000/10＝100(万股)

(2)年税后利润＝[4 000×(1－60%)－700－1 000×10%]×(1－25%)＝600(万元)

每股收益＝600/100＝6(元)

(3)法定盈余公积金＝(600－258)×10%＝34.2(万元)

发放的股利额＝100×1＝100(万元)

(4)①追加投资所需权益资本＝4 000×50%＝2 000(万元)

600－2 000＝－1 400(万元)

所以，该公司当年不可以给股东派发股利。

6.(1)若每年采用剩余股利政策，则每年发放的股利为：

年　份	1	2	3	4	5
净利润(元)	250 000	450 000	600 000	650 000	390 000
投资所需权益资金(元)	210 000	285 000	120 000	588 000	360 000

年　份	1	2	3	4	5
留存收益(元)	210 000	285 000	120 000	588 000	360 000
股利(元)	40 000	165 000	480 000	62 000	30 000
每股股利(元)	0.32	1.32	3.84	0.496	0.24

若在规划的 5 年内总体采用剩余股利政策，则每年的固定股利为：

未来 5 年的总投资＝350 000＋475 000＋200 000＋980 000＋600 000

＝2 605 000(元)

投资所需要的权益资金＝2 605 000×0.6＝1 563 000(元)

未来 5 年的总净利润＝2 340 000(元)

留存收益＝1 563 000(元)

发放的总股利＝2 340 000－1 563 000＝777 000(元)

每年的股利额＝777 000/5＝155 400(元)

每股股利＝155 400/125 000＝1.24(元/股)

(2)若公司采用每年每股 0.5 元加上年终额外股利，额外股利为净收益超过 250 000 元部分的 50%，则每年应发放的股利为：

单位：元

年　份	1	2	3	4	5
净利润	250 000	450 000	600 000	650 000	390 000
股利总额	0.5×125 000＝62 500	62 500＋(450 000－250 000)×50%＝162 500	62 500＋350 000×50%＝237 500	62 500＋400 000×50%＝262 500	62 500＋140 000×50%＝132 500
每股股利	0.5	1.3	1.9	2.1	1.06

(3)若每年采用剩余股利政策，股利现值为：

股利(元)	400 000	1 650 000	480 000	62 000	300 000	合计
现值系数	0.943 4	0.890 0	0.839 6	0.792 1	0.747 3	
现值(元)	37 736	146 850	403 008	49 110	22 419	659 123

若公司采用每年每股 0.5 元加上年终额外股利政策，每年的股利现值为：

股利(元)	62 500	162 500	237 500	262 500	132 500	合计
现值系数	0.943 4	0.890 0	0.839 6	0.792 1	0.747 3	
现值(元)	58 962.5	144 625	199 405	207 926.25	99 017.25	709 936

从公司的角度看，5 年内应总体采用剩余股利政策，每年的固定股利现值最小。

7.(1)股本＝1 000＋1 000×10%×1＝1 100(万元)

盈余公积＝500(万元)

未分配利润＝1 500－1 000×10%×10－1 100×0.1＝390(万元)

资本公积=(1 000×10%×10−1 000×10%×1)+4 000=4 900(万元)
合计为 6 890 万元。
市净率=每股市价/每股净资产=10/(6 890/1 100)=1.6
(2)××××+1 年净利润=1 000×(1+5%)=1 050(万元)
××××+1 年发放股票股利=1 100×10%=110(万股)
股利支付率=1 100×0.1/1 000=11%
××××+1 年应发放的现金股利=1 050×11%=115.5(万元)
每股股利=115.5/(1 100+110)=0.1(元/股)
(3)××××+1 年净利润=1 000×(1+5%)=1 050(万元)
项目投资权益资金需要量=2 500×60%=1 500(万元)
所以不能发放现金股利。

8. 本题的要点是各种股利分配模式优、缺点的比较。

方案一

主要优点:对公司而言,稳定的股利向市场传递公司正常发展的信息,有利于树立公司良好的形象,增强投资者对公司的信心,稳定股票的价格。对投资者而言,分红达到股东对公司投资回报的预期(股票获利率=0.2/1.8=11%>8%),有利于树立投资者的投资信心,有利于投资者安排股利收入和支出。

主要缺点:对公司而言,公司将分出 20 000 万元现金红利,如果××××年两家国外大型连锁经营店设店,将使竞争进一步加剧,对公司业绩会产生重大影响,从而引发财务风险,同时为了满足××××年度投资需求,公司可能要以负债的方式(比如向银行借款)从外部筹集部分资金,进而会进一步提高公司的资产负债率,增加财务风险。

方案二

主要优点:对公司而言,较方案一可以减少 5 000 万元的现金分红数额,这部分金额可以用于具有良好发展前景的再投资项目,而公司并不因此增加负债融资,从长远角度看,有利于公司长远发展,同时也有利于公司应对未来的财务风险;对投资者而言,有利于其从公司长期发展中获得长期利益。

主要缺点:对公司而言,减少分红数额,容易影响投资者对投资回报的合理预期,从而影响投资者对公司的投资信心,影响公司市场形象;对投资者而言,减少了投资者当期的投资回报,不利于投资者合理安排收入与支出,并可能使投资者产生公司盈利能力不稳定的印象,动摇投资者的投资信心。

方案三

主要优点:公司实际流出现金 5 000 万元,较方案一减少 15 000 万元,对公司而言,发放股票股利可免付现金,保留下来的现金,可用于追加投资,扩大公司经营;满足了投资者对投资回报的预期(现金红利加股票股利合计每股 0.15 元,股票获利率=0.15/1.8=8.33%>8%),有利于维护公司的市场形象,树立投资者的投资信心。对投资者而言,股票变现能力强,易流通,乐于接受,也是投资者获得原始股的好机会。

主要缺点:发放股票股利会因普通股股数增加而引起每股利润的下降,每股市价可能因此而下跌。但发放股票股利后,股东所持股份比例并未改变,因此每股股东所持股票的市场价值总额仍能保持不变。

根据所提供的资料,公司采用第三种分配方案最佳。

六、问答题

1. 股利理论是关于公司股利政策对公司股票价值或公司价值有无影响的理论，分为股利无关论和股利相关论两类。

(1)股利无关论。股利无关论认为，公司的股利政策不会对公司价值(股票价格)产生影响。其代表是美国财务学家 Miller 和 Modigliani 提出的 MM 理论。MM 理论认为，投资者并不关心公司股利分配的情况，公司盈余在股利与保留盈余之间的分配并不影响公司的价值，公司的股价完全取决于投资方案的获利能力。如果股利分配少，留利多，公司可将较多的利润用于再投资，公司股票价格也会上升，需用现金的投资者可以通过出售股票来换取现金。同样，即使公司有了理想的投资机会而支付了较高的股利，公司也可以在证券市场上顺利地募集新的资金。这样，投资者对股利和资本利得并无偏好。所以，股票价格与公司的股利政策是无关的。

(2)股利相关论。

①"在手之鸟"论。这种理论认为，投资者对股利收益与资本利得收益是有偏好的，大部分投资者更偏向于股利收益。因为股利收益是投资者按时、按量、有把握取得的现实收益，好比在手之鸟，而资本利得收益要靠出售股票才能得到，但抛售股票的价格起伏不定，具有很大的不确定性。

②投资者类别效应论。这种理论认为，投资者自身对公司股利政策偏好是不同的。低收入阶层比较偏好经常性的高额现金股利，因为较多的现金股利可以弥补其收入的不足，而那些高收入阶层则偏好少分现金股利以避免因取得股利收入而进一步增加其按高边际税率计算并支付的个人所得税，也可以为将来积累财富。

③信息效应论。这种理论认为，股利政策自身向投资者传递了关于公司盈利能力的信息，而这一信息自然会引起股票价格的变化。通常，增加现金股利的支付向投资者传递的是公司盈利能力充足的信息，会引起股票价格上升；减少现金股利的支付可能给投资者传递的是公司经营状况恶化、前途不甚乐观的信息，会导致股票价格下跌。

④税收效应论。这种理论认为，由于一般情况下，资本利得税率低于股利收入的所得税税率，因此公司的股利政策是多留少分，这样做有利于投资者减少缴纳的税收，还具有推迟纳税的效果，使投资者获得更多的投资收益，这就是股利政策的税收效应。从该效应来看，那些能够利用留存收益进行有效投资、增加股东财富的公司，不发或少发股利对投资者更为有利。

2. 按照《公司法》等法律、法规的规定，股份公司当年实现的利润，按下列顺序进行税后利润分配：

(1)弥补以前年度亏损；

(3)提取法定盈余公积，法定盈余公积已达到注册资本的 50%时，可不再提取；

(3)支付优先股股利；

(4)提取任意盈余公积金；

(5)支付普通股股利。

可见，公司利润分配步骤之间存在这样一种逻辑关系：上一步骤未完成，后续分配不予进行。

3. 股利政策是指公司管理当局对股利分配有关事项所作出的方针与决策，也是内部筹资决策。股利分配政策主要有以下几种：

（1）剩余股利政策。剩余股利政策是指公司在有良好的投资机会时，根据目标资本结构的要求，将税后净利润首先用于满足投资所需要的权益资本，然后将剩余的净利润用于股利分配。这种政策的优点是能够充分利用筹资成本最低的资金来源，满足投资机会的需要，并能保持理想的资本结构，使加权平均资本成本最低。但是，这种股利政策往往导致股利支付不稳定，不能满足希望取得稳定收入的股东的要求，也不利于树立公司良好的形象。

（2）固定股利政策。固定股利政策是指公司在较长时期内都将支付固定的股利额，股利不随经营状况的变化而变动，只有当公司预测未来收益将会有显著的、不可逆转的增长时，才会提高股利发放额。这种政策的优点是固定的股利有利于公司树立良好的形象，另外，稳定的股利有利于投资者安排收入与支出。这种股利政策的缺点在于股利支付与公司盈利能力脱节，使公司承担较大的财务压力。

（3）固定股利支付率政策。固定股利支付率政策是指公司每年按固定的股利支付比例从净利润中支付股利。这种股利政策的优点是体现了风险投资与风险收益对等的原则，不会加大公司的财务压力；不足之处是由于股利波动传递的是经营业绩不稳定的信息，容易使外界产生公司经营不稳定的印象，不利于股票价格稳定与上涨，不利于树立公司的良好形象。

（4）低正常股利加额外股利政策。是指公司每年按一个固定的、较低的数额向股东支付正常股利，当公司盈利有较大幅度的增加时，再根据实际需要，向股东临时发放一些额外股利。这种股利政策的优点是具有较大的灵活性，可给公司较大的弹性，既可以保证股东稳定的股利收入，又可避免股价下跌的风险。由于该股利政策集灵活性与稳定性于一身，因此为大多数公司所采用。

4. 股票分割（stock split）是指股份公司用某一特定数额的新股，按一定比例交换一定数额流通在外的股份的行为，即俗称“拆股”，它对公司的资本结构、资产的账面价值以及股东权益各账户都不产生影响，只是使公司发行在外的股份数增加，每股股票代表的账面价值降低。分派股票股利时将公司的税后利润或部分留存收益转化为资本金，并不会导致公司的资本流出，股东权益账面价值的总额也不发生变化。分发股票股利并不增加股东财富，但会引起所有者权益各项目内部结构发生变化。所以，发放股票股利与股票分割对公司财务影响既有相同之处，也有不同之处。

5. 股票回购是指上市公司从股票市场上购回本公司一定数额发行在外的股票。股票回购的动因主要有以下几个：

（1）巩固既定控股权或转移公司控股权；

（2）提高每股收益；

（3）稳定或提高公司股价；

（4）分配公司超额现金；

（5）改善资本结构；

（6）反并购策略。

6. 对股东而言，股票股利的意义有：第一，如果公司在发放股票股利后同时发放现金股利，则股东会因所持股数的增加而得到更多的现金；第二，事实上，有时公司发放股票股利后其股价并不成比例下降，这可使股东得到股票价值相对上升的好处；第三，发放股票股利通常由成长中的公司所为，因此投资者往往认为发放股票股利预示着公司将有较大发展，盈余将大幅度增长，足以抵消增发股票带来的消极影响，这种心理会稳住股价甚至使股价略有上升；第四，在股东需要资金时，还可以将分得的股票出售，使股东从中获得资本利得税较低的好处。

对公司而言，股票股利的意义有：第一，发放股票股利可使股东分享公司的盈余而无须分配现金，这使公司留存大量现金，便于进行再投资，有利于公司长期发展；第二，在盈余和现金股利不变的情况下，发放股票股利可以降低每股价格，从而吸引更多的投资者；第三，发放股票股利往往会向社会传递公司将持续发展的信息，从而提高投资者对公司的信心，在一定程度上稳定股票价格。

第十五章　公司并购与公司控制

本章精要

兼并是指在市场机制作用下,公司通过产权交易获得其他公司的产权,使这些公司的法人资格丧失,并获得其控制权的经济行为。收购是指对公司的资产和股份的购买行为。两者合称并购。本章介绍了并购的动机、效应及种类,突出强调了并购过程中最重要的财务问题及并购公司的价值评估。最后,对控股公司进行了介绍。

一、公司并购概述

1. 公司并购的动机较复杂,往往难以区分。仅为某一单一的原因而进行的并购并不多见,大多数并购有着多种动因。虽然大多数并购的动因不止一个,而且不同时期可能有不同的特点。

2. 反收购对策划分为两类:收购要约前的反收购对策和收购要约后的反收购对策。

二、公司并购的财务评价

1. 并购的支付方式主要有资产置换、股权交换和支付现金三种。如果采用前两种方式,除了要对目标公司的价值进行评估外,还需要对作为支付手段的自身资产或股权进行价值评估。

2. 对目标公司的价值进行估价之后,还应分析预测并购后的公司估价以及股东利益状况。

三、公司控制

1. 从不同角度,控股公司有多种类型的划分。

2. 按照职能、作用以及形成原因的不同,国家控股公司可以划分为管理型国家控股公司、投资型国家控股公司以及经营型国家控股公司三种形式。

【本章自测题】

一、名词解释

1. 公司并购　2. 兼并　3. 收购　4. 横向并购　5. 纵向并购
6. 混合并购　7. 善意并购　8. 敌意并购　9."毒丸"计划　10."白衣骑士"

二、单项选择题

1. 通过产权的有偿转移而实现的企业间的购并，称为（　　）。
A. 公司兼并　B. 公司分立　C. 公司联营　D. 公司收购
2. 并购后公司的净收益超过并购前公司的净收益，是由于（　　）的作用。
A. 增长效应　B. 协同效应　C. 财务杠杆　D. 规模效益
3. 公司能够通过兼并活动实现外部增长的原因在于（　　）。
A. 降低代理成本　B. 协同效应
C. 实现战略重组，开展多元经营　D. 以上答案都对
4. 当并购公司与目标公司处于同一个行业，生产或经营同一产品时，属于（　　）并购。
A. 横向　B. 纵向　C. 混合　D. 综合
5. 公司普通股的市场价格低于公司净资产的重置价值，这家公司可能被认为是（　　）。
A. 抵押贷款公司　B. 杠杆赎买公司
C. 接管公司　D. 集团公司
6. 将公司的资产和产权分割为若干部分进行交易的并购称为（　　）。
A. 权益联营　B. 部分并购　C. 混合兼并　D. 整体并购
7. 通常来讲，（　　）兼并具有最大的规模经济性。
A. 混合　B. 纵向　C. 横向　D. 综合
8. 并购公司和目标公司分别处于不同的产业部门、不同的市场，而这些产业部门之间不直接竞争没有特别的生产技术联系，这样的并购称为（　　）。
A. 混合兼并　B. 纵向兼并　C. 横向兼并　D. 接管
9. 当被并购公司资不抵债和资产、债务相等的情况下，并购方以承担被并购方全部或部分债务为条件，取得被并购方资产的所有权和经营权的并购方式，称为（　　）。
A. 股权交易式并购　B. 现金购买式并购
C. 承担债务式并购　D. 混合式并购
10. 当并购公司和目标公司之间处于上游和下游，这种并购方式称为（　　）并购。
A. 混合　B. 横向　C. 纵向　D. 联营
11. 存在商品买卖关系的公司合并，被称为（　　）并购。
A. 混合　B. 横向　C. 纵向　D. 联营
12. 采用资产置换的方式作为并购的支付手段，在价值评估时与其他方式相比，不同之处在于价值评估的（　　）。
A. 内容　B. 方式　C. 步骤　D. 时间
13. 并购的实质是为了取得对目标公司的（　　）。

A. 经营权　　B. 管理权　　C. 控制权　　D. 获益权

14. 公司在并购中大量向银行借款以筹集收购所需要的资金，并以目标公司的资产或将来的现金流入作担保，这种并购属于(　　)。

A. 杠杆并购　　B. 股权置换

C. 资产置换　　D. 金融机构信贷

15. 公司并购谋求财务协同效应的表现，不包括(　　)。

A. 提高财务能力　　B. 合理节税

C. 预期提高股价　　D. 提高公司声誉

16. 国家控股公司具有(　　)类型。

A. 管理型国家控股公司　　B. 投资型国家控股公司

C. 经营型国家控股公司　　D. 以上都具备

17. 控股公司对其拥有的子公司具有(　　)。

A. 财务上的控制权　　B. 经营上的控制权

C. 对人员任命和大政方针的决定权　　D. 以上都具备

18. 公司设立的目的只是掌握子公司的股份并控制其股份，然后利用控股权影响股东大会和董事会，支配被控制公司的重大决策和生产经营活动，而其本身并不直接从事生产经营活动，这样的控股公司称为(　　)。

A. 直接控股公司　　B. 间接控股公司

C. 纯粹控股公司　　D. 混合控股公司

19. 下列属于收购要约前的反收购对策是(　　)。

A. 资产收购和资产剥离　　B. 收购收购者

C. “毒丸”计划　　D. 邀请“白衣骑士”

三、多项选择题

1. 公司并购的主要动机有(　　)。

A. 协同效应　　B. 获取特殊资产

C. 管理层动机　　D. 多元化经营

2. 并购所产生的协同效应主要包括(　　)。

A. 管理协同效应　　B. 财务协同效应

C. 组织协同效应　　D. 经营协同效应

3. 一家有实力、有前途的公司，并购一家经营不善，所处行业萎缩、不景气的公司的可能动机包括(　　)。

A. 土地资源　　B. 有效的管理队伍，优秀的科研力量

C. 多元经营　　D. 品牌、商誉

4. 采用资产置换的方式作为并购的支付手段，价值评估时要评估(　　)。

A. 目标公司未来收益的大小和时间预期　　B. 置换资产或股权的未来收益

C. 目标公司的价值　　D. 市场风险

5. 对目标公司的估价可能因为预测不当而不准确，这就带来了并购公司的估价风险，其大小取决于(　　)。

A. 并购公司所采用信息的质量　　B. 目标公司是否是上市公司

C. 并购公司是敌意还是善意收购　　D. 审计的时间

6. 国际上通行的资产价值评估标准主要包括(　　)。

A. 账面价值　B. 市场价值　C. 清算价值　D. 公允价值

7. 当并购的目的在于获取某项特殊资产时,可以采取(　　)资产价值评估标准。

A. 账面价值　B. 市场价值　C. 清算价值　D. 公允价值

8. 并购采取股权交换的方式进行支付,则影响支付比率的主要因素有(　　)。

A. 当期每股盈余　B. 预计未来的每股盈余

C. 股票的相对市场价值　D. 给予被并购公司股东的补偿

9. 并购的支付方式主要有(　　)。

A. 资产置换　B. 股权交换　C. 现金支付　D. 交换债务

10. 控股公司的缺点包括(　　)。

A. 母子公司的经营思想很难达成一致　B. 部分所得重复课税

C. 容易被迫解散　D. 过度运用财务杠杆的危险

11. 进行上市公司收购的相关当事人,所持有、控制被收购公司已发行的股份数量可以合并计算的有(　　)。

A. 股份持有人　B. 股份控制人

C. 原料供应商　D. 一致行动人

12. 投资银行在并购中为目标公司提供的服务包括(　　)。

A. 监视目标企业的股票价格,追踪潜在的并购公司,对每一个可能性收购目标提供早期的警告

B. 制造有效的收购防御策略

C. 评价目标企业和它的组成业务,以便在谈判中达到一个较高的要约价格;提供对要约价值是否公平的建议

D. 帮助目标公司准备利润预测

13. 根据托宾的Q模型来衡量企业的市场价值时,(　　)意味着该企业有投资价值。

A. 市场价值超过重置成本　B. 市场价值小于重置成本

C. Q大于1　D. Q小于1

14. 受让上市公司国有股和法人股的外商,应当具备的条件有(　　)。

A. 有较强的经营管理能力和资金实力　B. 较好的财务状况和信誉

C. 具有改善上市公司治理结构的能力　D. 促进上市公司持续发展的能力

15. 借壳上市是指(　　)。

A. 借壳方按照国家有关法规和股票上市交易规则,通过协议或二级市场收购方式并购上市公司,即壳公司,取得控股权

B. 借壳方对壳公司的人员、资产、业务实行重组,把壳公司的优质资产与业务注入自己公司,实现自身资产与业务的间接上市

C. 加强对壳公司的经营,改善经营业绩,推动壳公司股价的上升

D. 壳公司可以通过配股或发行新股募集资金、扩大生产,最终实现借壳方的长期发展目标和生产资源的优化配置

四、判断题

1. 兼并和收购通常被统称为并购，就其实质而言，都是一种引致公司资产流动或产权转移的行为，其产生的动因和运作的结果基本上是一致的。 ( )

2. 公司兼并与公司收购都是为了获得其他公司的控制权而进行的产权交易活动，并没有本质区别。 ( )

3. 收购的实质是取得控制权，它与兼并既有联系又有区别，但是在实务操作中又很难将两者截然分开，统称为并购。 ( )

4. 并购主要是为了谋求协同效应而进行的，主要表现为管理协同效应、经营协同效应和财务协同效应。 ( )

5. 杠杆收购筹资是指某一公司拟收购其他公司时，以被收购公司的资产和将来的收益能力做抵押，从银行筹集部分资金用于收购行为的一种筹资活动。 ( )

6. 一般情况下，合并后公司的整体偿债能力比合并前各单个公司的偿债能力强，而且还可以降低资本成本，实现资本在并购公司与被并购公司之间低成本的有效再配置。 ( )

7. 杠杆收购是收购公司完全依赖借债筹资，以取得目标公司的控股权。 ( )

8. 收购公司无论是收购目标公司的资产还是股权，收购公司都应该承担目标公司的债权和债务。 ( )

9. 无论是兼并还是收购，目标公司的法人实体地位都将消失。 ( )

10. 杠杆收购是收购公司主要通过借债来获得目标公司的产权，且从后者的现金流量中偿还负债的收购方式。 ( )

11. 通过公开收购或代理权争夺造成的接管，将会改选现任经理和董事会成员，从而作为最后的外部控制机制，解决代理问题，降低代理成本。 ( )

12. 承担债务式并购是指在目标公司资不抵债和资产、债务相等的情况下，并购公司以承担被并购公司的部分或全部债务为条件，取得目标公司资产的所有权和控制权的并购方式。 ( )

13. 并购价值评估是一种主观判断，但并不是无依据地随意定价，而是由一些科学方法和长期的经验验证的。 ( )

14. 并购的方式虽然不同，但进行价值评估时都将采取一样的股价方式。 ( )

15. 股票市价的交换比率若小于1，表示并购对目标公司有利，公司因为并购而获利；若该比率大于1，则表示目标公司因此而遭受损失。 ( )

16. 控股公司是指拥有其他公司的全部股份，从而行使控制权或从事经营的公司。 ( )

17. 控股公司只要购入其他公司50%或甚至更少的股票，就可以获取控制权，加强自身的优势地位。控股可以非常价廉的成本扩张。 ( )

18. 从中小型公司的角度考虑，保护自己免遭大公司吞并的手段之一就是成为某大公司的子公司、伙伴公司，从而既保证其一定的独立性，又有较为稳定的经营业务。 ( )

19. 公司通过兼并实现战略重组，经营相关度较低的不同行业，可以分散风险，稳定收入来源，增强公司资产的安全性。 ( )

20. 并购公司在接管前对目标公司未缴增值税也负有责任。 ( )

五、计算题

1. 某公司计划 20×5 年收购目标公司 A 公司，经测算，收购后有 4 年的自由现金流量。20×4 年，A 公司的销售额为 100 万元，固定资产为 10 万元，营运资本为 8 万元。收购后，前 4 年的销售额预计每年增长 10%，以后的自由现金流在第四年的基础上按 4%稳定增长。销售利润(含税)率为 5%，所得税税率为 30%，固定资产增长率和营运资本增长率分别为 15%和 8%，加权平均资本成本为 12%。

要求：计算目标公司的价值。

2. A 公司打算以股票换股票的方式购并 B 公司，下表列出了两家公司的财务数据(假设并购不产生协同效应)：

项　目	A 公司	B 公司
销售收入(万元)	50 000	5 000
净收益(万元)	4 000	374
普通股发行数(万股)	500	100
每股收益(元)	8	3.74
每股股利(元)	3	1
普通股市价(元)	64	24
市盈率	8	6.42

要求：

(1)假如 A 公司以高于市价 20%的出价购买 B 公司的股票，试计算交换率。

(2)假设并购时，B 公司每 1 股相当于 A 公司股票 0.4 股，购并后的总收益为 4 374 万元，试计算购并后的每股收益。

(3)假设购并发生后的市盈率为 7.5，股票交换比率为 0.4，且并购后的收益为 4 374 万元，试计算购并后 A 公司的每股股价。

3. A 公司以每股 20 元的价格收购 B 公司的股票。

要求：

(1)目前 A 公司的股价为每股 26 元，而 B 公司股价为每股 16 元，并购后，A 公司股价预计可达到每股 29 元。试问交换比率为多少。

(2)购并 B 公司后，A 公司的每股收益为 1.50 元，若购并前 A 公司的 P/E 为 14，而购并后的股价为每股 28 元，试问购并后 A 公司的 P/E 为多少。

六、问答题

1. 公司并购的动机有哪几类？各有什么特点？
2. 并购目标公司的价值评估方法有哪几种？
3. 简述控股公司的优点和缺点。
4. 简述公司防止接管的主要防御措施。
5. 并购的资金筹措是一个很重要的问题，简述适合我国国情的几种融资方式和途径。

【本章自测题参考答案】

一、名词解释

1. 公司并购:公司兼并与公司收购的简称,通常是指在市场机制的作用下,公司为获得其他公司的控制权而进行的产权交易活动。

2. 兼并:在市场机制作用下,公司通过产权交易获得其他公司的产权,使这些公司的法人资格丧失,并获得其控制权的经济行为。

3. 收购:只对公司的资产和股份的购买行为。

4. 横向并购:又称水平并购,指并购方与被并购方处于同一行业,生产或经营同一产品。

5. 纵向并购:又称垂直并购,指被并购公司的产品处于并购公司的上游或下游,是前后工序或者生产与销售之间的关系。

6. 混合并购:也称集团并购,指并购公司和被并购公司分别处于不同的产业部门、不同的市场,而且这些产业部门之间没有特别的生产技术联系。

7. 善意并购:并购公司事先与目标公司协商,征得其同意,并通过谈判达成收购条件的一致意见而完成收购活动的并购方式。

8. 敌意并购:并购公司在收购目标公司股权时虽然遭到对方的抗拒,但仍然强行收购,或者事先并不与目标公司协商,而突然直接向目标公司开出价格和收购要约的并购行为。

9. “毒丸”计划:是一种优先股购股权计划,这种购股权通常发行给老股东,并且只有在某些突发事件发生时才能行使。

10. “白衣骑士”:当遇到收购时,目标公司可以邀请一个友好公司,即所谓的“白衣骑士”,作为另一个收购者。

二、单项选择题

1. B	2. B	3. D	4. A	5. C	6. B	7. C	8. A
9. C	10. C	11. C	12. A	13. C	14. A	15. D	16. D
17. D	18. C	19. C					

三、多项选择题

1. ABCD	2. ABD	3. ABD	4. ABC	5. ABCD
6. ABCD	7. BC	8. ABC	9. ABC	10. ABCD
11. ABD	12. ACD	13. AC	14. ABCD	15. ACD

四、判断题

1. √	2. ×	3. √	4. ×	5. √	6. √	7. ×	8. ×
9. ×	10. √	11. √	12. √	13. √	14. ×	15. ×	16. ×
17. √	18. √	19. √	20. √				

五、计算题

1.

年　份	20×5	20×6	20×7	20×8
销售额(万元)	110	121	133.10	146.41
销售利润(万元)	5.50	6.05	6.66	7.32
所得税(万元)	1.65	1.82	2.00	2.20
增加固定资产(万元)	1.50	1.73	1.98	2.28
增加营运资本(万元)	0.64	0.69	0.75	0.81
自由现金流量(万元)	1.71	1.82	1.93	2.04

目标公司的价值 $=1.71/(1+12\%)+1.82/(1+12\%)^2+1.93/(1+12\%)^3+2.04/(1+12\%)^4+[0.04\times(1+4\%)/(12\%-4\%)](P/F,12\%,4)$
$=5.64+22.67=28.31$(万元)

2.(1)B公司股票实际价格 $=24\times(1+20\%)=28.80$(元)

交换比率 $=28.80/64\approx0.45$

(2)新股数目 $=1\ 000\ 000\times0.4=400\ 000$(股)

$EPS=43\ 740\ 000/(5\ 000\ 000+400\ 000)=8.10$(元)

(3)股价 $=8.10\times7.5=60.75$(元)

3.(1)交换比率 $=20/26=0.77$

(2)$P/E=28/1.50=18.7$

六、问答题

1. 谋求协同效应;获得特殊资产;管理层利益驱动;实现战略重组;开展多元经营;降低代理成本;政府意图。

2. 资产价值基础法、收益法、贴现现金流量法。

3. 优点:少量资金控股,节约公司结合的交易费用,分散集团整体经营风险,防止公司被并购,防止组织一体化的损失,获取规模经济的效益,获取法律和税收方面的效益。

缺点:母子公司的经营思想很难达成一致,部分所得重复课税,容易被迫解散,过度运用财务杠杆的危险。

4. 要约收购前的反收购对策:董事轮换制,绝对多数条款,双重资本重组,“毒丸”计划。

要约收购后的反收购对策:特定目标的股票回购,诉诸法律,资产收购和资产剥离,邀请“白衣骑士”,收购收购者。

5. 增资扩股、股权置换、金融机构信贷、卖方融资、杠杆收购。

第十六章　公司失败与清算的财务处理

本章精要

公司由于经营和财务控制不善，往往陷入财务困境。若无法摆脱困境，只好宣布破产。处于财务困境中的公司财务人员必须知道如何防止公司面临财务困境，减少损失。同时，经营顺利的公司也必须了解公司可能面临的财务危机的成因及可能的解救之道。本章讨论经营失败时必须面临的问题，以及财务重整的原因、补救的方法及决策。

一、公司失败与财务重整

1. 失败并不意味着公司瓦解或解散。

2. 公司的失败可分为以下几种类型：经济失败、财务失败及清算和破产。

3. 通常狭义上的企业失败是指企业破产。

4. 公司财务重整是指对陷入财务危机但仍有转机或重建价值的公司，根据一定程序进行重新整顿，使公司得以维持和复兴的做法。这是对已经达到破产界限的公司的抢救措施。通过这种抢救，濒临破产的公司中的一部分甚至大部分能够重新振作起来，摆脱破产厄运，走上继续发展之路。

二、公司财务重整案例

1. 财务重整决策的重要内容是确定重整计划的公平性与可行性。

2. 公平性的基本思路是对各求偿权必须按其法律及契约上的先后次序来承认。

3. 测试可行性的基本思路是预测重整后的销货盈余是否足够支付固定费用。通常，必须提高销货盈余和降低固定费用双管齐下，才可行。

三、公司清算

1. 当一个公司估计其“死亡的价值高于生存的价值”时，便发生了清算。

2. 清算按其原因，可分为解散清算和破产清算。

3. 导致公司解散清算的原因主要有：公司章程规定的营业期限届满或公司章程规定的其他解散事由出现（如经营目的已达到而不需要继续经营，或目的无法达到且公司无发展前途等）；公司的股东大会决定解散；由于公司合并或者分立，需要解散；公司违反法律或者从事其他危害社会公众利益的活动而被依法撤销;发生严重亏损,或投资一方不履行合同、章程规定的义务,或因外部经营环境变化而无法继续经营。

4. 破产清算是因公司经营管理不善造成严重亏损,不能偿还到期债务而进行的清算。破产清算的情形有两种:一是公司的负债总额大于其资产总额,事实上已不能支付到期债务;二是虽然公司的资产总额大于其负债总额,但因缺少偿付到期债务的现金资产,故未能偿还到期债务,被迫依法宣告破产。

5. 让渡也称转让,是不通过法院清偿债务的非正式程序,通常能够使债权人收回比正式破产程序更多的债款。让渡时,债务人的资产转移给第三者,也就是受让人。受让人根据指示,以私下交易或公开拍卖的方式清算这些资产,然后将出售的所得按比例分配给债权人。让渡时不能自动解除债务人的债务,但债务人可以签发支票给债权人,并附上必要的法律文件,由债权人背书之后,即表示其债权已经充分清偿。

【本章自测题】

一、名词解释

1. 公司失败　2. 债务展期　3. 公司清算　4. 公平性标准　5. 让渡
6. 破产界限　7. 清算财产

二、单项选择题

1. 下列关于公司清算相关问题的表述,正确的是(　　)。
A. 清算期间,为了公司利益公司可以开展新的经营活动
B. 公司在清偿债务之前,可将公司财产按一定比例分配给股东
C. 公司清算结束后,清算组应当制作清算报告
D. 在申报债权期间,清算组可以对部分债权人进行清偿
2. 不属于公司解散清算原因的是(　　)。
A. 营业期满　B. 资不抵债
C. 依法撤销　D. 无法继续经营
3. 关于让渡,下列说法错误的是(　　)。
A. 不需通过法院
B. 债权人收回的债务要比正式的清算程序少
C. 通过第三方拍卖债务人的资产
D. 时间短,可以迅速采取行动
4. 公司破产发生的条件是(　　)。
A. 公司不能偿还债务　B. 按照破产法宣告破产
C. 债务逾期 6 个月　D. 严重亏损
5. 清算财产作价时不需要考虑的是(　　)。
A. 账面价值　B. 清算价值　C. 市场价值　D. 重估价值
6. 在负债清算时,清偿债务的最高额度是(　　)。
A. 实收资本额　B. 注册资本额　C. 资产额　D. 权益额

7. 在清算过程中，不计入清算收益的是(　　)。

A. 财产盘盈　　B. 财产变价收入

C. 无法归还的债务　　D. 豁免的债务

8. (　　)等于公司资产拍卖所得减去负债。

A. 市场价值　　B. 权益价值

C. 持续经营价值　　D. 清算价值

9. 法律破产程序的中心问题在于决定公司的价值是否大于它的(　　)。

A. 清算价值　　B. 市场价值　　C. 权益价值　　D. 历史价值

10. 按照《破产法》，在剩余财产分配顺序中，最先得到分配的是(　　)。

A. 客户贷款的无担保求偿权　　B. 向政府缴纳的税款

C. 受托人管理破产公司的成本　　D. 优先股股东

11. 由有关主管机关按规定成立清算机构清算，针对的是(　　)。

A. 自愿清算　　B. 行政清算　　C. 破产清算　　D. 司法清算

12. 破产企业职工安置费用来源不足的，应由(　　)负担。

A. 企业土地使用权出售所得　　B. 处理破产财产所得

C. 资本公积金　　D. 企业所在地人民政府

13. ABC 公司资产总额 2 000 万元，资产负债率 40%，经评估测定，其资产的变现价值为 1 500 万元，则其资金安全率为(　　)。

A. 75%　　B. 45%　　C. 40%　　D. 35%

14. 在破产程序中，人民法院作出下列裁定，当事人不服，可以向上一级人民法院上诉的是(　　)。

A. 撤销债权人会议决议的裁定　　B. 不予受理破产案件的裁定

C. 终结破产程序的裁定　　D. 宣告破产的裁定

15. A 企业与 B 企业发生了合同纠纷，经过审理，人民法院作出判决，A 企业向 B 企业承担相应的违约责任。A 企业仍然拒绝执行判决，此时，B 企业向人民法院提出强制执行申请，甲人民法院依法查封了 A 企业的 100 吨货物。同时，乙人民法院受理了其他债权人提出的对 A 企业的破产申请，针对甲人民法院强制执行的程序，下列说法中正确的是(　　)。

A. 应该中止该执行程序，暂时解除对 A 企业货物的查封

B. 继续执行强制执行程序，变卖货物取得的价款用于清偿 B 企业

C. 继续执行强制执行程序，变卖货物取得的价款提存

D. 该强制执行程序交给乙人民法院继续执行

三、多项选择题

1. 公司失败的类型主要有(　　)。

A. 经济失败　　B. 财务失败　　C. 清算　　D. 破产

2. 关于债务展期，下面说法中正确的有(　　)。

A. 属于非正式财务重组　　B. 债务人比较偏好于债务展期

C. 在展期内，债权人对债务人有控制权　　D. 有时会与债务和解进行综合运用

3. 列入清算财产的有(　　)。

A. 宣告清算前公司经营的全部财产　　B. 宣告清算至清算终结前所取得的财产

C. 清算期间分回的投资收益　　D. 由破产公司行使的其他财产权利

4. 下列选项中，不能作为公司清算债务的有(　　)。

A. 破产前设立的无财产担保债务

B. 债权人参加清算程序按规定自行负担的费用

C. 债权人逾期未报的债权

D. 保证人代替公司偿还的债务

5. 清算费用包括(　　)。

A. 清算期间的职工生活费　　B. 破产案件诉讼费用

C. 债权人会议的会务费　　D. 审计评估费

6. 在我国，破产申请人包括(　　)。

A. 债务人　　B. 债权人

C. 管理人　　D. 依法负有清算责任之人

7. 企业重整计划包括(　　)。

A. 估算重整企业的价值　　B. 调整公司的资本结构

C. 对公司资产价值进行调整　　D. 提出改善经营管理的措施

8. 管理人应当追回下列人员利用职权从企业获取的非正常收入和侵占的企业财产，包括债务人的(　　)。

A. 董事　　B. 监事　　C. 经理　　D. 副经理

9. 下列选项中，属于破产特征的有(　　)。

A. 破产是一种法定偿债手段

B. 破产是以资不抵债为前提的

C. 破产以清偿债权为宗旨

D. 破产以债务人不能清偿到期债务并且资产不足以清偿全部债务或者明显缺乏清偿能力为前提

10. 清算收益是指在按可变现净值计价资产和重新确认债务中以及由于其他原因而发生的资产价值增加和负债金额减少，应包括(　　)。

A. 存货变现收益

B. 清算期间发生的财产盘盈作价收入

C. 已变现资产不足以清偿的免责债务

D. 清算期间因破产企业债权人的原因而确实无法偿还的债务

四、判断题

1. 重整价值高于清算价值时，公司会迫使债权人选择重组。　(　　)

2. 公司因经营管理不善造成严重亏损时，即宣告破产。　(　　)

3. 公司清算的财产是指宣布清算时公司的全部财产，而不包括清算期间取得的财产。　(　　)

4. 公司清算财产变现收入高于账面价值的净额，作为清算收益。　(　　)

5. 在债务清偿和剩余财产分配过程中，首先要用公司财产变现收入支付清算费用。　(　　)

6. 清算净收益不需要缴纳所得税。　(　　)

7. 公司合并或者分立并需要解散，应成立清算机构进行清算。 （ ）
8. 国有企业清算时，剩余财产全部上缴财政。 （ ）
9. 对清算公司的财产物资出卖时，以成交价格及变现收入作为财产的作价依据。（ ）
10. 公用事业公司和与国计民生有重大关系的公司严重亏损时，也可宣告破产。 （ ）

五、计算题

Q公司申请企业破产，其资产负债表如下表所示（单位：万元）：

资　产		负债及股东权益	
流动资产	1 490	应付账款	460
土地及厂房	1 000	应付职工薪酬	10
设备	600	应交税金	40
		应付票据	500
		应付债券（抵押）	520
		股东权益	1 560
资产总计	3 090	负债及股东权益总计	3 090

其中，应付票据为无抵押票据，应付债券以土地和厂房为抵押，公司清算后的资产收入为：流动资产 720 万元，土地及厂房 450 万元，设备 210 万元，总计 1 380 万元，加入破产清算的费用 50 万元。

要求：计算应付账款的债权人能得到多少钱。

六、问答题

1. 我国破产清算的一般程序是怎样的？
2. 公司何时进行财务重整？何时进行破产清算？
3. 什么是非正式财务重整？其优缺点是什么？

【本章自测题参考答案】

一、名词解释

1. 公司失败：公司不能正常履行资金支付责任，在资金周转和运用方面出现了入不敷出的现象。

2. 债务展期：债权人同意债务人延长已经到期债务的偿还期限。

3. 公司清算：在公司终止过程中，为了保护债权人、所有者等利益主体的合法权益，依法对公司财产、债务等进行清理、变卖，以终止其经营活动，依法取消其法人资格的行为。

4. 公平性标准：是对各求偿权必须按照其法律及契约上的先后次序来承认的标准。

5. 让渡：也称转让，是不通过法院清偿债务的非正式程序，通常能够使债权人收回比正式破产程序更多的债务。

6. 破产界限：法院据以宣告债务人破产的法律标准，又称为法律破产原因。

7. 清算财产：公司在清算程序终结前拥有的全部财产以及应当由公司行使的其他财产权利。

二、单项选择题

1. C	2. B	3. B	4. B	5. C	6. B	7. D	8. D
9. A	10. C	11. B	12. D	13. D	14. B	15. A	

注：13 题具体计算过程：

资产变现率＝资产变现金额/资产变现价值＝1 500/2 000＝75％

资产安全率＝资产变现率－资产负债率＝75％－40％＝35％

三、多项选择题

1. ABCD	2. ACD	3. ABCD	4. BC	5. ABCD
6. ABD	7. ABCD	8. ABCD	9. ACD	10. ABCD

四、判断题

1. √	2. ×	3. ×	4. √	5. ×	6. ×	7. √	8. √
9. √	10. ×						

五、计算题

清算总收入	1 380 万元
减：破产清算费用	50 万元
应付职工薪酬	10 万元
应交税费	40 万元
优先偿还额总计	100 万元
支付抵押债权人(工地厂房)	450 万元

支付一般债权人总计＝1380－100－450＝830(万元)

一般债权人的求偿额：

应付账款	460 万元
应付票据	500 万元
应付债券(抵押)	70 万元
合计	1 030 万元

分配比例＝830/1 030＝0.805 8

应付账款债权人应收额＝460×0.805 8＝370(万元)

六、问答题

1. (1)提出破产申请；(2)法院接受；(3)债权人申报债权；(4)法院裁定宣告破产；(5)重组清算；(6)接管破产公司，资产处置；(7)编报、实施破产方案；(8)报告清算工作；(9)注销破产公司。

2. 公司陷入财务危机但仍有转机或重建价值时，往往进行财务重整。通过重整，大部分公司能够继续发展。当公司资不抵债，亦无债务展期、和解、重整的可能时，公司选择破产清算。

3. 非正式财务重整是当公司并没有资不抵债，只是面临临时的财务危机时，通过与债权人协商而解决危机。它分为债务展期及部分豁免、准改组两种。

优点：避免了履行正式手续的费用；减少重整时间；谈判灵活，容易达成协议。

缺点：债务人对公司有控制权，债权人众多时不容易协调，得不到破产保护的好处。

案　例

案例一　MT 公司的发展案例

MT 公司成立于 1960 年，属国营单位，当初设矿时，全部职工不过 200 人，拥有固定资产 40 万元，流动资金 10 万元，矿长王宏志等均享受国家处级待遇，并全部由上级主管部门——某地区煤炭管理局任命。公司的主要任务是完成国家下达的煤炭生产任务，下表是 MT 公司 1975—1979 年间的生产任务完成统计表。

MT 公司生产任务完成统计表

年　份	产量(万吨)			产值(万元)		
	计划	实际	增减	计划	实际	增减
1975	14	16	2	560	640	80
1976	14	16.5	2.5	560	660	100
1977	15	18	3	600	720	120
1978	15	19	4	600	760	160
1979	16	20	4	640	800	160
合　计	74	89.5	15.5	2 960	3 580	620

由于 MT 公司年年超额完成国家下达的生产任务，多次被评为“红旗单位”，矿长王宏志也多次成为地区劳动模范。MT 公司生产的煤炭属优质煤，由国家无偿调配，公司所需的生产资料和资金每年均由某地区煤炭管理局预算下拨。曾有参观团问过王矿长：你们的材料充足吗？车辆够用吗？王矿长没有直接回答，却领着他们参观了仓库。参观团所见：仓库堆满了尖镐、铁锹等备用工具，足可以放心地使用 3 年；车库停放着 5 辆沾满灰尘的解放牌汽车。有人惊叹道：“呵，全是新车，你们企业真富有！”

进入 20 世纪 80 年代，经济形势发生了变化，计划经济结束，商品经济时代开始。由于国家对企业的拨款实行有偿制，产品取消调配制，导致 MT 公司一夜之间产生了危机感，好在王宏志矿长能够解放思想，大胆改革。首先成立了销售部，引入了一批刚毕业的大学毕业生充实到财务部，在社会上又招聘了一批专业人才，使公司人员素质大大提高，队伍壮大到 400 人。人员管理方面打破“大锅饭”，引入竞争机制，功效挂钩。资产管理方面实行限额领料、定额储备、定额消耗制度；成本管理方面推行全员责任制；生产管理方面实行以销定产，三班工作制；销售管理方面实行优质优价、送货上门等制度。按王矿长的话讲：我们所做的一切管理工作都是为了实现自负盈亏，多创造利润，为国家多做贡献，为企业员工多发奖金，多搞福利。

MT 公司 1985—1989 年间的生产经营统计表

年 份	1985	1986	1987	1988	1989	合 计
煤炭产量(万吨)	30	37	32	28	26	148
营业收入(万元)	3 000	3 200	3 200	3 360	3 380	16 140
营业成本(万元)	1 800	1 920	1 760	1 820	1 690	8 990
营业利润(万元)	1 200	1 280	1 440	1 540	1 690	7 150

MT 公司从规模上看毕竟属于中小企业，进入 20 世纪 90 年代，随着市场经济的建立，随着国家"抓大放小"政策的实施，MT 公司不得已走上了股份制改造之路。1994 年 10 月，国家将 MT 公司的净资产 2 000 万元转化为 2 000 万股，向社会发售，每股面值 1 元，售价 2 元。民营企业家石开购得 1 000 万股，其余股份被 50 位小股东分割，石开成为董事长，经董事会选举、董事长任命，杨记担任 MT 股份有限公司总经理。辛苦工作几十年，卓有贡献的矿长王宏志就此离休了。

MT 公司成立之后，决策层开始考虑负债融资问题，目标资本结构为自有资金与借入资金之比为 1∶1；其次要考虑的是更新设备、引进先进生产线等重大投资问题。董事会决议：利用 5 年左右时间使公司的生产技术水平达到一流水平，公司产品在本地区市场占有率达到 20%，在全国市场占有率达到 3%，资本(自有资金)报酬率达到 26%，股票争取上市并力争使价格突破 15 元/股。

要求讨论：

(1)MT 公司财务管理目标的演进过程。

(2)影响财务管理目标的因素。

(3)各种财务管理目标的优点及其局限性。

案例二 运通运输公司的经营案例

运通运输公司是 MG 市一家经营乘客和货物运输的企业。经公司的市场调研部门调查发现，随着地方经济的发展，MG 市与 CZ 市的经济联系日益密切，且近期当地政府对连接两座城市之间的道路进行了改造，将会进一步促进两城市之间的人员与物资的流通。公司打算开通往来于两城市之间的客运路线，此路线的目的是服务于经常往来于两个城市之间的旅游者。通过提供高质量服务，以吸引那些有消费能力的商务旅行人员。公司目前的方案如下：

公司希望争取到那些周一至周五往来的商务旅行人员，在这期间乘车的票价将提高，用来降低这一时间段的客流量。公司认为，如果商务时间的旅客票价定为 100 元，其余时间为 80 元，将会使这两个时间段的旅客流量大体平衡。

(1)公司将使用大型豪华客车，因为目前其他运输公司也已经开通了这条线路，但使用的是普通客车,使用豪华客车可以吸引具有高消费需求的乘客。运行这条路线,将需要两辆座位数为 60 人的豪华客车,每辆客车的年租金为 100 000 元,每年的维修保养成本约为 40 000 元。

(2)每辆客车需要配备一名驾驶员和一名售票员,驾驶员工资为每年 30 000 元,售票员工资为每次往返 50 元。

(3)客车每次往返的油料费用大约为 200 元,道路的车辆通行费为每次往返 60 元。

(4)交通运输管理部门每年要向每条运输路线收取管理费用 20 000 元。

(5)在整个过程中,每位旅客的相关成本约为 5 元,包括售票和检票;食品和饮料服务成本大约每位旅客 10 元(这在商务时间免费为乘客提供)。公司希望通过在非商业时间内征收酒水费来补偿服务成本。

要求讨论:

(1)如果周一至周五,每辆车每天往返 4 次,周六、周日每天往返两次,那么每辆车每次要搭乘多少乘客才能达到损益平衡?

(2)如果公司已开通 MG 市与 CZ 市之间的客运路线,客车在半夜至上午 5 点间没有运营需求,客运公司现在正在考虑夜班车服务,它将在午夜离开 MG 市,上午 5 点回来,但需要增加一名驾驶员和乘务员。市场调查表明,如果票价不高于 50 元,夜班车的搭乘率为 50%,客车运行费不变,但每周会增加 10 000 元的广告费并负担食品饮料费用。如果市场调查是正确的,管理部门想知道保持损益平衡的最低票价是多少?(可运用财务管理分析技术中的损益平衡分析)

案例三　是否接受特殊订货的决策

【决策一】

ABC 公司在生产过程中生产联产品 A 和 B,以及一种副产品 C。某会计期,ABC 公司投入 4 万元的原材料成本和 7 万元的其他加工成本,生产出 A 产品 1 万千克和 B 产品 1.5 万千克,以及副产品 C 500 千克。C 产品售价为每千克 3 元。联合成本按分离点上联产品的产量基础分配。A、B、C 产品分离后继续加工成本分别为 5 000 元、3 000 元和 1 000 元。

A、B 产品的单位成本计算如下:

副产品 C 的净利润:	
销售价值 (500×3)	1 500
减:继续加工成本	1 000
利润	500
联产品联合成本:	
联合成本	110 000
原材料	40 000
其他	70 000
减:处理副产品的净利润	500

A、B产品应分配的联合成本总额　　109 500

分配基础为分离点的产量如下：

	分配基础	分配率	分配额
A	10 000	4.38	43 800
B	15 000	4.38	65 700
合计	25 000	4.38	109 500

则A、B产品的单位成本计算如下：

	A	B
被分配的联合成本	43 800	65 700
继续加工成本	5 000	3 000
总成本	48 800	68 700
单位成本	4.88	4.58

要求讨论：

ABC公司在目前仍有剩余生产能力的情况下是否应该接受价格为每千克5.10元的1 000千克的A产品特殊订货，如果：

(1)随之生产的联产品B没有销售市场；

(2)随之生产的联产品B有销售市场，单位售价为4.5元。

【决策二】

某公司在其加工程序中生产X、Y两种联产品。X、Y两种联产品的生产比例始终保持不变。这两种产品在分离后销售前都需要继续加工，一部分Y产品质量较低，因此其售价也较低。这部分质量较低的Y产品称为Y_2产品，其是否有价值很成问题。Y产品中其余部分为Y_1产品。

产品的每月需求基本稳定，该公司以此安排生产计划。

该公司的月度生产销售资料通常如下：

产品	产销量(千克)	单价(元)
X	100 000	1.50
Y_1	40 000	1.00
Y_2	10 000	0.30

上述产量下的成本资料如下：

共同加工成本	
材料	52 000元
人工和其他变动成本	23 000元
被分配的固定成本	30 000元
合　计	105 000元

继续加工成本资料如下：

	人工和变动间接成本	被分配的固定成本	合　计
X	40 000	4 800	44 800
Y_1	6 200	2 000	8 200
Y_2	800	200	1 000

要求讨论：

(1)如果联合成本按制成品的重量比例分配，所有产品都能销售掉，分别计算三种产品每月的利润。简单评述 Y_2 产品继续生产销售的可能性。

(2)如果在正常生产销售之外，一个新客户要求公司提供 10 000 千克的 X 产品。该客户提供的价格为每千克 1.10 英镑，该售价不影响联副产品的正常销售。该公司有剩余生产能力满足该批特殊订货。请评价这项特殊订货要求。

(3)若接受这批特殊订货，分别评述 Y_1、Y_2 产品继续生产销售的可能性。

【决策三】

H 有限公司是一家制造化学产品的公司，所制造的两种化学产品都是在同一工序中产生的。在此工序中，10 千克的化学原料 A 加入 2 千克的催化剂可制造 7 千克的产品 B 和 5 千克的产品 C，这个工序是不能改变的，产品 B 和产品 C 于 9 月初均无存货，公司 9 月的业绩如下：

H 有限公司 9 月的财务业绩　　单位：元

成本：	
化学原料 A：1 000 千克	10 000
催化剂：200 千克	8 000
直接人工	7 000
固定间接费用	11 000
9 月份总成本	36 000
销售：	
产品 B：700 千克，每千克 50 元	35 000
产品 C：300 千克，每千克 30 元	9 000
	44 000

产品 C 9 月底期末存货 200 千克，预计于 10 月初售出。

要求讨论：

(1)计算 H 有限公司 9 月份的利润，并按产品 B 和产品 C 分别列出。请以产品所占产量作为基准。

(2)H有限公司的其中一位客户要求公司按正常售价供应额外175千克的产品B,但公司无法销售任何额外的产品C,然而最多150千克的产品C可加工成另一种产品出售。加工成本为每千克8元,加工后的产品售价为每千克14元。计算公司接受此项订单的盈亏,评论公司在做出决策时应考虑的其他因素。

(3)在财务报告中使用的成本数据与在管理层决策中使用的成本数据的不同之处。

案例四 两家酒店的财务报表对比分析案例

甲酒店是一家总部位于中国某市的五星级酒店集团。近年来,甲酒店在全国范围内通过托管、合并与自建等方式大力发展经营业务。一家投资公司准备向甲酒店投资入股,现在正对甲酒店的财务状况进行分析。为了进行比较,该投资公司选取了乙酒店作为参照对象,乙酒店是中国酒店业的龙头企业。甲酒店和乙酒店的资产负债表数据与利润表数据如下表所示:

两家酒店的资产负债表对比

××××年12月31日

单位:万元

	甲酒店		乙酒店	
	年末余额	年初余额	年末余额	年初余额
货币资金	21 376	22 659	74 173	67 775
应收票据	0	900	2	11
应收账款	7 985	4 924	3 271	4 092
预计款项	33 372	15 237	1 765	198
应收利息	0	0	1 046	169
应收股利	0	0	277	151
其他应收款	9 190	10 617	2 657	3 210
存货	24 106	45 672	1 257	1 081
其他流动资产	39	0	0	0
流动资产合计	96 068	100 009	84 448	76 687
可供出售金融资产	0	0	90 921	395 650
长期股权投资	6 121	6 174	95 143	99 223
固定资产	164 917	93 684	25 556	27 989
在建工程	6 148	9 337	699	865
工程物资	136	0	0	0
无形资产	15 479	8 958	21 614	22 086
商誉	0	0	1 100	1 100
长期待摊费用	22 389	10 475	2 678	1 667
递延所得税资产	2 307	528	37	983

续表

	甲酒店		乙酒店	
	年末余额	年初余额	年末余额	年初余额
非流动资产合计	217 498	129 156	237 748	549 563
资产总计	313 565	229 165	322 196	626 250
短期借款	70 200	50 200	550	1 100
应付票据	2 000	0	0	0
应付账款	6 336	4 299	5 471	5 592
预收款项	8 089	5 101	2 286	2 428
应付职工薪酬	1 043	1 095	7 392	7 948
应交税费	5 028	5 442	1 847	4 033
应付股利	0	69	18	643
其他应付款	31 380	15 134	3 310	4 168
一年内到期的非流动负债	6 773	6 500	0	0
其他流动负债	4	0	0	0
流动负债合计	130 853	87 840	20 874	25 912
长期借款	33 784	41 564	204	204
长期应付款	12 713	10 288	0	0
专项应付款	0	2 635	0	0
预计负债	0	0	221	0
递延所得税负债	1 081	1 441	18 111	95 105
其他非流动负债	6 477	8 368	0	0
非流动负债合计	54 055	64 296	18 536	95 309
负债合计	184 908	152 136	39 410	121 221
股本	36 868	34 568	60 324	60 324
资本公积	49 002	14 793	133 909	362 350
盈余公积	1 290	1 159	44 387	41 835
未分配利润	41 497	26 509	44 166	40 520
股东权益合计	128 657	77 029	282 786	505 029
负债及股东权益总计	313 565	229 165	322 196	626 250

××××年度两家酒店的利润表对比　　单位：万元

	甲酒店		乙酒店	
	年末余额	年初余额	年末余额	年初余额
营业收入	90 137	61 182	79 363	83 476
营业成本	42 406	23 385	24 855	25 441
税金及附加	4 938	3 056	3 266	3 419
销售费用	1 736	1 097	23 056	23 154
管理费用	27 586	21 355	17 504	18 648
财务费用	6 638	3 736	−1 745	−742
资产减值损失	904	172	32	−28
投资收益(股权)	−53	55	17 909	18 565
营业利润	5 876	8 436	30 304	32 149
营业外收入	8 957	11 236	1 901	341
营业外支出	134	167	82	35
利润总额	14 699	19 505	32 123	32 455
所得税费用	1 436	2 342	3 269	4 495
净利润	13 263	17 163	28 854	27 960

注：假设利息费用等于财务费用。

要求讨论：

(1)按照改进杜邦财务分析体系分别计算甲酒店与乙酒店××××年度的经营资产、经营负债、金融资产、金融负债、净经营资产、净负债、经营利润和净利息的金额。

(2)根据改进杜邦财务分析体系分别计算甲酒店与乙酒店××××年度的经营利润率、净经营资产周转次数、净经营资产利润率、净利息率、经营差异率、净财务杠杆、杠杆贡献率、净资产收益率。

(3)以乙酒店为基准使用连环替代法并按照净经营资产利润率差异、净利息率差异和净财务杠杆差异的顺序，计算甲酒店和乙酒店净资产收益率差异的驱动因素。

(4)根据要求(2)计算的指标结果，简要指出甲酒店与乙酒店相比，在哪些方面存在不足。

(5)使用传统杜邦分析体系分别计算甲酒店与乙酒店的资产营运能力，并与改进杜邦体系的分析结果相比较，结果有何差异？并简要说明理由。

案例五　某公司财务预测案例

(1)甲公司利润表和资产负债表的主要数据如下表所示。其中，××××年为实际值，××××+1～××××+3年为预测值(其中资产负债表项目为期末值)。

单位:万元

	实际值	预测值		
	××××年	××××+1年	××××+2年	××××+3年
利润表项目				
一、主营业务收入	1 000.00	1 070.00	1 134.20	1 191.49
一、主营业务收入	1000.00	1070.00	1134.20	1191.49
减:主营业务成本	600.00	636.00	674.16	707.87
二、主营业务利润	400.00	434.00	460.04	483.62
减:销售和管理费用(不包含折旧费用)	200.00	214.00	228.98	240.43
折旧费用	40.00	42.42	45.39	47.66
财务费用	20.00	21.40	23.35	24.52
三、利润总额	140.00	156.18	162.32	171.01
减:所得税费用(40%)	56.00	62.47	64.93	68.40
四、净利润	84.00	93.71	97.39	102.61
加:年初未分配利润	100.00	116.80	140.09	159.30
五、可供分配的利润	184.00	210.51	237.48	261.91
减:应付普通股股利	67.20	70.42	78.18	82.09
六、未分配利润	116.80	140.09	159.30	179.82
资产负债表项目				
营业流动资产	60.00	63.63	68.09	71.49
固定资产原值	460.00	529.05	607.10	679.73
减:累计折旧	20.00	62.42	107.81	155.47
固定资产净值	440.00	466.63	499.29	524.26
资产总计	500.00	530.26	567.38	595.75
短期借款	118.20	127.45	141.28	145.52
应付账款	15.00	15.91	17.02	17.87
长期借款	50.00	46.81	49.78	52.54
股本	200.00	200.00	200.00	200.00
年末未分配利润	116.80	140.09	159.30	179.82
股东权益合计	316.80	340.09	359.30	379.82
负债和股东权益总计	500.00	530.26	567.38	595.75

(2)甲公司××××+1年和××××+3年为高速成长时期,年增长率在6%～7%;××××+3年销售市场将发生变化,甲公司调整经营政策和财务政策,销售增长率下降为5%;××××+4年进入均衡增长期,其增长率为5%(假设可以无限期持续)。

(3)甲公司的加权平均资本成本为10%,所得税税率为40%。

要求讨论:

(1)根据给出的利润表和资产负债表预测数据,计算"甲公司预计自由现金流量表"的相关项目金额。

(2)假设债务的账面成本与市场价值相同,根据加权平均资本成本和自由现金流量评估××××年年末甲公司的企业实体价值和股权价值(均指持续经营价值)。

案例六 A公司投资项目可行性评价

A公司为海南某一生物制品公司,为了增加企业的利润源,欲投资于市场前景较好的芦荟加工项目。因此,需要对该项目的可行性进行财务分析。

一、芦荟产品的市场信息

芦荟是百合科草本植物,具有护肤、抗菌、防辐射、提高免疫力等多种功能。在世界范围内,芦荟已经广泛用于化妆品、保健食品、饮料工业等领域。开发利用芦荟植物资源,符合国家生物资源产业发展方向,是新兴的朝阳产业。下面就化妆品和保健食品市场对芦荟的需求进行分析:

我国20世纪90年代化妆品工业销售额平均年增长速度为27%～35%。根据化妆品工业协会与国际咨询公司Datamonitor预测,中国化妆品市场今后几年以10%～20%的年增长速度发展;其中,作为化妆品新生力量的芦荟化妆品将以高于整个化妆品产业的发展速度增长。据估计,进入新世纪后,我国化妆品工业平均增长10%～20%,届时的销售额将达535亿～985亿元;如果芦荟化妆品与行业同步增长,届时芦荟化妆品的销售额为3.9亿～4.4亿元,生产所需的芦荟工业原料折冻干粉29～45吨;如果芦荟化妆品能以25%～30%的速度增长,则折冻干粉的需求量达72～94吨。预测结果如下表所示:

年均增长速度(%)	10	15	20	25	30
年均增长速度(%)	10	15	20	25	30
芦荟化妆品销售额(亿元)	3.9	5.3	7.1	9.5	12.5
芦荟原料需求量(冻干粉)(吨)	29	40	54	72	94

保健食品工业若以年均8%的速度递增,则20×5年保健食品工业所需的芦荟工业原料折冻干粉约8吨。

专家预测:芦荟工业原料在化妆品工业中的增长速度为15%～25%的概率较大,在保健食品中将稳定发展。据此估计,20×5年芦荟工业原料的需求量为48～80吨。当前芦荟市场主要分布在美国、日本及欧洲等少数发达国家和地区,而且目前我国芦荟工业原料规模生产还处于空白阶段,仅有2～3家生产芦荟原料,芦荟终端产品所需要的高级芦荟工业原料主要依靠进口。

二、生产方案

通过生产规模研究,选择年产40吨芦荟冻干粉的生产规模是比较妥当的。具体方案如下:

(1)拟将工厂就近建在某一芦荟种植基地附近,原材料供应丰富、交通便利。

(2)建成芦荟浓缩液生产线一条,年产芦荟浓缩液 800 吨(折合冻干粉 40 吨)。400 吨供应冻干粉生产线作为原材料,其余 400 吨无菌包装后外销。

(3)建成冻干粉生产线一条,年产芦荟冻干粉 20 吨。

本项目生产工艺先进,技术成熟可靠,关键技术达到国际先进水平,生产线关键设备以引进国外知名品牌为主,设备综合利用率高。此外,本套生产线还可用于果汁生产。

三、项目总投资估算

项目总投资 3 931.16 万元,其中,建设投资 3 450.16 万元,占投资总额的 87.76%;流动资金 481 万元,占总投资的 12.24%。总投资构成如下表所示:

序号	投资内容	金额(万元)	占总投资百分比(%)
1	总投资	3 931.16	100
2	建设投资	3 450.16	87.76
2.1	工程费用	271 010	70.31
2.1.1	其中:设备购置	2 197.5	55.9
2.1.2	建设工程	566.65	14.41
2.2	其他费用	270.00	6.87
2.3	预备费用	271.01	6.89
3	流动资产	481.00	12.24

以上工程费用和其他费用形成固定资产,其中芦荟浓缩液车间、冻干粉车间和管理部门使用的固定资产分别为 1 914.38 万元、1 197.38 万元和 67.39 万元;预备费用形成开办费用。

四、资金的筹集与使用

本项目总投资 3 931.16 万元,其中 1 572.46 万元向商业银行贷款,贷款利率为 10%;其余向股东筹措,股东期望的最低报酬率为 22%。这一资本结构也是该企业的目标资本结构。本项目建设期一年。在项目总投资中,建设性投资 3 450.16 万元应在建设期初一次全部投入使用;流动资金 481 万元,在投产第一年初投入使用。项目生产期为 15 年。

五、财务成本数据测算

1. 成本估算依据

(1)材料消耗按工艺定额和目前价格估算,如下表所示:

芦荟浓缩液消耗定额及价格表

序号	项 目	规格	单位	单价(元)	单位消耗定额/(吨)	单位直接材料成本(元)
1	原材料					22 488.91
1.1	原料					21 668.38
1.1.1	鲜芦荟	0.8～1.2 千克	吨	1 080	20	21 600

续表

序号	项　目	规格	单位	单价（元）	单位消耗定额/（吨）	单位直接材料成本（元）
1.1.2	添加剂		千克	136.75	0.5	68.38
1.2	包装材料					820.53
1.2.1	无菌袋		个	42.74	5	213.7
1.2.2	铁桶		个	119.66	5	598.3
1.2.3	塑料桶		个	1.71	5	8.53
2	燃料及动力					832.3
2.1	水		吨	1	60	60
2.2	电		度	0.28	1 000	280
2.3	煤		吨	136.75	3.6	492.3
合计						23 321.21

芦荟冻干粉消耗定额及价格表

序号	项　目	规格	单位	单价（元）	单位消耗定额/（吨）	单位直接材料成本（元）
1	原材料					528 612.5
1.1	原料					527 586.5
1.1.1	浓缩液	10：1	吨	26 379.33	20	527 586.5
1.2	包装材料					1 026
1.2.1	复合膜	25 千克	个	8.55	40	342
1.2.2	包装桶	25 千克	个	17.1	40	684
2	燃料及动力					29 209.2
2.1	水		吨	1	2 600	2 600
2.2	电		度	0.28	88 000	24 640
2.3	煤		吨	136.75	14.4	1 969.2
合计						227 821.7

其中浓缩液单价计算：(23 321.21×800+321 480+2 125 012.94)/800=26 379.33(元)

(2)工资及福利费。工资按定员与岗位工资标准估算。总定员 120 人，人均年工资 6 420 元。福利费按工资总额的 14%计提。这样计入芦荟浓缩液和冻干粉成本中的直接人工费用分别为 321 480 元、116 280 元。其余部分计入管理费用和销售费用，已包含在下面的预算中。

(3)制造费用估计。预计芦荟浓缩液、冻干粉的年制造成本分别为 2 125 012.94 元、1 375 747.94 元，其中包括折旧费(芦荟浓缩液和冻干粉的固定资产为 1 914.38 万元和 1 197.38 万元)。除折旧外，其余均为可变成本。

(4)管理费用估计。开办费按 5 年摊销；折旧费按 15 年(管理部门的固定资产为 67.39 万元)，残值率按 5%计算；其他管理费用估算为 80 万元/年(含工资)，其中 60 万元为固定成本。

(5)销售费用估计。销售费用估算为 288 万元,包括人员工资及福利费用、广告费等,其中,200 万元为固定成本。

总成本费用表

单位:万元

序号	项　目	2～6 年	7～16 年
1	原材料	1 801.16	1 801.16
2	燃料及动力	125	125
3	直接人工	43.78	43.78
4	制造费用	350.08	350.08
	其中:折旧费用	197.08	197.08
5	制造费用合计(1+2+3+4)	2 320.02	2 320.02
6	管理费用	138.47	84.27
	其中:折旧费用	4.27	4.27
	摊销费用	54.2	
	其他管理费用	80	80
7	销售费用	288	288
8	总成本(5+6+7)	2 746.49	2 692.29
9	固定成本	515.55	461.35
10	可变成本	2 230.94	2 230.94

注:固定成本包括制造费用中的折旧费,管理费用中的折旧费、摊销费和 60 万元其他费用,销售费用中的 200 万元。

2. 销售价格预测

本项目根据国内外目前的价格进行预测,得出浓缩液 60 000 元/吨,冻干粉 1 200 000 元/吨。

3. 相关税率

为简单起见,假设增值税不用考虑,城建税及教育费附加已经考虑在费用中,所得税税率为 25%。

4. 折现率的确定

	资本成本	资本结构	加权资本成本
负债	10%×(1−25%)=7.5%	1 572.46/3 931.16×100%=40%	7.5%×40%=3%
股权	22%	60%	22%×60%=13.2%
			3%+13.2%≈16%

要求讨论:

(1)编制该项目的现金流量表。

(2)用 NPV 和 IRR 法估计该项目是否可行?

(3)对该项目进行敏感性分析,说明该项目的抗风险能力(运用资本预算中的风险分析)。

案例七 资本排序问题

M公司为一塑料公司,成立于1990年,主要为汽车制造商生产塑料配件和模具。在公司经营的第一个10年间,M公司仅仅是汽车制造商的塑料配件和模具供应商。但是,为了避免汽车工业的周期性给公司带来的不利影响,M公司一直努力拓展多元化经营业务。目前,多元化经营已使公司拥有1 000种以上的产品,包括厨房设备、家用相机和专业照相设备,公司销售额增加了8倍。××××年末,公司投入1 050万元进行扩建,使公司生产能力提高了40%。最近,公司还与一家大型的玩具制造商和折扣连锁店签订了供货合同,尽管这样,公司的非汽车业务发展很快,但只占到A公司总业务额的1/3。因此,A公司决定继续寻找新的业务。

今天,A公司总裁召开会议,出席会议的有公司创始人兼总裁罗生、财务主管苏珊和研发部负责人顾升。他们将对3组6个互斥项目进行分析讨论,并制定出最终的投资决策。在过去的十多年里,A公司的资本预算已经有一套成熟的方法和详细的规则。对于盈利项目和研究开发项目采用净现值法来评价,此时假设资金的机会成本为10%。此次的6个项目均为盈利项目。

第一组互斥项目是A、B两个项目,涉及使用M公司现有设备。项目A是为一家大型折扣连锁店生产热水瓶的真空容器。这种容器要用5种不同规格和颜色的零部件来生产,项目期限预计为3年。在此期间,M公司的预期收益包括最低回报加上一定比例的销售提成。项目B是为一家全国性的照相器材批发商制造中低档照相器材。A、B两个项目的生产都需要精密设备,因此,选择两个项目中的任何一个都将占用现有全部闲置的精密设备,而购买新设备又会使项目推迟几年,这是两个互斥项目。其现金流量如下表所示:

单位:元

年 份	现金流	
	项目A	项目B
第0年	−75 000	−75 000
第1年	10 000	43 000
第2年	30 000	43 000
第3年	100 000	43 000

第二组互斥项目C、D为租赁计算机客户开票及存货控制系统。系统C是采用N计算机公司提供的开票系统。如果采用该系统,则目前由M公司会计部承担的记账和开票工作将由N计算机公司负责,该系统将提高记账和开票方面的工作效率并节省簿记费用。此外,该系统还能使公司更有效地对拖欠货款的顾客进行信用分析。项目D则是采用H计算机公司提供的系统,该系统除了项目C所具有的相似的开票功能外,还有存货控制功能。存货控制功能能减少公司库存材料用完而延误生产的事件,而这种事件在过去3年已司空见惯。项目C、D的现金流如下表所示:

年份	现金流	
	项目 C	项目 D
第 0 年	$ −8 000	$ −20 000
第 1 年	11 000	25 000

最后一组互斥项目是关于若干机器更换方案的比较。项目 E 建议购买中等价格但效率相当高的设备，这种设备预计使用寿命为 5 年；项目 F 建议购买同样价格但效率较低的设备，预计使用寿命为 10 年。项目 E、F 的现金流量如下表所示：

单位：元

年份	现金流	
	项目 E	项目 F
第 0 年	−500 000	−500 000
第 1 年	225 000	150 000
第 2 年	225 000	150 000
第 3 年	225 000	150 000
第 4 年	225 000	150 000
第 5 年	225 000	150 000
第 6 年		150 000
第 7 年		150 000
第 8 年		150 000
第 9 年		150 000
第 10 年		150 000

会议一开始，争论的焦点就集中在评价这些项目的适用方法上。总裁认为，由于这些项目是互斥的，通常的净现值法也许并不适用，在评价这些项目时或许更应关注相对的盈利能力或其他收益指标。财务主管主张用获利能力指数法，这样可以得出效益与费用的比率，直接反映相对的获利能力。因此，只需将这些项目按获利能力指数大小排序，从中选择获利能力指数最大的项目。而研发部负责人倾向于使用内部收益率法，认为其更能直观地衡量项目的获利能力。总裁建议同时计算获利能力指数、内部收益率以及净现值三种指标，因为它们会产生同样的排序结果。

要求讨论：

(1)总裁认为，NPV、PI 和 IRR 三种方法和准则会产生相同的排序结果。这是否正确？在什么情况下，这三种方法会产生不同的排序结果，为什么会有这种差异？

(2)项目 A、B 的 *NPV*、*PI* 和 *IRR* 各为多少？应选择项目 A 还是项目 B？

(3)项目 C、D 的 *NPV*、*PI* 和 *IRR* 各为多少？在资金有限的情况下，选择项目 C 后所剩余的 12 000 元要产生怎样的收益水平才能与选择项目 D 无差异？

(4)项目 E、F 的 *NPV*、*PI* 和 *IRR* 各为多少？它们的使用寿命不同，是否可比？为什么？在没有资金限制的情况下，应选择哪个项目？

案例八　宝钢增发50亿普通股

2005年4月15日，宝山钢铁有限公司（宝钢股份，600019）公布增发招股说明书，本次将增发50亿股，募集资金约为250亿元，其中向集团定向增发国家股30亿股，向社会公众增发20亿A股。250亿元的融资额创造了沪深股市上的历史。

一、增发公告中列示的本次增发基本情况

1. 发行股票种类

发行的股票为人民币普通股，每股面值1.00元。

2. 发行规模

增发的股票总量为50亿股，其中：向上海宝钢集团公司（下称集团公司）定向增发国家股30亿股，占本次增发总量的60%；向社会公众增发社会公众股20亿A股，占本次增发总量的40%。

3. 发行对象

（1）优先配售。本发行公告公布的股权登记日（2005年4月19日）上证所收市后，在登记结算公司登记在册的所有社会公众股股东按10∶10的比例优先配售，优先认购的股数不超过18.77亿股，剩余部分将在网下向机构投资者进行比例配售。

（2）比例配售。股权登记日持有上证所股票账户的机构投资者（法律禁止购买者除外），机构投资者分为A、B、C三类：A类机构账户指获售申购数量超过5 000万股（含5 000万）的全国社保基金组合，其获配股票上市后有3个月的锁定期；B类机构账户指获售申购数量超过3 000万股（含3 000万）的机构投资者，其获配股票上市后有2个月的锁定期；C类机构账户指获售申购数量小于3 000万股的机构投资者，其获配股票上市后有1个月的锁定期。

（3）定向配售。上海宝钢集团公司30亿国有股。

4. 发行地点

本次发行由主承销商中国国际金融有限公司负责组织实施，网上优先配售通过全国与上证所交易系统联网的各证券交易网点进行，网下优先配售和比例配售由主承销商中国国际金融有限公司负责组织实施。

5. 发行价格的确定

本次增发将以股权登记日前30个交易日收盘价的算术平均值为基准计算询价区间，询价区间将为该基准值的80%～85%。经上海证券交易所批准，公司本次向原社会公众股股东优先配售的1 649 857 731股社会公众股将于2005年5月9日起上市流通，上市首日公司股票不设涨跌幅限制。

二、发行结果

1. 发行前后公司股本的变动

发行前总股本为12 512 000 000股，发行后总股本为17 512 000 000股。发行前国有股为10 635 000 000股，占总股本的85%；增发30亿股后为13 635 000 000股，占77.86%，比例有所下降。网下机构投资者比例配售350 142 269股，占总股本的2%；增发后总非流通股占总股本的79.86%（锁定期之后比例配售部分转为流通股）。发行前普通股上市流通股为

1 877 000 000 股，占总股本的 15%；增发 20 亿股，扣除机构投资者比例配售部分后为 3 526 857 731 股，占总股本的 20.14%，总的流通股比例有所上升。

2. 发行价格

经发行人和主承销商根据社会公众股股东参与优先配售和网下机构投资者比例配售的情况确定发行价为 5.12 元。

3. 融资额

此次总融资额为 250 亿元，对流通股东的融资额应在 100 亿元左右。

三、募集资金用途

宝钢股份本次增发募集资金用于收购集团拥有的钢铁生产、钢铁供应链以及相关产业三大体系的钢铁主业资产：

1. 钢铁生产资产

宝钢集团上海第一钢铁有限公司全球领先的不锈钢冶炼和热轧生产资产、宝钢集团上海五钢有限公司装备先进的特钢生产资产、拥有单厂世界最大不锈钢冷轧能力的宁波宝新不锈钢有限公司 54%的股权，以及作为高档建筑薄板和电工钢生产基地的上海梅山钢铁股份有限公司 74.01%的股权。

2. 钢铁供应链资产

对宝钢股份物流稳定具有战略性意义的马迹山中转港区资产、拥有覆盖全国的营销加工配送网络及钢铁生产战略资源供应的上海宝钢国际经济贸易有限公司 100%的股权，及拥有巴西和澳大利亚重要铁矿资源供应能力同时拥有覆盖全球的销售网络及运输系统的 10 家海外子公司的股权。

3. 相关产业资产

与钢铁生产密切相关的上海宝信软件股份有限公司 57.22%的股权和上海宝钢化工有限公司 100%的股权。

四、增发目的

据谢企华介绍，本次收购完成后，宝钢股份将实现内涵和外延的跨越式发展，可以发挥其协同效应，宝钢集团也将实现钢铁主业资产的一体化运作。增发背后是宝钢未来的发展和国际化战略。

1. 提升内部竞争力

增发收购集团资产的过程就是集团重组改制的过程，部门、人事等内部资源必须随之整合，即提高内部竞争力。而谢企华对此表示，宝钢产业结构进行根本性内部布局调整，是为了更好地与国际钢铁巨头抗衡。

2. 谋求谈判话语权

此次增发除了要加强内部竞争力外，宝钢同时也在谋求未来进行铁矿石谈判的话语权，以增强在国际钢铁业的影响力。

五、市场反应

大盘蓝筹股的增发往往给股市带来很大的负面影响，而且后面又接有浦发银行等蓝筹股的增发预期，给大盘蒙上一层阴影，上证指数 4 月份开始走低，直到 6 月 6 日盘中跌破千点

(998.23)。这一切不能不说是宝钢增发点燃的导火索。

要求讨论：

(1)增发新股的利弊得失。

(2)你认为现阶段增发新股是我国企业筹资的首选方式吗?

案例九　中国南车 IPO

北京奥运会期间,大盘震荡下跌,中国南车作为唯一的IPO大盘股受到了市场的普遍关注。而承销商中金公司和兴业证券,在上市前营造的氛围、巧妙的定价为本次发行奠定了成功的基础。此IPO也被评为第三届"新财富最佳投行"最佳IPO项目。

南车集团是控股公司,主要资产是17家公司的股权,长期股权投资占公司总资产的65%。启动上市计划之前,旗下已有三家上市公司,分别是*ST汇通(现为南方汇通,000920)、时代新材(600458)和时代电气(03898.HK)。如果采取借壳方式,从上市地点、股本大小和结构等方面看,*ST汇通最为理想。

不过,南车集团的庞大资产显然不能一次性通过借壳方式注入上市公司,而时间可能是南车集团最不愿承担的成本。一方面,南车集团想要成为世界级的机车制造企业,不仅要在内地上市,而且要在香港上市,"A+H"股同步上市将为公司的后续发展赢得时机。另一方面,南车集团与北车集团极有可能"分久必合",而不管谁先上市,都将在今后的整合过程中占据有利地位。

2007年12月28日,中国南车注册成立。其中主要发起人南车集团持有69亿股,占公司总股本的98.57%;铁工经贸持有1亿股,占公司总股本的1.43%。2008年7月28日(成立时间不满一年,特批上市),中国南车发布招股意向书,确认以"A+H"股形式IPO上市,其中将发行不超过30亿股A股,并在上交所挂牌,随后发行额度不超过16亿股的H股(未考虑超额配售权)。

中国南车上市恰逢北京奥运,上证指数已从2007年底的6124点下挫至2008年8月初的2700余点,"维稳"是当时中国资本市场的重中之重,此前,证监会已经暂停了大盘股的发行达4个月之久。在此背景下,联席保荐人中金公司和兴业证券在行业发展机遇上做足文章,通过营造良好的氛围,市场不但较大程度上消除了中国南车上市对大盘带来冲击的恐慌,而且将其看成了引领大盘向上的新动力。

据招股书披露,中国南车作为我国铁路及城市轨道交通装备市场的领先企业,在中国铁路第六次大提速时投入使用的52列动车组中,中国南车及其合营公司提供了47列,竞争优势明显。另外,手持大量订单是招股书的重点披露内容。至2008年3月末在手订单已达680亿元左右,到7月中旬订单金额可能已经超过800亿元(2007年全年销售收入为274亿元,800亿订单可维持2~3年良好运营)。同时,产品结构高端化带动公司毛利率的提升。2005—2007年,随着高铁设备需求的逐步放量,中国南车的综合毛利率从14.08%上升到15.09%。

实际上,中国南车选择的发行时机并不算好,中国南车的发行也因此变成了"双低"发行,即低价发行与低市盈率发行。中国南车每股2.18元的发行价格,不仅为全流通以来新股发行价格最低,而且也是1993年12月2日以来的最低首发价格,折合市盈率16.03倍。

关于南车的“双低价”发行，市场主要有如下解读：

1. 压低A股发行价，中国南车旨在确保H股上市

中国南车每股2.10～2.18元的发行价格远远低于市场之前的预期，行业分析师认为，此举可能是为A股上市后的二级市场留下上涨空间，同时，便于在当地投资者不太看好制造业股票的香港市场发行。

2. 基金券商争议中国南车：15倍PE发行并不便宜

“现在很多蓝筹股的市盈率都在10～15倍之间，部分行业甚至低于10倍，如钢铁行业整体市盈率也就在8倍左右。具体到南车所在行业的总体情况来看，15倍PE的南车并不能说是便宜，只能说不贵而已。”

3. 中国南车低价格并不意味着低估值

中国南车的发行价格是参考了公司历史的业绩和未来的增长前景，同时结合目前资本市场的基本环境来确定的，充分反映了中国南车的价值水平。低价格并不意味着低估值。

但实际上，中国南车每股面值1元，发行前，母公司每股净资产1.24元，每股净利润－0.003元；合并报表每股净资产0.62元，每股净利润0.15元。以合并报表计算，发行前市盈率14.5倍，发行后市盈率30.6倍。如果按照母公司报表计算，发行人相当满意。其母公司(中国南车集团)将股权评估增值后注入拟上市公司进行IPO的资本运作手段，也是很老到的。

要求讨论：

(1)试对南车上市的利弊进行分析。

(2)你认为南车的“双低发行”如何？

(3)南车上市后会有怎样的命运？

案例十　G宝钢认股权证JTB1

宝钢股份20×5年度第一次临时股东大会在北京中国大饭店召开。股东大会的主要议题为审议宝钢股份股权分置改革方案，宝钢股份方案以99.996 39%的高票获得了通过，其对价方案核心内容如下：

宝钢股份唯一非流通股股东宝钢集团为获得其持有股份的流通权而支付的对价为：股权登记日登记在册的流通股股东每持有10股流通股将获得宝钢集团支付的2.2股股份、1份认购权证(warrants)。

宝钢权证基本条款：

(1)发行人：宝钢集团公司(备兑权证)

(2)存续期：378天，自认购权证被划入流通股股东账户之日起算，即20×5年8月18日至20×6年8月30日。

(3)权证类型：欧式认购权证，即于认购权证存续期间，权证持有人仅有权在行权日(权证持续期的最后一个交易日)行权。

(4)发行数量：38 770万份。

(5)行权比例：权证持有人所持每份认购权证可按行权价向宝钢集团公司购买宝钢股份公

司 A 股股票的数量。本认购权证初始行权比例为 1。即 1 份认购权证可按行权价向宝钢集团公司购买 1 股宝钢股份公司 A 股股票。

(6)行权价:4.50 元。

(7)宝钢股份公司 A 股股票除权、除息的行权价和行权比例将按以下规则调整:

当宝钢股份公司 A 股除权时,认购权证的行权价、行权比例将按以下公式调整:

新行权价=原行权价×(宝钢股份公司 A 股除权日参考价/除权前一日宝钢股份公司 A 股收盘价)

新行权比例=原行权比例×(除权前一日宝钢股份公司 A 股收盘价/宝钢股份公司 A 股除权日参考价)

当宝钢股份公司 A 股除息时,认购权证的行权比例保持不变,行权价格按下列公式调整:

新行权价=原行权价×(标的证券除息日参考价/除息前一日标的证券收盘价)

(8)结算方式:股票给付方式结算,即宝钢集团公司按行权价格向行权者收取现金并支付股份。

8 月 22 日,宝钢权证(代码 580000)开始在上交所上市交易,这个阔别中国证券市场 9 年后迎来的首个权证产品,让申城的股民一早就排起了久违的长队。G 宝钢上周五收盘价是 4.62 元,高于行权价 4.5 元,权证是有价值的。宝钢权证的发行价大约在 0.7 元以下,为 T+0 的交易方式。与现行的股票交易方式不同,现行股票交易方式为 T+1,即当天买进的股票最早只能在明天卖出。而 T+0 的交易方式可以在一个交易日买卖很多次,如果亏损可以及时抽出来,这种方式可以规避风险,从而吸引投资者,让很多股民大呼过瘾。或许是 9 年的时间压抑了太多能量,上午 9 点 25 分,宝钢权证的集合竞价一开出,大厅里一片哗然:1.263 元,涨幅 83.58%,一下子攀升到了当日的涨停线!全天成交近 1.76 亿元。

8 月 23 日,宝钢权证交易的第二天,走势继续疯狂,以 1.35 元开盘,跳空高开后再次上攻,最高涨至 1.83 元,涨幅达 44%,最后以 1.586 元收盘,全天涨幅 25.57%。而根据有关模拟计算,认购权证的行权价为 4.5 元,在股价年波动率为 30.5%(近 1 年)、无风险收益率为 3.3%时,根据 Black-Scholes 公式计算上市首日的认购权证理论价值是:标的证券价格为 5 元、4.8 元、4.5 元和 4.2 元时,权证理论价格分别为 0.96 元、0.82 元、0.62 元和 0.46 元。而如果以第二天收盘价 1.586 元计算,到明年 8 月 30 日行权日,宝钢股票要涨到 6.1 元,权证持有者才有利可图,即使以宝钢股价年波动率上限 30.5%计算,一年后价格只是 5.876 元,而这个价格对宝钢来说也是很难达到的。

宝钢权证 JTB1(580000)的上涨仍在继续,在 8 月 25 日这一天,最高冲到 2.088 元。在如此高的价格上,仍然有 1 亿元左右的日交易量。据基金投资分析人士称,这已经是一种投机,一种"博傻"式炒作。之后,权证价格开始走低,有十几亿元的资金被套牢。价格仍然在 1.3 元附近震荡,偏离其价值。投资者在这样的价位上进出,更多的是进行投机赚取差价,而并非持有到期认购股票,所以行权价格多少并不重要了。

要求讨论:

认股权证的作用是什么?

案例十一 财务杠杆的利润效应

D运输公司是美国一家普通的商品运输公司，它的运输路线横贯整个太平洋海岸，从俄勒冈和加利福尼亚到中西部的工业区，从芝加哥到得克萨斯州的一些地区。D公司自1952年由三兄弟创立到90年代初期一直发展缓慢，之后由伊瓦斯担任该公司经理，他致力于加强推销攻势和不断强调提升服务，增加该公司在已有航线上的收入。1995年，利用D公司首次公开发行普通股所得的资金，伊瓦斯推行了一项通过营业计算机化和使用计算机终端设备来降低营业成本的计划。这些变革后，D公司转变为一个规模较大且获利丰厚的企业，并因进取型的管理方式而在该行业中广受关注。

20×6年，伊瓦斯和公司董事一致认为持续增加公司收入和利润的关键是有选择的收购。在考察了几个备选的收购对象后，D公司开始与B运输公司谈判。B公司是一家经营从芝加哥到印第安纳业务的普通运输公司，并最终同意以50 000 000美元的付现价格将公司出售给D公司。D公司收购B公司以扩展其运输路线，并且其很适合那些促进D公司成长的推销和缩减成本计划。公司董事会一致同意了这项收购，并将最后收购期限定在了20×6年10月1日。

对于如何筹集收购所需要的资金，各方产生了分歧。D公司一贯遵循避免长期债务的政策，公司的资本包括普通股和盈余，没有任何形式的固定债务。多数普通股为公司管理层持有，股权很分散，且管理层处于支配地位。股票偶尔在场外市场交易。因此，很多董事认为，应该坚持这项政策，通过发行普通股取得资金。但是，过去几年中，财务主管索普女士和伊瓦斯先生都对D公司普通股的市场表现很失望。因此，他们决定重新考虑公司避免长期负债的策略，采用负债筹资或许是一个更好的方式。其具体方案是：如果发行普通股，则根据股票市场情况，每股以17.75美元的价格出售给公众，扣除手续费和其他费用之后，公司可得到每股16.75美元的净进款，这样就需要发行3 000 000股新股票；对于债券筹资，公司可向加利福尼亚公司出售50 000 000美元的偿债基金，到期时尚剩12 500 000美元需要支付。

财务主管索普女士较赞成债务融资，考虑到债券利息的税收抵减作用和D公司目前40%的边际税率，10%的利率相当于6%的税后利率。而且，每股价格16.75美元、每股股利1.5美元的股票成本为9%。这使得发行债券成为更好的方式。

一名董事争辩说，索普女士的计算没有考虑到每年付给偿债基金的款项，而这一款项占所发债15年平均余额大小的8%，这使得债券筹资的成本比股票筹资的成本高。还有，若发行债券，则每年需要12 500 000美元的现金支出，而D公司目前已有融资债务，因此发行债券会大大增加公司风险，引起普通股市场价格的较大波动。

另一名董事赞成发行股票是基于下列简单计算：收购后，B公司每年会给本公司带来10%的税后利润，即5 000 000美元。而再发行3 000 000股普通股，其所需要的股利若按每股1.5美元的现行比例计算，则每年仅为4 500 000美元。由于管理层不打算增加股利，则发行股票不会损害现有股东的利益。而且，即使现有股东会有一点牺牲，也会被公司的持续扩张所弥补。并且考虑到发行债券每年所需的偿债基金，她认为不应发行债券。

有一名董事则激烈争辩道，按每股17.75美元的价格发行股票是一种“偷盗”。他指出，D公司的保留盈余政策使公司股票每股的账面价值在20×5年12月达到45美元。此外，由于D公司资产的账面价值远低于其目前的重置成本，他认为公司的实际价值被低估了。这位董事还担心发行 3 000 000 股普通股可能会大大“稀释”D 公司管理层的股票控制权。因此，他声称现在出售普通股会把现有股东所拥有的一些潜在利益“赠送”给新股东。

还有两名董事也同意发行新股会“稀释”股票价值，但他们是从每股盈余而非账面价值或重置价值角度来衡量的。这两名股东预计收购后，D 公司的息税前盈余为 34 000 000 美元。若发行普通股，每股盈余会稀释至 2.72 美元。相反，若全部使用债务，则每股盈余会增至 3.87 美元，所以，他们认为每年每股负担 0.56 美元的偿债基金并不重要。

最后，一名董事从运输行业筹资的角度提出了自己的见解。第一，D 公司是极少数资本结构中没有长期债券的普通运输企业，而它的市盈率是该行业中最低的。第二，他不知道索普女士是否考虑发行优先股的可能性。这位董事以前就提议 D 公司可以出售 500 000 股面值为 100 美元、每股股利为 10.50 美元的优先股。他指责索普女士没按他的提议设计方案。

诸多的建议使董事会的讨论没有取得预期的结果，各方案还在进一步考虑中。索普女士意识到董事们提出的许多建议值得考虑，遂编制了一个表格，以便于比较债券筹资和股票筹资（见下表）。

单位：千美元

项　目	债券	股票	债券	股票
息税前盈余	12 500	12 500	34 000	34 000
利息(第 1 年)	5 000	—	5 000	—
应税盈余	7 500	12 500	29 000	34 000
税(40%)	3 000	5 000	11 600	13 600
税后盈余	4 500	7 500	17 400	20 400
每股盈余(美元/股)				
÷4 500 000	$1.00	—	$3.87	—
÷7 500 000	—	$1.00	—	$2.72
年偿债基金	2 500	—	2 500	—

要求讨论：

(1)若为了避免较大的债务风险，应选用什么方案融资？

(2)在考虑债券筹资时还有什么因素没考虑到？

(3)股票市场的变化是如何影响普通股筹资方案的？

(4)若要利用优先股筹资，则应该考虑哪些因素？

案例十二　杜邦公司的目标债务分析

在 1802 年成立时，杜邦是一家制造弹药的公司。自 1900 年开始，杜邦公司通过研发和收购迅速扩张。作为化学制品和纤维制品的技术领先者，杜邦逐步成长为美国最大的化学品制造公司。1980 年末，该公司在《财富》杂志全美 500 家工业企业排名中名列第 15 位。1981 年，在收购石油公司科纳克公司后，其排名升至第 7 位。

20世纪70年代的困难和与科纳克公司的大合并，使公司放弃了其长期坚持的全部权益资本的资本结构。1981年收购科纳克公司后，杜邦公司的资产负债率曾高达42%，是历史最高。财务杠杆的迅速增加，使杜邦公司的经营发生了戏剧性的变化。管理层在消化科纳克公司的同时，面临一个重要的财务政策抉择——决定20世纪80年代适合公司的资本结构。这一决策对杜邦公司的财务表现甚至其竞争地位都很有意义。

一、1965—1982年的资本结构政策

过去，杜邦公司一直以极端保守的财务政策而闻名。由于公司在产品市场上的成功，它的高盈利率使其自身积累的资金就可以满足其财务需要。1965—1970年，杜邦公司的现金余额大于总负债，它的财务杠杆是负的。由于对债务的保守使用，加上其高盈利率和产品在化学工业中的技术领先地位，杜邦公司成为极少数AAA级制造业公司之一。杜邦公司的低负债政策使其财务弹性达到最大，经营免受财务限制。

20世纪60年代末，纤维和塑料行业的竞争增加了公司执行其财务政策的难度。该行业生产能力的增加大大超过需求的增加，导致产品价格大幅度下降，结果杜邦公司的毛利率和资本报酬率降低，1970年的净利润较1965年下降了19%。

为保持其成本和竞争优势，杜邦公司在20世纪70年代开始了一项重要的资本支出计划。到了1974年，通货膨胀的节节上升已使该计划的成本超出预算50%多。但由于该资本支出对维持和提高杜邦的竞争地位很重要，因此不能缩减或推迟这些支出。同时，1973年，石油价格的飞速上涨增加了杜邦公司的原材料成本，而石油短缺也增加了必要的存货投资。这使得1974年杜邦公司的收入增加了16%，成本增加了30%，从而导致利润下降了31%。另外，1975年的经济衰退对杜邦的纤维业务有着巨大影响。从1974年第二季度到1975年第二季度，其纤维销量下降了50%。因此，从1973—1975年，杜邦公司的净利润、总资本报酬和每股盈余均下降超过50%。这些都导致了沉重的筹资压力，一方面内部生成的资本减少，另一方面营运资本和资本支出所需投资急剧增加。为此，杜邦公司转向债务筹资，1974年杜邦公司发行了3.5亿美元30年期的债券和1.5亿美元7年期的票据。与1972年没有短期负债相比，到1975年底，公司的短期债务增至5.4亿美元。这样，公司的负债率从1972年的7%上升到1975年的27%，利息保障倍数由38.4降至4.6，但还是保住了AAA级债券等级。

但是，1976—1979年，筹资压力逐渐减轻了。随着20世纪70年代资本支出项目接近尾声，资本支出从1975年的最高峰下降了。相对平和的能源价格上涨和1974—1975年经济衰退后的全面复苏，使公司的利润在1975—1979年间增加了3倍以上。到1979年底，公司的债务已减至公司资本的20%左右，利息保障倍数也从1975年的4.6回升到11.5，公司债券很稳固地位于AAA级之列。

1981年，杜邦公司突然偏离其财务弹性最大的政策。1981年8月，杜邦公司成功地收购了科纳克石油公司。80亿美元的收购价格使其成为美国有史以来最大规模的合并，并付出了高于科纳克公司收购前市场价格77%的溢价。为筹集收购资金，杜邦公司发行了39亿美元的普通股和38.5亿美元的浮动利率债务。此外，杜邦公司还承担了科纳克公司19亿美元的债务。这使得杜邦的负债率从1980年末的20%升至近40%，债券等级有史以来第一次下降到AA级。经济衰退又一次席卷化学行业，杜邦公司1982年的收入是1979年的2.5倍，净利润却低于1979年，总资本报酬率在这一期间降低了一半，每股盈余降低了40%，其息税前利息保障倍数降至最低点4.8，债券等级仍维持在AA级。

收购科纳克公司以及石油价格下跌和经济衰退，使杜邦公司的负债率增加，公司偏离了其传统的资本结构政策，连同杜邦经营范围的根本变化，要求公司确定新的、合理的资本结构。

二、未来的资本结构政策

杜邦公司一向侧重财务弹性的最大化，这可以保证公司的竞争战略不受融资限制的干扰。而且，在过去的20年中，化学行业竞争日益激烈，杜邦公司主要业务的波动性变大，许多产品的竞争地位和盈利能力都下降了。过剩的生产能力和高固定成本的行业性同时影响价格，压低利润。收购的科纳克公司也处于一个波动剧烈的行业。杜邦公司经营风险的增加，要求有一个相对保守的资本结构政策。

但是，杜邦公司可以向同行业的其他公司学习，较多地采用冒险型的负债政策。另外，杜邦仍是全美最大的化工产品制造商，是行业的领头人，且在研发上首屈一指。科纳克公司的加入，使公司产品和市场更加多元化，从而降低了盈余的波动性。过去，杜邦的经济力量受制于激进的反垄断政策，但近期的经济环境很可能会更为宽松。这些都表明公司可以采取冒险型负债融资。

为了降低经营领域的产品成本，杜邦公司仍有较大的资本支出，而且这些支出非常关键，不得推迟，还要经常补充，因此杜邦公司需斟酌各种融资方式的可行性和成本。债券等级为A级以上的公司举债比较容易，杜邦公司的AA级使得债务融资成本较低。

对此，杜邦公司的一种选择是保持其传统的财务实力和AAA级的债券等级。考虑到杜邦将来庞大的资本支出，恢复到零负债水平是不可能的。负债率25%的目标资本结构足以保证较高的财务弹性，并使公司的竞争战略免受资本市场的影响。但是，维持25%的负债率并非易事，只有每年发行大额权益，才能将负债率从1982年的36%下降到1986年的25%。在1987年要维持目标负债率，仍要注入大量的权益资本。而在1982年底，杜邦公司的股票价格尚未从市场对收购科纳克公司的消极反应中恢复过来，持续的经济衰退无异于雪上加霜，这些都对为达到25%的负债率而需发行大额权益的可行性提出质疑。

另一方案是永久性地放弃传统的保守资本结构，保持40%的目标负债率。这样会使得财务状况好转。据估计，高负债政策会产生较高的每股盈余、每股股利和权益报酬。截至1985年，公司不需发行股票，1986年和1987年所发行的股票也比预计中少得多，且更易安排在市场状况较有利的时机发行。但是，我们也要注意到高财务杠杆带来的高风险，在悲观情况下，如经济衰退，每股盈余和权益报酬会下降得厉害。

三、决策

杜邦公司的业务范围发生了根本变化，对科纳克公司的收购使杜邦公司的业务范围达到顶点，公司偏离了长期坚持的资本结构政策。鉴于公司负债率的上升、债券等级的下降、股票市场对收购科纳克公司的消极反应，它的财务政策有相当程度的不确定性，对以后的资本结构政策的决定显得尤为重要。

要求讨论：

(1)在过去，杜邦公司为什么要坚持零负债的资本结构政策？

(2)与同行业的其他公司相比，采取保守型负债政策有什么缺点？

(3)如果继续保持较为保守的资本结构政策，则会对杜邦公司今后发展产生什么影响？

(4)若杜邦公司采用高负债率的资本结构政策,会对公司的经营产生多大限制?

案例十三　爱生药业美国 OTCBB 买壳上市与融资

在国内众多的境外买壳上市融资的企业中,爱生药业有限公司(AXM Pharmaceuticals InC.,以下简称"AXM 公司")是一个较为成功的资本运作典范。具体表现在两个方面:一是公司通过"反向并购"(reverse merger)方式在美国场外柜台交易系统(OTCBB)买壳上市,然后很快成功地转到美国证券交易所(AMEX)上市和交易;二是公司在持续亏损且收入没有高增长的背景下成功地实现了多次股票融资,打造了一个强大的上市融资平台。

一、公司背景与历史

1998 年,以王维实为主的管理层收购了沈阳天威制药厂,该制药厂成立于 1993 年,原先为国有企业。2001 年 1 月 16 日,沈阳天威制药厂与美国威尔克制药有限公司(以下简称美国 Werke)合资,成立中外合资企业沈阳天威威尔克制药有限公司(简称 STWP)。其中,沈阳天威制药厂投入全部资产占 55%股份,美国 Werke 占 45%股份。2002 年 12 月 9 日,沈阳天威制药厂与美国 Werke 公司实施股权置换,沈阳天威制药厂股东将其持有 STWP 公司 55%的股份换成美国 Werke 公司的股份。换股完成后,美国 Werke 公司拥有 STWP 公司 100%的股份。STWP 主要从事 OTC 和处方药品的生产与销售。

上述资本运作过程包括两个步骤:第一步,在美国注册公司。美国 Werke 公司作为买壳上市的主体,成立于 2000 年 12 月,注册在美国特拉华州,公司主业是中国制药企业的权益投资。第二步,换股。通过换股,将中国境内资产转移到这家美国注册的公司,由美国公司来持有境内资产或股权。AXM 公司的主要财务和会计数据如下表所示:

AXM 公司主要财务和会计数据　　单位:万美元

	2005 年 1~6 月	2004 年	2003 年	2002 年
收入	324.92	211.58	1002.56	310.37
净利润(亏损)	(292.29)	(1398.99)	(370.81)	(5.24)
累计亏损	(2219.08)	(1926.79)	(527.81)	(157.00)
经营活动净现金(流出)	(539.93)	(358.47)	(175.02)	6027

二、"反向并购"OTCBB 买壳上市

美国 Werke 公司选择了一家在 OTCBB 上市的名为"维克利夫国际公司"(简称 WICK)的壳公司作为收购对象。WICK 公司成立于 1999 年 6 月 30 日,主要业务为通过互联网销售商品,但由于经营不善,至 2002 年 6 月 30 日止,总计亏损 178 426 美元。在 Werke 公司收购该公司之前,WICK 公司的总资产为零,总负债为 2 625 万美元,业务已经停顿;2002 年 1 至 6 月期间股价为 0.11 美元,基本没有交易量。从壳公司的角度分析,WICK 公司是个"干净"的壳。2003 年 3 月 14 日,实施换股协议,WICK 公司增发 11 420 000 股给 Werke 公司 55 名股东,以置换 Werke 公司所有股份。反向并购换股完成后,WICK 公司拥有 Werke 公司 100%的股份,同时,Werke 公司股东成为 WICK 公司的控股股东,Werke 公司管理层接管 WICK 董事会。

换股完成后，WICK 公司总股本从 1 669 180 股增加到 12 846 680 股。其中 Werke 公司股东持有 11 420 000 股，占总股本的 88.89%；原 WICK 公司股东持有 1 426 680 股，占总股本的 11.11%。随后，公司更名为 AXM 制药有限公司，继续在 OTCBB 上市和交易。经过反向并购后，AXM 公司的组织结构为：AXM 公司全资控股美国 Werke 公司，Werke 公司拥有沈阳天威威尔克制药有限公司(STWP)100%的股权。至此，STWP 成功在美国 OTCBB 上市交易。

三、公司业务战略重建与私募融资

反向并购上市完成后，AXM 公司面临的首要问题是发行股票融资，包括私募和二次公开发售。一般来说，国内企业在美国上市融资的卖点有两种：一种卖点是公司已经具有良好的可持续性盈利水平，另一种卖点是公司具有良好的未来盈利前景、增长快的业务结构。对 AXM 公司来说，不具备第一种卖点，公司自 2001 年 1 月成立以来连续亏损，2001 年亏损 151.77 万美元，2002 年亏损 5.24 万美元，2003 年 1～6 月亏损 39.26 万美元。因此，公司必须重新构建一种未来盈利前景好、增长潜力大的业务战略，以此来吸引投资者。为此，AXM 公司重新构建了如下的业务战略定位：(1)基于“中国概念”的制药行业高增长背景。中国经济的持续高增长、中国人均收入突破 1 000 美元、中国人健康意识的提高和中国高达 14 亿的人口使中国药品市场处于高增长发展过程中，中国将成为世界上最大的药品市场，这将给中国制药企业带来巨大的商机和盈利前景。(2)利用美国的资本，按照美国 FDA 制定的 GMP 标准及中国 GMP 标准重新改造 STWP，依托高标准和高技术快速扩大在中国的药品生产和销售，成为中国领先的制药企业。(3)以中国的生产和销售为基础，逐步建立全球化的销售渠道。这一业务战略的实现预示着公司未来高增长的盈利前景、向国际性大制药公司转变的远景以及与此相关巨大的投资潜力。

投资潜力巨大的业务战略、持续快速上涨的股价和活跃的交易量最终成为 AXM 公司成功私募融资的三大卖点，公司上市后的一系列私募融资均以此为基础。

2003 年 9 月 23 日，AXM 公司通过向美国两家合格机构投资公司 Gryphon Master Fund, L. P. 和 SF Capital Partners Ltd 私募发行系列 A 优先股(Preferred Stock Series A)和认股权证(Warrant Coverage)募集资金 550 万美元，扣除发行费用，实际募集资金 485 万美元。本次发行系列 A 优先股 275 万股，每股优先股可转换成 1 股普通股，转股价格为 2.00 美元；发行认股权证 275 万份，每份认股权证可购买 1 股普通股，购买价格为 3.00 美元，期限为 5 年。2003 年 9 月 19 日，公司在 OTCBB 市场的报价为 4.93 美元，这使发行的认股权证具有较高的价值。募集资金主要用于沈阳天威威尔克制药有限公司的重建和补充流动资金，以实现业务战略的第一步，即以美国资本在中国建造一个高标准、高技术的生产和销售基地，重建后的 STWP 是中国第一家固体制剂按美国 FDA 及中国 GMP 标准建设的企业。

2003 年 12 月 30 日，AXM 公司再向美国两家合格投资者私募发行优先股和认股权证募集资金 193.5 万美元，扣除发行费用，实际募集资金 174 万美元。

四、美国证券交易所上市与构建更加完善的融资平台

在 2003 年 6 月—2004 年 4 月期间，AXM 公司股价维持在每股 4 至 7 美元之间波动，股票市值在 5 200 万～9 100 万美元。2003 年末，股东权益为 758 万美元，成交日趋活跃，公司已达到在美国证券交易所上市的要求。为了提升公司的融资和交易平台，AXM 公司提出申请将公司股票交易从 OTCBB 市场转到美国证券交易所交易。

2004 年 4 月 27 日，AXM 公司股票成功转入美国证券交易所上市和交易，这为公司融资

和交易创造了更加有利的环境。

2004年,AXM公司融资渠道得到全面的改善,当年优先股融资450.86万美元,行使认股权证融资327.22万美元,总计对外融资778.08万美元。此外,更为重要的是公司首次打通了银行贷款融资渠道,获得短期银行贷款100.16万美元,这使2004年总计融资规模达到878.25万美元。股票融资与银行债务的组合融资方式使AXM公司的资本结构更趋合理。

2005年4月20日,AXM公司向合格投资者发行可换股担保票据和认股权证私募融资342.5万美元,扣除发行费用后,实际募集306.75万美元。2005年8月9日,公司发行特别认股权证,融资212.74万美元。2005年1至6月,AXM公司累计融资530.55万美元,其中优先股融资309.40万美元,银行债务融资227.15万美元。

从上述融资规模与融资方式来看,AXM公司通过OTCBB买壳上市来构建融资平台的目的基本实现。截至2005年6月30日,在两年半里累计实现对外融资1 897.66万美元,其中证券私募融资1 570.34万美元,银行债务融资327.32万美元,融资组合趋于完善。

AXM公司成功构建上市融资平台的另一突出特点是:公司是在持续亏损的背景下完成多次私募融资的。自公司成立5年以来,累计亏损额高达2 219万美元,并且是每年亏损,经营活动现金净流量表现为逐年大幅度增长的净现金流出。这样一份财务业绩在国内证券市场是根本无法获得资金的,但在美国证券市场却能持续得到资金的支持,这一方面体现出美国证券市场对创业初期企业的大力支持,即对有发展前景但暂时亏损的企业提供持续的资本支持,同时也体现了AXM公司高超的资本运作能力。

中国企业美国买壳上市最大的风险就是缺乏上市后的支持,上市后的支持主要是指公司得到美国投资者的认同。如果得不到投资者的认同与关注,公司股票成交清淡,股价低迷,那么后续融资就很难进行,买壳上市也就失去了意义。AXM公司之所以能成功地进行一系列的持续私募融资,关键就是与美国众多的证券投资机构、证券经纪人、证券分析师和券商建立起紧密的联系,通过这些美国相关的证券投资机构的研究报告、持有公司股票等形式使公司得到了投资者的认可与关注,公司股票成交日渐活跃,股价大幅度上涨,从而使公司能顺利地实现持续的融资。

要求讨论:

(1)对企业来说,在国内市场和国际市场常用的融资方式有哪些?

(2)爱生药业成功实现多次股票和认股权证融资的关键因素有哪些?

(3)这种融资方式目前在我国是否合用?原因是什么?

案例十四 阿里巴巴公司美国上市

一、公司概况

阿里巴巴(纽交所,证券代码“BABA”)为全球领先的小企业电子商务公司,小企业电子商务也是阿里巴巴集团的旗舰业务。公司于1999年成立于中国杭州市,通过旗下三个交易市场协助世界各地数以百万计的买家和供应商从事网上生意。三个网上交易市场包括:集中服务全球进出口商的国际交易市场、集中服务国内贸易的中国交易市场,以及通过一家联营公司经营、促进日本外销及内销的日本交易市场。此外,阿里巴巴也在国际交易市场上设有一个全球批发交易平台,为规模较小、需要小批量货物快速付运的买家提供服务。

所有交易市场形成一个拥有来自 240 多个国家和地区超过 6 100 万名注册用户的网上社区。为了转型成为可让小企业更易建立和管理网上业务的综合平台,阿里巴巴直接或通过其收购的公司,向国内贸易商提供多元化的商务管理软件、互联网基础设施服务及出口相关服务,并设有企业管理专才及电子商务专才培训服务。阿里巴巴在大中华地区、印度、日本、韩国、欧洲和美国共设有 70 多个办事处。

阿里巴巴的先后两次上市,首次在香港上市却以退市告终,但是阿里巴巴再次在美国成功上市,成为万众瞩目的焦点。

阿里巴巴在美国申请上市期间,国内股市掀起了一轮新热点,那就是互联网+。互联网+是属于互联网和传统行业相融合而组成的新型行业。如阿里巴巴旗下的淘宝,便属于互联网+购物。这种形式的行业也许早已起步,但真正进入快速发展,还是近两三年的事情。而阿里巴巴不仅仅是在淘宝方面融入了互联网+的概念,其旗下的支付宝更是互联网+金融行业里的中坚产品。在政策的推动下,阿里巴巴的发展便是在某种程度上代表了中国互联网+的一部分发展。这也就是为什么全世界都在关注着阿里巴巴在美国上市成功与否的一个重大原因。

自从阿里巴巴在美国上市以后,它已经成功地从一家业务绝大多数面向中国大陆的企业变成了一家国际化的企业,并且掀起了一轮互联网+企业上市和高速发展的狂潮。

二、公司的上市历程和大事件

2007 年 11 月	阿里巴巴网络有限公司在香港联交所挂牌上市。
2009 年 8 月	阿里软件的业务管理软件分部注入阿里巴巴 B2B 公司。
2009 年 9 月	阿里巴巴集团庆祝创立十周年,同时成立阿里云计算。
2010 年 3 月	阿里巴巴集团宣布成立大淘宝战略执行委员会,其成员来自淘宝、支付宝、阿里云计算和中国雅虎的高管,以确保“大淘宝”战略的成功执行。
2012 年 6 月	阿里巴巴网络有限公司正式从香港联交所退市。
2012 年 7 月	阿里巴巴集团宣布将现有子公司的业务升级为阿里国际业务、阿里小企业业务、淘宝网、天猫、聚划算、一淘和阿里云七个事业群。
2012 年 9 月	阿里巴巴集团完成对雅虎初步的股份回购并重组与雅虎的关系。
2013 年 1 月	阿里巴巴集团重组为 25 个事业部,以更好地迎接中国增长迅速的电子商务市场所带来的机会和挑战。
2014 年 2 月	作为天猫平台延伸方案的天猫国际正式推出,让国际品牌直接向中国消费者销售产品。
2014 年 5 月 6 日	阿里向美国证券交易委员会提交了首次公开募股申请。阿里巴巴计划出售 12%的股份,按其估值推算,这次公开募股融资额将为 200 亿美元左右,超过 2008 年信用卡巨头维萨公司 196.5 亿美元的融资额。
2014 年 6 月	阿里巴巴集团完成收购移动浏览器公司 UC(优视)并整合双方业务。阿里巴巴集团开始以阿里电信品牌在中国提供移动虚拟网络运营商服务
2014 年 7 月	阿里巴巴集团与银泰成立合资企业,以在中国发展 O2O 业务。阿里巴巴集团完成对数字地图公司高德的收购。
2014 年 9 月 19 日	阿里巴巴集团于纽约证券交易所上市。

阿里巴巴公司的上市之路可谓是充满曲折，在香港上市失败后，阿里公司做出了不少的努力，国际化也好，回购股份也罢，最终都是为了能够重新并且成功地上市。但是在这些举动中，我们可以看出很多细节显示阿里曾经试图扭转在香港上市失败的局面甚至曾经想过在香港重新上市，但最终选择了在美国上市。

三、公司上市的三大约束条件与三地交易所的比较

从上市条件来看，阿里巴巴的盈利状况及资产规模符合美国及中国内地和香港三地上市条件的要求，但美国市场上对营业记录及管理层以及股本等方面无明显要求，使得阿里巴巴的灵活度更高。更重要的是，三地中仅有美国市场接受阿里巴巴的“双重股权结构”，这也是阿里巴巴赴美上市的重要原因之一。

在发行效率上，出于对公司控制权的考虑，阿里巴巴亟须实施与雅虎签订的 IPO 回购协议，即在 2015 年底前上市时，公司有权回购雅虎持有的 24%股权的一半。美国和中国香港市场相对高效的发行效率，使其成为阿里巴巴的首选；而我国内地较长的发行审批周期令阿里巴巴望而却步。

在投资者结构要求上，阿里巴巴希望找到对公司价值观高度认同、注重与公司长期共同发展的机构投资者。美国和中国香港市场上机构投资者主导的投资结构显然更符合阿里巴巴的需求，这也是阿里巴巴在股权配售中，绝大多数股权配售给保险、共同基金等长期机构投资者的原因。另外，从定价效率来看，与中国内地相比，美国和中国香港更市场化的询价机制和配售机制也更符合阿里巴巴对上市后股价相对稳定的要求。

四、阿里公司在香港的上市与退市

阿里巴巴想在香港上市是有其自身考虑的：一是业务问题。由于阿里公司的绝大多数业务是针对国内的，所以在本土上市理所当然地是马云的第一选择，客户在哪里，主营业务在哪里，就在哪里上市。因为只有这样，才容易获得投资者的理解，与投资者的沟通也更容易。阿里巴巴有 2.31 亿活跃买家和 800 万活跃卖家，其主体在中国，在海外上市，则为阿里巴巴奉献了绝大多数利润的中国买家和卖家难以分享阿里巴巴上市以后的红利。换一个角度说，以后每在淘宝或天猫上成交一笔，远在美国的阿里巴巴投资者都将可以从中分一份利益，而中国的买家和卖家则不能够享受到这些利益。“如果在中国上市，买家和卖家还可以买股票分股利，在海外上市的话，这块利润肯定分享不了。这对中国的买家和卖家显得不公平。”有的投资者抱怨道。二是监管问题。近两年，在美国上市的中国概念股频频被当地的监管问题困扰。一些银行家透露，阿里巴巴不希望赴美上市的主要原因之一，是为了避免在监管以及会计准则方面背上沉重的包袱。一名银行家指出，这种监管制度对一家大型中资企业而言是个尊严问题，很多中国公司不愿意将如此多的内部信息提供给美国监管当局审核。三是估值问题。美国对上市公司的股价评估一般是偏高的。詹姆斯·蒙蒂尔保守估计美国股市评估偏高了 50%左右。虽然这点也与两个国家之间的物价水平相挂钩，美国的物价比中国的要高，但毕竟阿里巴巴的主营业务基本在中国，一个在中国经营的公司，其估值水平沿用美国的标准，这会让不少国人对其股价望而却步，从而导致国内投资者对阿里公司的股票少人问津。

阿里巴巴在上市前曾经因资金紧缺，从雅虎公司处拿到了 10 亿多美元的资金。虽然解了燃眉之急，但是给后面阿里巴巴的发展套上了一个枷锁。雅虎当初的 10 亿美元，占了阿里巴巴 40%的股权。一个股东的股权只要比其他股东的股权大，那么他便可能控制公司。同股同

权(港交所的要求),这与马云的目标是背道而驰的。

2011 年 5 月 12 日,雅虎向美国证券交易委员会提交了一份文件。文件披露,阿里巴巴集团为了尽快取得一个非常重要的牌照,对在线支付业务“支付宝”的所有权进行了调整,将由马云主要控制的一家中国公司来取得支付宝的全部股权。不过雅虎似乎对失去支付宝心有不甘。随后雅虎公司对外发布了声明,称支付宝重组时并未获得阿里巴巴集团董事会和股东批准,而阿里巴巴做出的这种越过雅虎而把支付宝股权转移的行为,警醒了雅虎,才促成了雅虎之后向证监会举报的行为。这种行为也反过来给了马云一闷棍,让马云意识到这种股权制也许不适合阿里巴巴了。

2012 年 9 月 18 日,阿里巴巴集团宣布,以 63 亿美元现金及价值 8 亿美元的阿里巴巴集团优先股完成对雅虎持有的阿里巴巴集团股份的回购。交易完成后,雅虎持有的阿里巴巴股权比例将降至 21%。

“今天的香港市场,对新兴企业的治理结构创新,还需要时间研究和消化。”阿里巴巴集团CEO 陆兆禧曾经表示,“我们决定不选择在香港上市。”所以与其说后来阿里巴巴在香港退市是因为上市失败资金流转不足,还不如说是因为马云想要摆脱这种制度的束缚。马云曾经表示,香港 IPO 的这种制度不适合阿里巴巴的发展。

五、阿里公司在美国的上市

2014 年阿里公司在美国纽交所上市。公司在美国的上市,顺应了电商发展的需要,可谓天时、地利与人和。

商业趋势观察家表示,阿里公司此次上市让很多中小企业寻找到了成长的新路径。依托电子商务平台,中小企业可以通过在专业化和细分领域的创新,并通过与电子商务的结合,来实现突破。

港交所采取“核准制”。其上市制度中有“股权制”的制约,而美国却没有。美国可以接受阿里巴巴的合伙人制度。合伙人公司是指由两个或两个以上合伙人拥有公司并分享公司利润,合伙人即为公司主人或股东的组织形式。其主要特点是:合伙人共享企业经营所得,并对经营亏损共同承担无限责任;它可以由所有合伙人共同参与经营,也可以由部分合伙人经营,其他合伙人仅出资并负连带责任;合伙人的组成规模可大可小。这个“合伙人制度”的许可就是吸引阿里巴巴最终到美国上市的重点!

在审核内容上,美国、中国香港的审核内容及审核重点也存在明显差异,其中美国交易所以形式审核为主,将信息披露的实质审核责任交给中介机构和专业投资者;中国香港实行实质审核。这在一定程度上味着美国市场发行审核的效率更高,更符合阿里巴巴的特定时点要求。

美国证交所采取“注册制”。证券管理机构的职责是审查信息资料的全面性、真实性、准确性与及时性,以保证信息公开制度贯彻始终,至于证券的实际价值应由投资人自行判断,对于投资者的投资结果,政府不承担审核责任。注册制要求审核的内容和标准主要是企业将自己真实、标准、完整的信息按照规定如实披露,最重要的要求是对信息披露义务的要求。这使得不同的发行人,根据自己的情况完全真实公开信息即可注册申请发行。

六、阿里公司在美国上市的思考

阿里巴巴赴美上市对公司今后的发展也产生了深远的影响:一是上市后将推动阿里巴巴B2B 在线交易业务快速发展。B2B 业务包括国际批发与中国批发,历经多年的高速增长,目前已趋于稳定,发展速度远不及天猫及淘宝,占营业收入的比重逐年下降。而上市后阿里巴巴必将对这块业务进行整顿,探索更好的盈利模式。二是在B2C业务方面,市场份额将进一步巩固。阿里巴巴B2C业务目前在国内具有压倒性的优势,占据了大部分市场份额,一旦上市,将吸纳美国资本市场的资金,有利于优化业务模式,进一步巩固B2C业务的市场份额。三是美国资本市场对IPO企业的高估值。固然高的估值在未来可能对阿里巴巴有着一定的影响,但是目前来看,正是这样的高估值才成就了马云的"首富梦"。马云在阿里巴巴的持股比例为8.9%,上市后曾经以219亿美元的个人资产成为中国首富,当时在世界富豪榜上也可排进前30名,与索罗斯等人接近。四是阿里巴巴上市融资的金额达250亿美元,这个数字意味着马云融资的钱相当于中国互联网其他所有公司的总和:是2000年新浪上市额度的300倍,是腾讯2004年融资的100多倍,是百度2005年融资的200倍。一个在全球互联网市场上的重量级中国拳手出现了。

要求讨论:

(1)阿里巴巴公司在美国上市的积极与消极影响。

(2)阿里巴巴公司是否会重蹈香港上市失败的覆辙?

案例十五 现金及现金预算管理

20×4年11月17日,华通玩具公司财务经理比德被要求去见财务总监,总监正在一叠资料中翻阅数据。华通的开户行——××银行,为估计20×5年的资金需要,要求其主要借款客户提出20×4年底以及20×5年全年所需要的借款额。

3天以后,××银行负责处理华通业务的贷款员希望华通能将其20×5年大概的资金需求数据提供给她,比德立即着手编制现金预算。虽然公司也曾做过现金预算,但数据都早已过时,现在只能从头开始。根据现有资料,20×5年1月之前,公司没有必要再向银行借款,这样就把预算的时间范围限制在20×5年1月至20×5年12月。另外,销售部门提供的预测数据如下表所示。

年份	月份	销售额(万元)	年份	月份	销售额(万元)
20×4	11	650	20×5	7	450
	12	800		8	500
20×5	1	350		9	550
	2	320		10	650
	3	320		11	750
	4	340		12	850
	5	370	20×6	1	380
	6	400		2	320

历年统计数据表明,销售预测与实际销售的误差约为±20%。另外需注意的是,上述预测没有计入现金折扣,目前的赊销条件为1/10,n/30。根据以往经验,约有15%的客户购货后第10天付款,享受折扣;而75%的客户在第30天付款;另有10%的客户拖延付款,平均拖欠时

间达 60 天。

生产用原材料占预测销售额的 20%，原材料的购进在销货的前一个月发生，公司在购进材料的当月支付货款的 70%，次月付清余额；人工成本占预测销售额的 40%，在销货前两个月发生，其中 50%在人工成本发生的当月支付，另 50%在次月付清。

每月支付工资通常为 70 万元，20×5 年每月需支付某项设备租金 28 万元。另外，每月估计有 25 万元的杂费。公司的未偿还借款为 1 000 万元，每年支付利息两次，分别在 4 月和 9 月，利率为 10%。公司还打算在 20×5 年 6 月份淘汰一批旧模具，用新型注入式模具取代，因此需用资金 500 万元。淘汰器具的残值和账面价值皆为零，应交税金估计为每季度 75 万元，分别在 4、6、9、12 月支付。红利每季度 15 万元，在 3、5、8、11 月支付。每月现金余额要求不少于 250 万元，20×4 年 12 月 31 日的公司账面现金余额为 250 万元；此外，假设所有的现金流量都在每月的 15 日发生，盈余的现金将投资于某基金，估计 20×5 年该基金的税前平均收益率为 9%。比德认为，其净收益可用于贴补现金预算。这些收益的 20%须缴纳所得税(税率为 25%)。为保持在银行的信贷额度，要求在优惠利率的基础上增加两个百分点。估计 20×5 年的优惠利率为 10%。支付的利息额以上月的借款需求为依据。

要求讨论：

(1)完成华通玩具公司 20×5 年的现金预测，估计预算期内每月所需资金或盈余资金。华通计划在它的开户行安排 500 万元的信贷额度，它能否弥补预测的现金不足？

(2)前些年，公司的实际销售额在预测销售额的 120%至 180%之间变化。试就公司的最佳状态和最坏状态作出现金预算，并估计两种情况下每月的资金需求。这与信贷额度有什么联系？

(3)现假定，由于赊销方针的改变，5%的客户享受现金折扣的待遇，40%及时付款，55%拖欠付款。在这种情况下，公司现金流量的最大缺额是多少？它出现在哪几个月？(运用案例中原来的销售变动因子)

(4)编制 20×6 年 1 月份前半月(15 天)的月现金预算和该月后两周的现金预算(1 月 16 日—22 日和 1 月 23 日—29 日)。华通每周营业 7 天，每个月的日销售额均匀分布(即日销售额是月销售额的 1/30 或者 1/31)，日销售额的收款模式与月销售额相同，客户中 15%享受销货折扣优惠，75%及时付款，其余 10%拖欠付款。拖欠款的客户一般在第 60 天付款，享受折扣的客户在第 10 天付款。另外规定，在 1 月份的头 10 天中，每天收回 12 月份即时销货款的 1/31 及 11 月份迟付销货款的 1/31。进货在每月 1 日发生，15 日支付货款。每月 5 日支付人工成本及一般人员和管理人员工资的 50%，另外 50%在 20 日支付。租金在每个月 1 日支付。杂费每日都有发生，可假定每日支出 1/31。税金在应缴月的 1 日支付，股利在应付月的 30 日支付，未偿还借款的利息也在应付月的 30 日支付。试问：现金预算是否影响 1 月份原来预计所需的信贷额度？后续数月情况如何？

(5)华通目前的目标现金余额是 250 万元，讨论公司是怎样制定其目标现金余额的。本案例所编制的现金预算能否用于确定目标现金余额？

案例十六 安泰公司信用政策

安泰公司已有数十年的历史，主要经营日用产品的研究和开发。20×4 年该公司的财务报表如表 1 所示。

表 1　　安泰公司 20×4 年资产负债表　　单位:万元

资　产		负债和权益	
现金	29.6	到期债务	9.9
存货	123.4	应付账款	45.6
应收账款	109.7	其他流动负债	39.7
固定资产净值	98.7	长期负债	65.4
		股东权益	200.8
资产合计	361.4	负债和权益合计	361.4

安泰公司虽经营规模不大,但已研制和开发了一些用于商业和家庭的产品。其中有几个品种颇具特色、性能优良,使安泰公司在当地有一定声誉。近些年来,公司产品销售额达数百万元。为了继续扩大产品的销路,公司利用参加一些贸易展览会的机会展销自己的产品,并取得了令人满意的结果。在未来 3 年内,公司预期年销售额将逐年增长,如表 2 所示。

表 2　　安泰公司未来 3 年的年销售额预测　　单位:万元

20×4 年	20×5 年	20×6 年	20×7 年
987.0	1 400.2	1 778.3	2 294.1

基于顾客对安泰公司产品预先订货的数量以及大批量需求,公司财务经理相信 2009 年销售额将增加 40%之多,并且销售额在未来 3 年内将增加 1 倍以上。这些预测反映了该公司在科技方面的优势,意味着客户们承认公司产品的优良性能和质量。

面临这样较大幅度的销售增长,在公司所能提供的资金有限的前提下,无疑需要通过外部途径来筹措资金。财务经理对如何才能以最满意的方式筹集到所需资金没有把握。为此,他与业务上有往来的银行接触,同银行借贷部门进行了交谈。在未提出任何要求的情况下,银行借贷部门的业务人员表明,安泰公司所能得到的最惠贷款利率为 15%,这比财务经理所预期的要高很多。财务经理担心别处可能也不容易借贷到资金。据银行业务人员解释,市场不景气和银行部门较为严格的信贷标准是获得贷款困难的主要原因。所有这些可体现在银行部门对外的一种"双重信贷"政策。根据这种信贷政策,将较大并稳定的企业划分为第一类。由于这些企业的年收入相当可观,被认为具有良好的信用,故能以适宜的利率获得贷款。对于那些小企业,如安泰公司,则被划分到第二类。小企业需要贷款时,银行需要它们提供充分的文件资料、更多的资产抵押,并要求较高的贷款利率。在许多情况下,小企业从银行那里根本得不到贷款。

考虑到市场贷款的困难程度,财务经理与他的一位老朋友同时也是企业的一名顾问,进行了交谈。他们共同列出了一些可能的筹资途径,来解决面临的资金需求问题。

(1)放弃商业信用中供应商所提供的大额贷款折扣,利用信用条款中的最长付款时间。安泰公司的大部分供应商所提供的信用条款为 2/10,n/30,即公司若在 10 天内支付货款,可获得 2%的货款折扣;最迟付款时间不能超过 30 天。有一些供应商提供 1/10,n/20 的信用条款。在一些情况下,公司也可获得 2/10,n/45 的信用条款。在这方面,安泰公司当然会谨慎从事，不会拖太长的付款时间，以免影响公司的信用等级。

(2)安泰公司为公司的其他客户提供具有诱惑力的信用条款，以便缩短平均收账时间。目前安泰公司提供给客户的信用条款为 $n/30$。公司准备考虑提供 3/10，$n/30$ 的信用条款。

(3)将企业销售增长水平局限在能利用企业内部筹资满足资金需求的范围内。

(4)考虑与他人合伙经营，引进合伙人投资。

(5)减低企业的存货和固定资产的需求程度。

财务经理认为上述(5)的潜力不大，因为企业在生产经营效率方面还不错。就(3)和(4)而言，对公司来说尽管限制增长水平和与他人合伙并非十分中意，但还是能看到这两种筹资途径各自的优点。财务经理认为，年增长水平应保持在适当程度，以便在公司的控制范围之内。在与他人合伙方面，财务经理相信经过选择也许会发现既能提供资金又能分担经营责任的合作伙伴。

顾问先生认为前两种途径尤为值得考虑。他建议，一方面，可将公司的供应商们看成一些小银行，每一家都能为你提供一定的信用优惠。当然，没有一家能为你提供太多的资金，但是总和起来能成为一笔可观的数目，尤其是在能使更多的供应商同意公司在 45 天内付款的情况下。另一方面，将公司的应收账款视为对客户的一些小规模贷款。如果这些应收账款能提前收回，这意味着会有更多的现金可供使用。将这两方面综合在一起，也许会很有意义。

顾问先生还对安泰公司目前的信用标准提出了看法。他对公司在坏账损失方面的情况表示有些惊讶。公司的坏账损失平均为销售额的 1.3%。顾问先生说："显然你们需要紧缩信用标准，因为就贵公司所处的经营行业和地位而言，坏账比率看起来相当高。"

在倾听了顾问先生的建议后，财务经理决定首先实施上述前两种筹资方式。经过思考，他决定改变公司的信用条款，从 $n/30$ 变为 3/10，$n/30$。也就是说，公司将给客户提供 3%的贷款折扣，条件是客户必须在 10 天内支付货款，最长付款期限不超过 30 天。同时，根据顾问先生的建议，公司还将紧缩信用标准。财务经理认为，占 60%销售的客户们将会受 3%折扣的吸引而在满 10 天时支付货款。30%的销售额将在满 30 天时得到支付，其余 10%的销售额将延迟到 50 天后才能得到支付。另外，坏账损失，包括收款费用，预计是销售额的 0.7%。

信用标准和信用条款的改变会以两种方式影响公司的销售额。一方面，现金折扣会吸引新客户；另一方面，紧缩信用标准会导致公司失去一些客户。然而，财务经理相信使销售额增加的影响因素将占主导地位，并预测销售额将增加 6%(注：表 2 中的销售预测是以公司目前的信用政策为基础的)。变动成本预计仍为销售额的 75%。可采用销售百分比方法确定存货需求。与流动资本有关联的资金的税后资金成本(回报率)为 12%。在因信用政策的变化而导致的销售额变动范围相对不大的情况下，对固定资产的需求量保持不变。

财务经理在慎重考虑这些问题时，注意到有两个问题确实需要回答，即改变信用条款是否有利、紧缩信用标准是否合适。财务经理认为，对这两个问题分别进行评价会更有意义，但目前他打算暂将这两者合在一起进行评价。同时，作为公司经理，他还关心安泰公司的竞争者对安泰公司提出的价格折扣有何反应。所处行业中，在安泰公司目前使用的信用条款颇具代表性的情况下，现金折扣还未出现过。财务经理意识到，公司销售额预测的前提隐含了公司的竞争者对贷款折扣将做出某种反应。他认为竞争对手做出一些反应是可能的，但并不能确定。在任何情况下，财务经理不期待有任何广泛的反应，并相信最不理想的情况是公司预期的销售额将没有变化。

要求讨论：

(1)评述顾问先生所提出的观点："显然你们需要紧缩信用标准，因为就贵公司所处的经营行业和地位而言，坏账比率看起来相当高。"

(2)假如公司的应收款和应付款政策没有改变，也无股利支付，请用销售百分比方法：

①估算安泰公司 20×5 年利用外部筹资的资金需求量。

②估算安泰公司利用内部筹资可支持的最大年销售额增长率。

③如果选择通过内部筹资可达到的增长率，预测公司未来 3 年的年销售额。

(3)假如信用条款如下，确定安泰公司因放弃现金折扣所承担的成本：

①1/10，*n*/20；②2/10，*n*/30；③3/10，*n*/45。

(4)根据所建议的信用条款变化，估算安泰公司的平均应收款时间，并完成表 3。

表 3　　安泰公司 20×5 年信用政策变化的应收账款和资本成本　　单位：万元

项　目	信用政策不变	信用政策改变	变化前后差异
应收账款	116.7		
存　货	175.1		
合　计	291.8		
资本成本	35.0		

(5)完成表 4。

表 4　　安泰公司 20×5 年信用政策变化后的收益情况　　单位：万元

项　目	信用政策不变	信用政策改变	变化前后差异
销售收入	1 400.2		
坏账损失	18.2		
货款折扣	0		
净销售收入	1 382.0		
变动成本	1 050.2		
固定成本	252.0		
税前利润	79.8		
所得税(40%)	31.9		
税后利润	47.9		
资本成本	35.0		
收　益	12.9		

(6)假如信用条款变化不影响销售额，重新完成表 3 和表 4。

(7)正如经理注意到信用政策将有两方面的变化，即放松信用条款和紧缩信用标准，请回答：

①哪种改变更可能导致安泰公司的竞争者做出反应？为什么？

②下面有关行业方面的信息与判断安泰公司的竞争者对价格折扣的反应是否有关？

"平均应收款时间的中点值是 44 天，行业中有 25%的企业的平均应收款时间不到 33 天。"

(8)财务经理的主要问题是如何为预期的销售增长筹措资金。根据对前述问题的解答和案例中提供的其他信息资料,你认为财务经理应如何决策和实施?

案例十七　东方广播器材厂股利政策

东方广播器材厂的主要产品分为两大类:一类是加工生产元器件,另一类是生产各种型号的外壳。现有总资本 1 000 万元,最优资本结构为 35%。发行 100 万股普通股股票,面值为 1 元。上年度每股股息为 0.80 元,以现金股利支付给全体股东,付息比为 40%。企业面临市场渐趋饱和与进口产品竞争激烈的双重压力,收益明显下降,预计全年可分配利润比去年下降四成。企业面临着重要的发展战略选择和股利分配方案的安排。董事会将于 12 月 5 日召开,将决定第二年的具体发展战略,要求财务总监提出配套的股利分配具体方案。

可供董事会讨论的第二年发展战略有三个方案:

(1)在维持现状的基础上,加强市场的细分战略,具体细分方案由营销部作出,预算为进一步投资 120 万元,此投资短期内可望获得 25%的净收益率,暂时扭转盈利下降的势头。

(2)放弃广播器材产品中各型号的外壳生产,只抓住几种主要的尚热销的元器件生产,以较短的时间退出此行业,收回投资,缩小规模,等待进一步发展的时机。

(3)以目前的生产作为过渡性生产,立刻投入新型的电脑元器件的投资开发,这样一来,预计需筹集 480 万元资本去重点投入。若进展顺利,则此项目第二年底将获得回报,整个项目的投资收益率为 20%以上。预计 50%的投资在第二年下半年。

为制定更合理的股利政策,财务总监又详细调查和估计了各种今后的筹资渠道等资本成本情况。

若运用负债筹资,根据企业所处行业,债权人更注重负债比率。平均债务利率如下表所示:

平均债务利率

负债比率	可能的利率期望(%)	负债比率	可能的利率期望(%)
0～0.20	10	0.36～0.40	14
0.21～0.35	12	≥0.41	17

若用普通股筹资,当前股东投资回报期望不低于 18.33%。进一步分析可了解到,30%的股东偏好股票的资本收益,20%的股东偏好现金股利收益;另外 50%的股东对现金股利或资本收益无明显偏好。但现有股东出于风险考虑,仅愿意以企业目前的每股收益为最大投资界域,要等企业有转机之后,才愿进一步追加新投资。

若企业从新的股东处筹资,就目前市场状况,每股发行价格在 5.5～6.0 元,且有发行价的 4%的筹资费用。目前本行业的市盈率偏低,仅 5 倍,但估计调整产业结构的本行业第二年下半年可望达到 7.5 倍左右,本行业所得税率为 33%,无任何减免优惠。

在财务总监授权做股利政策决策时,已有的约束条件如下:

(1)因为是转产时期的特殊阶段,一方面要维持既有的资本结构;另一方面必须保持资本结构的弹性,以应付可能出现的新的财务风险。

(2)因年初已对股东做过上年度股利支付水平不变的承诺,为维护企业形象,要保证兑现既定承诺,每股派发不少于 0.80 元的现金或其他形式的股息。

(3)在股息分配中,无论采用哪种或怎样的组合分配形式,都要尽可能兼顾各类股利偏好的股东利益,解决各方面矛盾,使公司价值趋于增长或最大。

(4)在股息分配中,要保证现有股东的控股权,不可分散过度。否则,董事会难以通过。

(5)在原有负债协议中,有限制股东现金股利超标准发放的相关条款,而税务局因面临财政资金周转的困境,正对各企业非现金形式的各种股利措施倍加关注。

要求讨论:

根据上述信息,为财务总监设计几种与企业明年具体发展战略配套的股利分配方案,供董事会研究参考。也可放松约束条件(1)和(2),进行更自由的分析。

案例十八　吉利并购沃尔沃

一、并购双方简介

吉利控股集团是一家于香港交易所上市的民营汽车生产经营公司,集团的董事长是李书福。吉利控股集团的主要业务是制造及分销汽车及汽车零部件。公司成立于 1986 年,自 1997 年进入轿车领域以来,已成为中国自主汽车品牌主要厂商之一。截至 2013 年,吉利共有 9 个生产基地,合计 60 万辆的产能。

沃尔沃汽车,原沃尔沃集团下属汽车品牌,于 1927 年在瑞典歌德堡成立,1999 年被美国福特汽车收购。2010 年 3 月 28 日由中国吉利汽车收购其全部股权及其相关资产(包括知识产权),使其成为吉利公司的旗下品牌。沃尔沃汽车现任主席和 CEO 是 Hakan Samuelsson。沃尔沃汽车以车辆安全表现优秀而闻名,是世界知名的豪华乘用车品牌之一。

二、并购的过程及资金需要

2008 年 1 月	吉利公司向美国福特提及收购沃尔沃的意向。
2009 年 12 月 23 日	双方就出售沃尔沃轿车项目一事达成框架协议。
2010 年 3 月 28 日	吉利与福特签署最终股权收购协议,吉利以 18 亿美元买下福特旗下品牌沃尔沃 100%的股权及相关资产。
2010 年 8 月 2 日	吉利和福特在伦敦签署交割协议。

收购前吉利的总资产是 230 亿元人民币,即使是在沃尔沃销量严重下滑的 2008 年,沃尔沃的销售收入折合为人民币依然有 1 000 亿元人民币,因此吉利收购沃尔沃最主要的困难是并购的融资问题。

吉利需要支付 18 亿美元用于购买沃尔沃 100%的股权。同时,吉利在收购案中计划投入 9 亿美元用于后续营运资金的支出,因此吉利总共需要为这次的并购准备 27 亿美元资金。吉利国内与境外融资比例大约为 1∶1。国内融资来源主要是银行贷款、地方政府资金以及吉利的自有资金。境外的资金来源主要是中国香港、美国和欧洲地区。

三、并购的动机和成功因素分析

1. 并购的动机

吉利集团成立的时间稍晚，在 1997 年才进入汽车行业。像其他中国民营企业的发展轨迹一样，吉利的汽车品牌受制于技术水平，一直专注于中低端汽车领域，而随着企业进一步发展的需要，吉利急需摆脱这种形象。事实是吉利在 2002 年就开始筹划收购一个跨国汽车品牌，2007 年就提出了战略转型，吉利计划将核心的竞争力从成本优势转为技术优势。

吉利收购沃尔沃的动机可以概括为三个方面：

(1)取得沃尔沃的先进技术

作为世界豪车的大品牌，沃尔沃拥有大量的知识产权是显而易见，吉利收购沃尔沃就是想要获得沃尔沃的先进技术，尤其是沃尔沃在安全性能和节能环保方面的技术财富。

(2)提升吉利低价的品牌形象

吉利转型的第一步就是要扭转自己的品牌形象，沃尔沃作为北欧最早的汽车公司和世界知名的汽车品牌，加之一贯安全节能的产品，已经在消费者面前树立了一个品质过硬的高端品牌形象。吉利收购沃尔沃，不仅能弥补自己在高端产品线上的空缺，而且有助于提升其他产品的品牌形象。

(3)沃尔沃的软实力

沃尔沃在全球拥有广泛的供应渠道和高水平的市场营销能力，这些都是沃尔沃的软实力，吉利想要进一步发展，沃尔沃的这些实力也能为吉利发展提供助力。

(4)福特方面的因素

福特在 1999 年以 64.5 亿美元的价格从沃尔沃集团手中收购了沃尔沃汽车。而沃尔沃汽车在福特的经营下销售额从 2005 开始一直下滑，2008 年的金融危机更是使得沃尔沃出现了巨大的亏损。同时，福特公司为了应对 2006 年福特历史最严重的亏损(约 127 亿美元)，决定缩减规模，因此才有了出售沃尔沃的想法。

2. 并购成功的其他因素

(1)政府的力量

政府在中国许多跨国并购中起着至关重要的作用，政府的态度决定了企业是否能从银行获得足够的资金。在吉利并购沃尔沃的案例中，吉利背后有国内银行、地方政府乃至中央政府的大力支持。按照国家规定，中国企业实行海外并购需要在发改委进行备案，基于当时沃尔沃走出困境的最好解决办法就是借助中国市场，因此福特当时最佳的选择就是吉利。

(2)跨国并购的经验

在收购沃尔沃之前，吉利曾在 2006 年与英国本通公司合资生产英国经典出租车。在 2008 年时，吉利收购澳大利亚 DSI 公司，该公司是一家自动变速器专业公司，为福特、克莱斯勒等公司提供自动变速器。吉利收购 DSI 公司，一方面是为了解决困扰自身的自动变速器问题，另一方面也为收购沃尔沃积攒了海外的收购经验。

(3)优秀的并购团队

早在 2007 年吉利提出战略转型之时，吉利就通过各种方式收揽人才，在收购沃尔沃之前，吉利已经有了相当的人才储备。而吉利并购沃尔沃这一案例一度被市场形容为“蛇吞象”，可想而知整个并购的难度。因此为了实现收购后吉利对沃尔沃资产最大限度的掌握，吉利先后聘请了全球专业的投行、律师行和会计师行，组织了两百多人的团队参与谈判。整个团队历时一年多的时间做出了第一份收购建议书提交给福特，而这些充分的准备，也是吉利成功的基础。

四、并购后的整合过程

从吉利收购完成后，李书福所提出的“吉利是吉利，沃尔沃是沃尔沃”的口号开始，就决定了吉利对沃尔沃的整合过程将采取的是缓慢整合的模式。而这一模式也从技术、文化和财务的整合中得到体现。

1. 企业的技术整合

从技术方面的整合来看，吉利在收购后的第一年，仅引进了沃尔沃 S60 这一款新的车型。事实上，在并购结束后的很长时间里，双方就研发理念和研究方向等进行了长时间的讨论和磨合。沃尔沃在品牌战略上虽然有了与此前不同的定位并融入了中国元素，但都只是细枝末节的改变。双方于 2012 年终于在技术方面达成了共识并签署了技术转让的相关协议。吉利在大庆、成都等地建设工厂生产沃尔沃轿车，同时在上海建立研发中心，双方进行技术合作开发新产品，补充吉利现有的产品链。吉利希望通过沃尔沃转让的高新技术打造属于自己的高端产品。至此，吉利对沃尔沃的技术整合才算是迈入了正轨。吉利的这一做法与此前收购澳大利亚 DSI 公司时快速吸取技术进行整合的做法完全不同。一方面是因为审批项目迟迟得不到通过，另一个更重要的方面是因为就实力而言，吉利与沃尔沃有着相当大的差距，如果强制整合，吉利“吃”不下沃尔沃这一块技术“大饼”，这也是吉利在上海建立研发中心以增强自身技术实力的原因。

2. 企业的文化整合

吉利收购沃尔沃后，在文化整合方面面临的困难主要有：管理理念的不同，虽然吉利战略转型后的核心理念与沃尔沃相同，但在管理的具体方面，双方存在巨大的分歧；语言方面的障碍也是一个不小的问题；在欧洲国家，工会在企业中所起的作用是不可小觑的，吉利需要重视沃尔沃工会的力量。

吉利在进行文化整合时，也遵循整合的总方针：缓慢渗透。沃尔沃的总部依然在瑞典，但是将组成新的董事会，不过在实际的工作中，吉利方面的董事在董事会的发言权及决定权受到了很大的限制；在管理层方面，吉利在整合之初保留了沃尔沃的高管团队，但是在几年后，由于需要进一步整合沃尔沃，吉利调整了沃尔沃的管理层；在工会方面，吉利也承诺不转移工厂和不裁员。这样的“无为”整合策略在整合之初有很好的过渡作用，帮助吉利度过了并购的阵痛期。但是，这不是吉利并购期望达到的最终效果。吉利在文化整合方面还有很长的路要走。

3. 企业的财务整合

并购后的财务整合是并购产生财务协同效应战略的重要保障，更是影响并购成败的重要因素。吉利收购沃尔沃之后的财务整合过程，将直接影响并购后企业的资产重组效应和经营状况。由于吉利与沃尔沃在收购前双方企业的实力有相当的差距，同时吉利一直在强调吉利与沃尔沃并不是父子关系，而是兄弟关系，因此在财务整合方面，吉利采取了双方分立的模式。吉利的财务整合实践包括：

(1)财务战略目标整合

吉利在 2007 年就提出了战略转型，在 2011 年吉利集团在发展战略目标方面提出了“两个转变，两个调整”，进一步深化吉利的战略转型，从快速发展转向稳健发展，努力提升“品质吉利”，加强品牌管理。依靠集团上下共同努力，使吉利在拥有更大国际影响力的同时跻身世界

500强企业。这样吉利的战略与沃尔沃长久以来的核心战略基本吻合，便于企业实现战略目标。在这样的发展战略指导下，沃尔沃制定了更为具体的在华发展目标，具体包括建成成都、大庆两个生产基地以及上海总部，同时沃尔沃还计划于2015年将沃尔沃在中国的销售量提升到20万辆以此占据中国豪车市场20%份额的具体目标。

(2)会计制度及核算整合

在并购后，吉利在财务管理模式等方面不断进行探索，最后吉利与景华天创咨询公司合作，实施财务合并报表项目。在借助咨询公司的专业力量的同时，吉利也借鉴了国外跨国公司成熟的信息系统架构，最终在全集团建立了标准的合并报表体系以及统一的会计科目体系。统一的体系不仅提高了财务工作的效率，缩短报表合并的工作时间，而且进一步提高了财务信息的披露质量。

(3)建立集团财务管理及沟通渠道

吉利集团为了方便对沃尔沃等海外子公司的财务进行管理和协调，建立了集团内部财务管理及沟通的渠道，对财务人员进行集中规范的培训，使得集团公司与子公司在财务方面相互沟通和协作。

(4)建立跨国企业常见的以CFO为核心的财务管理体系

吉利在收购后，参照国际上其他跨国公司的做法，聘请了资历颇深的CFO李东辉，建立集团公司的财务管理体系，以项目投资管理的视角严格资金事前、事中以及事后控制。在资金控制的基础上，吉利还建立了企业财务指标体系和预算体系，这为吉利的业绩考核提供了方法和依据。在李东辉的带领下，吉利变革垂直型的组织构架为扁平型以加快信息流通和提高效率，对吉利的财务运行以及工作流程等也进行了相当大的改进。

(5)财务人员的培养与发展

吉利在并购之前，就一直致力于人才发展，在并购时更是吸收了许多并购专业人才，这些人在并购中发挥了举足轻重的作用。在财务人才方面，吉利积极地引入相关人才，委派财务副总前往沃尔沃学习，同时建立内外部培训体系，提升财务人员的专业素质，转变传统财务管理观念。李东辉在吉利集团的大力支持下第一次聘用了一位外籍的IT总监。而吉利IT技术的升级让沃尔沃与吉利的财务整合进入了快车道。

要求讨论：

(1)吉利并购沃尔沃究竟会产生什么样的协同效应？

(2)该并购案例有哪些启示？

(3)并购后的整合应该如何进行分析以真实反映整合效应？

案例十九　郑百文公司重组案

ST郑百文的全称为郑州百文股份有限公司，由郑州市百货公司和郑州市钟表文化用品公司于1987年6月在合并的基础上组建而成，主要经营百货文化用品、五金交电、油墨及印刷器材、家具等，兼营彩扩、复印、名片印刷、电子产品、汽车货运及科技开发。其下属子公司及附属公司主要有郑州百文依力服装有限公司、郑州中意百文鞋业有限公司、郑州演歌台娱乐有限公司、郑州温莎集团股份有限公司。最大的母公司为郑州百文股份有限公司，其持有股份为2 887.786 9万股，占总股本的14.62%。郑百文于1996年4月18日在上海证券交易所挂牌交易，股价曾于1997年创每股22.70元的记录。截至2000年6月30日，总股本为19 758.211 9万股，其中流通A股为10 709.92万股，国家股为2 887.786 9万股，法人股为6 160.505万股。自1998年起，该公司的经营业绩开始滑坡，根据2000年6月30日的财务报表，每股净资产为－6.885 6元/股，资产负债率高达216.76%，总负债金额为24.75亿元，总资产约为9.7亿元，已经是严重的资不抵债。最大债权人为信达资产管理公司，拥有债权约为20.76亿元。郑百文于2000年8月22日被停牌。郑百文被停牌后，要求将其罚出股市的呼声不绝于耳，引起了多方关注，其命运也处于十字关头。然而2000年12月3日，中国信达资产管理公司等四家单位在北京宣布的重组方案又将ST郑百文从死亡的边缘拉了回来，进入重组阶段。鉴于其重组较为顺利，ST郑百文于2001年1月被复盘。

山东三联是山东省政府重点培植的八大企业集团之一，最大的股东是国营济南无线电三厂，至1999年底拥有山东三联17.51%的股份。经营领域涉及商贸、电子信息、旅游、房地产等行业。三联准备将其全资企业——三联商社的主要资产注入ST郑百文，估计将投入约4亿元的资产。三联商社1999年底的总资产为10.75亿元，1999年销售收入为34.3亿元，居全国商业百强第四位、全国连锁企业第三位。

中国信达资产管理公司等四家单位于2000年12月3日在北京宣布，重组方案将主要有以下几点：ST郑百文将其全部资产、债务和人员、业务从上市公司退出，转入其母公司进行整顿；山东三联集团将支付3亿元给中国信达资产管理公司，用于清偿ST郑百文所欠信达资产管理公司约15亿元的债务。ST郑百文全体股东将所持有的股份的约50%过户给三联，不同意过户的股东所持有的股份将由三联按照股东大会确定的公平价格收回。

由于ST郑百文曾一度成为炒作的题材，引起了多方的注意，中央电视台的《经济半小时》曾就此问题做过专访。山东三联在ST郑百文危难之时，提出进驻ST郑百文，不论其意图何在、重组能否成功，但它提出来的重组方案比较好地协调了各方的利益，更避免了散户的血本无归，在公众面前树立了良好的形象，这对山东三联的品牌有了很大的提升。所以，山东三联的3亿元不仅买到ST郑百文的上市资格，抵偿了信达资产管理公司15亿元的债权，得到了ST郑百文最大50%的股权，同时也获得了巨大的注意力资源。截至2000年6月30日，ST郑百文的最大债权人中国信达资产管理公司(简称信达)，拥有ST郑百文的债权约20.76亿元，而ST郑百文的账面资产仅约9.7亿元，累计亏损达18.21亿元，总负债为13.75亿元。一旦ST郑百文破产，其资产的清算价值扣除应补缴税款、职工的安置费等应在债权人之前支付的款项，信达所能收回的款项将会非常有限。而重组成功后，信达实际拥有的债权将会减少为8.76亿元，其中3亿元由山东三联分期支付，另外5.76亿元将由ST郑百文的母公司承担。根据重组协议，ST郑百文的所有业务、人员、资产将转入其最大的股东郑州百文集团有限公司进行重整，同样的资产安置同样的人员，但债务少了76.2%，这显然提高了郑州百文集团有限公司清偿债务的能力，有利于信达公司的债权收回。重组成功后，股东拥有的股权也只是减少了一半。

要求讨论：

(1)ST郑百文在停牌3个月之后，且几乎成为中国资本市场第一个被罚出市的上市公司之时，为什么会出现重大的转机？

(2)通过此案例从战略投资人(山东三联集团)、债权人(信达公司)和原有股东的利益角度对重组方案进行分析评价。

案例二十 八佰伴集团公司的国际融资战略

一、公司简介

八佰伴集团是一家由日本企业发展起来的大型跨国集团，相继在美国、新加坡、中国香港做海外发展。它是最先与我国在零售业合资经营的日资企业。以地区来划分八佰伴事业，大致可以分为日本本土集团，中国内地和香港，美国、新加坡等其他海外国家。1990 年 5 月，八佰伴集团把本部迁至中国香港，金融机构给八佰伴国际集团的事业资金是 3 亿美元的贷款（不限定用途的国外借款），由此可见日本八佰伴的信用力是不容怀疑的。八佰伴国际集团持有的八佰伴集团的股份（占已发行股票数的 6.6%）是中国香港集团的重要资产。由美国、新加坡、中国内地、中国香港以外的企业所构成的海外集团，则是由日本八佰伴出资或以贷款的方式来支撑。

二、资金压力

八佰伴集团的出资关系非常复杂，其确切的数字很难估计。根据 1994 年 3 月的估计，相对于全体销售额的 3 474 亿日元，有息负债是 1 660 亿日元，占销售额的 48%，这对零售业而言是非常高的水平。

身为整个集团母体的日本八佰伴，从 1982 年以来，就利用股票市场灵活地筹集资金。从三次的公开募集资金及 1988 年开始的 CB（转换公司债券）、WB（附有购买权的公司债券）等伴随新股票发行的资金调度，合计共筹集了 870 亿日元。这些募集来的资金有许多都投进国际性事业的扩张发展中，日本八佰伴成为八佰伴集团的资金中枢。

但是，资金调度的结果使日本八佰伴的有息负债大幅度膨胀。1993 年 3 月，日本八佰伴的有息负债是 769.84 亿万日元，比前一年增加了 223.46 亿日元，高达销售额的五成。有息负债中，WB、CB 共占了 421.5 亿日元，约是 54%。但因股价低迷，使得股票的转换迟缓，造成该公司在财务上的巨大负担。未转换的 WB、CB 若换算为股数，大约是 2 460 万股。这相当于日本八佰伴平均一天股票总成交额的 230 倍，与已发行股票数的比率大约是两成。这是该公司欲“出售”股票的预备军，其价值当时居市面股价前列。但金额庞大的 CB、WB 想重新在资本市场做伴随新股票发行的资金调度，并不是那么容易的事。

1993 年 3 月，日本八佰伴的销售额虽高达 1 940 亿日元，但整个八佰伴国际集团的现金流量只有 18 亿日元。其财力如此贫乏，原因在于海外集团的投资报酬率太低。日本八佰伴在 1993 年 3 月对海外子公司及关系企业的投资额，包括股票、长短期贷款在内，总共是 278 亿日元，比前期增加了 93 亿日元。如果把 1994 年 3 月八佰伴集团整体的经营收益以各个区域集团划分来看，海外集团只占 1.1%，销售额的经常性获利率则是 0.1%，扣税后的损益是 16 200 万日元的赤字。日本八佰伴的投资获利率只有 2%～3%，在回收利益中，店铺经营指导费等专利使用费大约是 5 亿日元，占了一大半以上。

三、利用上市股票进行资金调度

日本八佰伴本身为核心企业，却无力调度资金，这对集团整体的财务而言是不容忽视的问题。今后,海外集团必须利用自己的获利来调度资金。许多海外公司已结束初步的投资并逐渐走上轨道。但现实情况是,泰国、美国、英国等许多子公司已经是亏损累累。特别是在美国和英国,八佰伴所投下的资本想回收也需要相当的时日。海外集团是如何规划资金调度的呢?从新加坡国际批发中心可以见到实例。为了削减高达 2 500 万新加坡元(约 20 亿日元)的亏损,1992 年 8 月开始,八佰伴利用新加坡国际批发中心的不动产账外金。不景气时建筑成本很低,只要 1.65 亿新加坡元,经过当地评估公司的估算,目前大约值 2.5 亿新加坡元。利用这个再评估获利,就可以减少累损。虽然再评估获利或扫除累损都只是账簿上的操作,实际上的贷款或营业收入等财务状况依然不变,但清除累损之后,增资就更容易了。新加坡国际批发中心预定从 1996 年末到 1997 年在新加坡上市,而且以预先取得新上市股票的方式,在 1994 年 2 月底发行 6 000 万新加坡元的优先股。上市的时候,就可以相当于上市价格的八成转换成股票;如果在 1999 年末以后上市,就可以把债券完全清偿。这种以担保、无保证方式筹资,利息只需支付每年分配额的 5.75%而已。如果向银行借款,本金与利息必须一起偿还,而且利息高达 7%~8%。所以,今后还要再发行私募债 5 000 万新加坡元,这比向银行借款的清偿速度要快 1 年。

其他的海外集团企业也开始利用上市股票做资金调度。在新加坡,国际批发中心旗下的控股公司 IMM 多元企业正在计划公开增资。八佰伴百货公司 SBTA、家电公司八佰伴 BEST、马来西亚八佰伴等也都有上市的计划。在美国发展零售业的美国八佰伴,也考虑在美国纳斯达克销售股票。这样利用上市股票取得资金,既可以降低企业财务风险,缓解八佰伴集团总部的资金压力,还可以改善企业体制。

要求讨论:

(1)八佰伴出现资金压力的原因有哪些?

(2)八佰伴利用上市股票筹集资金的好处在哪里?

(3)除了利用股票调度资金,还有没有更适合的方法?

主教材练习题参考答案

第二章

1. PVA(year3)=100×(P/A,10%,5)×(1+10%)=416.99(万元)

PVA(year0)=416.99×(P/F,10%,3)=313.29(万元)

2.(1)

期望收益(A)=0.3×80+0.5×60+0.2×40=62

期望收益(B)=0.3×120+0.5×40+0.2×-20=52

(2)

标准差(A)= $\sqrt{18^2\times0.3+2^2\times0.5+22^2\times0.2}$=14

标准差(B)= $\sqrt{68^2\times0.3+12^2\times0.5+72^2\times0.2}$=49.96

$X(A)$=(80-62)/14=1.29

$P(A$,80 以上)=1-0.901 5=9.85%

$X(B)$=(80-52)/49.96=0.56

$P(B$,80 以上)=1-0.712 3=28.77%

3. 可以参考书例 2-19

按照 CAPM r=4%+2×(10%-4%)=16%

按照 DCM $r=D_1/P_0+g$=2/30+5%=11.67%

V=2/(16%-5%)=18.18

预期收益率低于市场均衡时所要求的收益率,位于证券市场线的下方。这时投资者会争相抛售该股票,直至价格降到 18.18 元时达到均衡。

如果低于 18.18 元,预期收益率将大于要求的收益率,投资者会争相购买,直至价格抬到 18.18 元。

4. 损益平衡点的产销量:

mc=40-25=15(元)

全部产品的边际贡献(MC)=15×5 000=75 000(元)

$OP=MC-CF$=75 000-15 000=60 000 元,已达到目标利润。

进一步提高利润的方法:降低固定成本,提高销售单价,降低单位变动成本。

5. 投资组合的 β 系数是单个投资的 β 加权平均:

β=0.2×2.5+0.3×1.2+0.5×0.5=1.11

第三章

流动比率=流动资产合计/流动负债合计=5 574 751/1 644 390=3.39

速动比率＝速动资产/流动负债(其中:速动资产＝流动资产－存货)＝1 748 701/1 644 390＝1.06

存货周转率＝销售成本/平均存货＝1 125 000/{(3 870 000＋3 826 050)/2}＝0.29(注意存货跌价准备)

应收账款周转率＝赊销净额/平均应收账款＝1 875 000/{(448 650＋897 300)/2}＝2.79

资产负债率＝总负债/总资产×100%＝3 384 390/11 248 251＝30.09%

净资产收益率＝净利润/平均所有者权益×100%

＝388 861.5/{(7 475 000＋7 863 862)/2}×100%

＝5.07%

利息保障倍数＝$PBIT/I$＝(543 450＋62 250)/62 250＝9.73

总资产收益率＝净利润/平均总资产×100%

＝388 861.5/{(11 352 100＋11 248 251)/2}×100%

＝3.44%

产权比率(负债与股东权益比率)＝负债总额/所有者权益＝3 384 390/7 863 862＝0.43

第五章

1. 设备的价值是 4.5 万元

(1)期初的投资支出＝45 000＋3 000＝48 000(元)

(2)第 1 年到第 3 年的年净经营现金流量都为 16 500 元。

第 1 年到第 3 年每年:节省的经营成本 20 000

增加的折旧	－15 000
税前净利润	5 000
所得税	－1 250
税后净利润	1 500
净现金流量(折旧＋PAT)	16 500

(3)税后残值＝15 000×(1－0.25)＝11 250(元)

第 3 年非经营性现金流量＝11 250＋3 000(营运资本)＝14 250(元)

(4)折现率为 10%时,NPV＝3 739.293 764 元,大于 0,所以应该购买这台设备。

2. 假设旧机器现在的价值是 80 万元,并按照 80 万元计算折旧;假设本题没有税的影响。

新设备:50 万美元,按照 1∶8.5,合计人民币 4 250 000 元

	新设备	旧设备	差异
第一年到第八年折旧	531 250	100 000	431 250
第一年到第八年增量现金流量(万元)			
销售收入	4 000	3 000	1 000
付现成本	－2 800	－2 200	－600
折旧	－53.125	－10	－43.125
税前净利润	1 146.875	790	356.875
税	0	0	0
税后净利润	1 146.875	790	356.875
净现金流量	1 200	800	400

折现率为 10%,增量现金流量现值＝2 133.970 479(万元)

预期残值的现值＝230 000×8 年期复利现值系数 0.466 51＝107 297.3(元)

初始投资＝新设备买价 425 万元－旧设备卖价 80 万元＝345 万元

NPV＝2 489.700 149 万元,大于 0,所以此方案有利。

3.(1)变异系数=$C \cdot V$=(标准偏差 SD/平均值 $Mean$)×100%

CV(文字处理系统)=13 564.659 97/56 000×100%=24.22%　低风险

CV(微型计算机系统)=32 000/76 000×100%=42.10%　高风险

(2)要满足26%的收益率,应该选择微型计算机系统。

第六章

1.(1)预计的负债=2×40%=0.8(亿元)

需要的所有者权益=2－0.8=1.2(亿元)

需要筹集的股本=1.2－0.5=0.7(亿元)

(2)社会公众股(20%)=0.24(亿元)

2. 优先股股东会选择转化为普通股,这样原股东的控制可能会被稀释,同时企业所有者权益变多。

3. Par(除权除息价)=(原股票市场价格＋配股价格×配股比例)/(1＋配股比例)

=(20＋15×1/2)/(1＋1/2)=18.33(元)

第七章

1. $Duration = D = (1\times PV_{x1} + \cdots n\times PV_{xn})/PV_x$

A 债券

10%　D=2.810 126

12%　D=2.774 595

15%　D=2.722 815

B 债券

10%　D=4.074 041

12%　D=4.037 349

15%　D=3.981 564

C 债券

10%　D=5

12%　D=5

15%　D=5

2. 初始现金流出:

赎回旧债券的成本(赎回价106元)	4 240 万元
发行新债券的净额	3 860 万元
差额	380 万元
费用	
新债券发行费用	140 万元
重叠期旧债券的利息	33 万元
现金流出小计:	553 万元
减:节税(25%)	
重叠期旧债券的利息	8.25 万元
赎回溢价	60 万元
旧债券未摊销折扣及发行费用	48.75 万元
小计	117 万元
净现金流出:	436 万元

未来现金流出:

旧债券的年净现金流出：

利息费用	400 万元
减：节税(25%)	
利息	100 万元
摊销	3.75 万元
小计：	103.75 万元

净现金流出＝296.25 万元

新债券的年净现金流出：

利息费用	240 万元
减：节税(25%)	
利息	60 万元
摊销	2.5 万元
小计：	62.5 万元

净现金流出＝177.5 万元

新债券的年净现金流出比旧债券的年净现金流出：每年可以节约 118.75 万元

$IRR = 26\%$

除非市场利率大于 26%，否则换债是合理的。

第八章

1. 转换比率＝1 000/100＝10

股票价格为 85 元。此时的转换价值为＝10×85＝850(元)

五年后的股票价格 $85\times(1+7\%)^5=119.21$(元)

此时的转换价值为 119.21×10＝1 192.1(元)

2. (1)转换比率＝1 000/20＝50

(2)目前的转换价值＝50×18＝900(元)

(3)以普通债券 15%作为连续复利，即 $r=\ln(1+0.15)\approx14\%$

$B=100+100\times e^{(-1\times0.14)}+100\times e^{(-2\times0.14)}+\cdots+1\ 100\times e^{(-10\times0.14)}\approx748$

第九章

如果不考虑还本付息，则租赁较有利。因为租赁费抵税比购买设备的折旧抵税略多。

如果考虑还本付息，则贷款买设备，每年付利息可以抵税，设备的折旧又可以抵税，所以借款购买设备较有利。

假设折现率为 10%，租赁费方式现金净流出的现值为 22 555.181 元。

购买设备方式现金净流出的现值为 24 313.82 元。

第十章

1. 假如在 10 天付款，商业信用的融通成本＝0

假如在 30 天付款：商业信用的融通成本＝1%/(1－1%)×360/(30－10)×100%＝18.18%

假如在 60 天付款：商业信用的融通成本＝2%/(1－2%)×360/(60－10)×100%＝14.70%

2. (1)A 的商业信用的融通成本＝3%/(1－3%)×360/(30－10)×100%＝55.67%＜60%

B 还不如 A，不应在 10 天内还清。

(2)B

3. (1)一次付清法：

实际利率＝8％

(2)贴现法：

实际利率＝3/(50－3)×100％×12/9＝8.51％

(3)加息法：

实际缴付总额＝50＋3＝53(万元)

每月还款额＝53/9＝5.89(万元)

实际利率＝8％×2＝16％

第十一章

1.(1)经营杠杆系数＝(销售收入－变动成本)/(销售收入－变动成本－固定成本)

＝600 000/400 000＝1.5

财务杠杆系数＝$EBIT/(EBIT-I)$＝400 000/275 000≈1.45

总杠杆系数＝$DFL\times DOL$≈2.18

EPS:销售收入提升 25％	125
变动成本提升 25％	50
固定成本不变	20
息税前收益	55
减利息费用	12.5
税前利润	42.5
减税	10.625
税后利润	31.875
EPS(10 万股)	3.1875

(2)

	债务融资(单位:万元)	股权融资(单位:万元)
销售收入	100	100
变动成本	20	20
固定成本	40	40
息税前收益	40	40
减利息费用	19.5	12.5
税前利润	20.5	27.5
减税	5.125	6.875
税后利润	15.375	20.625
EPS	1.537 5	1.718 75
DOL	2	2
DFL	1.951 219 512	1.454 55
DTL	3.902 439 024	2.090 909

从 EPS 角度判断,应选择股权融资。

2.K_d＝10％×(1－25％)＝7.5％

因为所有盈余收益都发放股利,因此企业不存在内含增长率,$g=0$,因此 $K_e=D_0/P$＝股利率＝15％

K_{wacc}＝200/800×7.5％＋600/800×15％＝13.125％

3.

	预期权益资本利润率	标准离差	离差系数
0%杠杆	13.13%	5.37%	0.409 081
10%杠杆	1 065.88%	1 054.23%	0.989 078
50%杠杆	17.10%	13.73%	0.802 875
60%杠杆	15.19%	17.95%	1.181 729

第十二章

1. 8%: $Vb=5\times(P/A,20,4\%)+100/(1+4\%)^{20}$

$=74.387\ 5+45.638\ 7=120$

10%: $Vb=5\times(P/A,20,5\%)+100/(1+5\%)^{20}$

$=67.951\ 5+37.688\ 9=105.64$

12%: $Vb=5\times(P/A,20,6\%)+100/(1+6\%)^{20}$

$=62.311+31.180=93.49$

2. 条件不充分。

3. $D_0=5, D_1=5\times(1+5\%)=5.25$

$V=5.25/(15\%-5\%)=52.5$

4. (1) $V=5\times(P/A,3,10\%)+40/(1+10\%)^3=42.487\ 092\ 04$

(2) $V=5\times(P/A,3,15\%)+40/(1+15\%)^3=28.583\ 934\ 3$

(3)市价大于股票内在价值,投资者可能会抛售以获得超额收益。市价小于股票内在价值,投资者可能会购买以获得超额收益。

(4)其他因素不变,期望收益率越高,股票内在价值越低。

5. $V=225/1.18=190.68$

不应当投资。

6. 银行 6 月 1 日获得 10 000SF,折合美元=4 035 美元

预计 12 月 1 日偿还 10 000SF,害怕美元贬值,空头套期保值

现货市场:赚了＄20

期货市场:先卖获得＄4 065,再以＄4 055 买,赚了＄10,总盈利＄30

7. 买入以每股 40 美元出售 500 股的权利

期权手续费:0.1×500=50(美元)

收益=4×500−50=1 950(美元)

价格上升到大于等于 40.1 美元时,是盈利;否则亏损。

第十三章

1. $Q=\sqrt{2\times100\ 000\times10/8\%}=5\ 000$

2. (1) $Q=\sqrt{2\times375\ 000\times4/12\%}=5\ 000$

(2)平均现金金额=2 500(元)

(3)交易次数=375 000/5 000=75(次)

(4)成本=375 000/5 000×4+2 500×12%=600(元)

维持现金余额=375 000/10 000×4+10 000/2×12%=750(元)

3. 方案二相比方案一:

销售收入增加 200 000 元，销售利润增加 50 000 元

增加的应收账款机会成本：(假设原来的销售收入为 x)

$60/360\times(x+120\ 000)\times20\%-45/360\times(x-80\ 000)\times20\%=0.075x-2\ 000$

管理成本增加 500 元

增加的坏账损失：29 600 元

当原销售额小于 292 000 元时，选方案二。

4. $Q=\sqrt{2\times10\ 000\times174/5}\approx834$(吨)

$TC=10\ 000/834\times174+834/2\times5\approx4\ 171$(元)

当 2 500 件时，

折扣优惠＝2 500×18×2%＝900(元)

存货成本＝10 000/2 500×174＋2 500/2×5－4 171＝2 775(元)

当 3 500 件时，

折扣优惠＝3 500×18×4%＝2 520(元)

存货成本＝10 000/3 500×174＋3 500/2×5－4 171＝5 076(元)

最优还是 834 吨。

第十四章

1. 可供分配利润＝300(万元)

投资所需增加的权益资本额度＝400×0.6＝240(万元)

税后净利润需要满足的最大额度＝240(万元)

(1)向投资者分红数＝300－240＝60(万元)

(2)股利支付率＝60/300＝20%

(3)每股股利＝60/1 000＝0.06(元/股)

2. 发放股票股利的股数＝5 000×10%＝500(万股)

股本增加额＝500(万元)

资本公积增加额＝500×(10－1)＝4 500(万元)

股利支付额＝5 500×0.2＝1 100(万元)

未分配股利＝6 400(万元)

权益：

单位：万元

股本	5 500
盈余公积	2 500
资本公积	24 500
未分配股利	1 400
合 计	33 900

发放后每股利润＝4 400/5 500＝0.8

股利支付率＝0.2/0.8＝25%

净利润达到：4 400×(1＋20%)＝5 280(万元)

现金股利：5 280×25%＝1 320(万元)

新增股数：5 500×10%＝550(万元)

总股数＝5 500＋550＝6 050(股)

每股股利＝1 320/6 050＝0.218(元)

参考文献

1. 吴安平等编著:《财务管理学教学案例》,中国审计出版社 2001 年版。

2. 万力主编:《名牌资本策划》,中国人民大学出版社 1997 年版。

3. 戴维·F. 斯考特等编著,金马译:《现代财务管理基础》,清华大学出版社 2004 年版。

4.[美]亨利·戴维斯、威廉姆·席勒:《财务反超:重塑企业价值》,华夏出版社 2003 年版。

5. 王遐昌主编:《财务管理学:案例与训练》,立信会计出版社 2004 年版。

6.[美]凯斯特等编:《财务案例》,北京大学出版社 2009 年版。

7. 张玉明主编:《财务管理——原理、案例与应用》,北京交通大学出版社 2010 年版。

8. 陈文浩、张纯主编:《公司财务习题与案例》(第三版),上海财经大学出版社 2016 年版。

9.[美]斯蒂芬·A. 罗斯:《公司理财》,机械工业出版社 2018 年版。

10.《中华人民共和国公司法》(2018 年 10 月 26 日修订)。

11.《中华人民共和国证券法》(2019 年 12 月 28 日修订)。

12. 中国注册会计师协会:《财务成本管理》,2020 年全国 CPA 考试辅导材料,中国财政经济出版社 2020 年版。

13. 张纯编著:《公司财务》(第四版),上海财经大学出版社 2021 年版。